新疆维吾尔自治区重点学科（高原）——教育学

新疆师范大学自治区文科基地新疆教师教育研究中心项目“新疆城乡学前教育一体化发展研究”（XJEDU040516C03）

新疆维吾尔自治区教育综合改革试点项目重点项目“新疆普惠性民办幼儿园政府扶持政策研究”（XJJG201609）

新疆师范大学博士科研启动基金“新疆学前教育基本公共服务均等化体制研究”（XJNUBS1613）

民族地区学前教育基本公共服务均等化研究

MINZU DIQU XUEQIAN JIAOYU JIBEN GONGGONG FUWU JUNDENGHUA YANJIU

冯江英 著

人民出版社

目　　录

第一章　绪　论

一、研究背景

构建广覆盖、保基本、有质量、普惠性的学前教育基本公共服务体系，是当前我国重要的民生问题；加快发展“老少边贫”地区（“革命老区、少数民族地区、边疆地区和贫困地区”的简称）的学前教育，是推进我国学前教育基本公共服务均等化建设的重点领域；创新学前教育基本公共服务体制，是实现我国学前教育基本公共服务体系建设的关键环节，也是适应我国民族地区学前教育基本公共服务均等化供给与质量提升的现实要求。

《国家中长期教育改革和发展规划纲要（2010—2020年）》（以下简称《教育规划纲要》）中明确提出，要“建成覆盖城乡的基本公共教育服务体系，逐步实现基本公共教育服务均等化，缩小区域差距”“基本普及学前教育”“重点发展农村学前教育”“支持贫困地区发展学前教育”。同时，《国务院关于当前发展学前教育的若干意见》（国发［2010］41号）（以下简称“国十条”）首次明确将学前教育纳入基本公共教育服务体系，政策明确提出“发展学前教育，必须坚持公益性和普惠性，努力构建覆盖城乡、布局合理的学前教育公共服务体系，保障适龄儿童接受基本的、有质量的学前教育”;通过将学前教育纳入基本公共服务体系,明确各级政府应承担起发展学前教育的职责,“必须坚持政府主导,社会参与,公办民办并举,落实各级政府责任,充分调动各方面积极性;必须坚持改革创新,着力破除制约学前教育科学发展的体制机制障碍”,“中央财政设立专项经费,支持中西部农村地区、少数民族地区和边疆地区发展学前教育和学前双语教育。地方政府要加大投入,重点支持边远贫困地区和少数民族地区发展学前教育。”

令人欣喜的是,2012 年 7 月,我国正式颁布了首部关于“基本公共服务”的国家专项规划——《国务院关于印发国家基本公共服务体系“十二五”规划的通知》(国发[2012]29 号)(以下简称《基本公共服务规划》),再次将学前教育明确纳入国家基本公共服务体系,其中明确提出“享有基本公共服务属于公民的基本权利,提供基本公共服务是政府的基本职责”;基本公共教育服务体系建设的重点任务之一是发展“普惠性学前教育”,要“建立政府主导、社会参与、公办民办并举的办园体制,构建覆盖城乡、布局合理的学前教育公共服务体系。为家庭经济困难儿童、孤儿和残疾儿童接受学前教育提供资助。……积极发展民族地区学前双语教育。”“改革创新,提高效率。完善财政保障、管理运行和监督问责机制,形成保障基本公共服务体系有效运行的长效机制。创新基本公共服务供给模式,引入竞争机制,积极采取购买服务等方式,形成多元参与、公平竞争的格局,不断提高基本公共服务的质量和效率。”

上述政策充分表明,2010 年以来学前教育基本公共服务逐步纳入国家基本公共教育服务建设体系,综合考虑我国仍处于社会主义初级阶段的国情、经济社会发展水平和学前教育公共服务需求多样化的现实,现阶段我国将“普惠性学前教育”纳入国家基本公共教育服务体系,并明确将“家庭经济困难儿童、孤儿和残疾儿童”等弱势群体学前儿童优先纳入国家学前教育基本公共服务的重点保障范围;将包括民族地区在内的“老少边贫”等薄弱地区的学前教育作为我国学前教育基本公共服务体系建设的重点区域;将体制保障作为加快推进我国学前教育基本公共服务均等化建设的关键环节。因此,创新民族地区学前教育基本公共服务体制保障已迫切成为我国当前学前教育基本公共服务体系建设和体制改革的现实要求。

(一) 促进民族地区学前教育基本公共服务均等化是国家长治久安与和谐发展的战略需要

民族地区是我国领土不可分割的重要组成部分。我国是一个统一的多民族国家,共有55个少数民族、155个民族自治地方,少数民族人口占全国总人口的8.5%,民族自治地方面积占全国国土总面积的64%①,其中新疆和西藏分别占到了我国国土面积的1/6和1/8。② 可以说,近三分之二国土面积的少数民族地区发展紧密关系到我国全面建设小康社会的成败。我国民族地区主要集中在西部,由于特殊的自然条件、地理位置、人文历史、社会环境和经济发展水平,长期以来民族地区贫困人口比重非常大。以民族八省区为例,农村扶贫对象为3917万人,占全国农村扶贫对象的32%。③ 民族地区人均GDP仅占全国平均水平78%,东西部人均GDP差距高达2.1万元;民族地区的城镇化率远低于全国平均水平。所

---

① 中央政府门户网站:《国务院关于印发“十三五”促进民族地区和人口较少民族发展规划的通知》(国发[2016]79号),见 http://www.gov.cn/zhengce/content/2017-01/24/content_5162950.htm。

② 新疆维吾尔自治区人民政府网站:《新疆概况》,见 http://www.xinjiang.gov.cn/ljxj/xjgk/index.html;西藏自治区国土资源厅网站:《西藏自治区概况》,见 http://www.xzgtt.gov.cn/zygk/201008/t20100806_733173.htm。

③ 《民族八省区农村贫困人口近4000万》,《中国民族报》2012年11月30日。

以，到2020年能否全面建成小康社会，少数民族和民族地区是短板、难点和重点。①

为加快推进民族地区发展，国家从2000年起实施西部大开发战略，并取得了显著成效；在我国"十二五"规划贯彻落实、全面建设小康社会的关键时期，《教育规划纲要》明确提出："把促进公平作为国家基本教育政策。教育公平是社会公平的重要基础，重点是促进义务教育均衡发展和扶持困难群体，根本措施是合理配置教育资源，向农村地区、边远贫困地区和民族地区倾斜，加快缩小教育差距。教育公平的主要责任在政府，全社会要共同促进教育公平。"2011年中共中央、国务院印发了《中国农村扶贫开发纲要（2011—2012年）》，明确提出"新疆南疆三地州是扶贫攻坚主战场"，要"促进基本公共服务均等化"。② 2011年国务院副总理回良玉在"中央扶贫开发工作会议"中强调"强化对贫困地区和贫困人口的基本公共服务"③。2012年国务院批复了《西部大开发"十二五"规划》④，随后印发了《少数民族事业"十二五"规划》⑤，旨在增强民族地区基本公共服务能力，为实现民族地区跨越式发展、推进我国经济社会可持续发展以及全面建成小康社会创造条件。

民族地区学前教育基本公共服务均等化是促进民族地区和谐、可持

① 《国家民委主任：民族地区"没有特殊政策不行"》，2013年4月17日，见 http://china.caixin.com/2013-04-17/100515621.html。

② 中央政府门户网站：《中国农村扶贫开发纲要（2011—2020年）》，2011年12月1日，见 http://www.gov.cn/jrzg/2011-12/01/content_2008462.htm。

③ 中央政府门户网站：《中央扶贫开发工作会议在京闭幕　回良玉作总结讲话》，见 http://www.gov.cn/ldhd/2011-11/30/content_2007390.htm。

④ 国务院办公厅网站：《国务院关于西部大开发"十二五"规划的批复》（国函[2012]8号），见 http://www.gov.cn/xxgk/pub/govpublic/mrlm/201202/t20120221_64870.html。

⑤ 中央政府门户网站：《国务院办公厅关于印发少数民族事业"十二五"规划的通知》（国办发[2012]38号），见 http://www.gov.cn/zwgk/2012-07/20/content_2187830.htm。

续发展与国家长治久安、社会公平正义的战略需要,是维护民族团结、国家统一、构建和谐社会的平衡器、稳定器。国内外研究表明,学前教育对国家政治安全战略和民族地区人才培养及其就业能力、反贫困和经济建设以及社会和谐与长远发展战略具有十分重要的奠基性、全局性、先导性作用。学前教育是最值得投资的教育时段,早期教育阶段的人力资本投资回报率最高,它不仅能为个体终身发展创造良好开端,提高学业成绩、就业竞争力和个人收入,还有助于消除贫困、促进公平,同时也为社会发展创造财富,如提高就业率、增加纳税、降低犯罪率、提高健康水平、节约特殊教育开支、减少对社会福利的依赖程度等。① 许多国家正是看到了学前教育在减少贫困和社会排斥中的积极作用,都极其重视对经济贫困、文化边缘等处境不利家庭儿童接受学前教育的机会,制定专门的国家行动计划,促进学前教育公平。其中以美国开端计划、英国确保开端计划、印度儿童发展综合服务项目(ICDS)为代表,将包括少数民族学前儿童在内的学前教育公平列入国家教育优先发展计划,并将其视为教育公平、人生公平和社会公平的起点。②

本研究认为,民族地区尤其新疆地区既集中了革命老区、边疆地区、贫困地区共同的经济欠发达问题,同时与老、边、贫地区相比,又具有其自身的特殊性,与多国接壤、边境线长的特殊地理位置,受境内外分裂势力

---

① 庞丽娟、韩小雨:《中国学前教育立法:思考与进程》,《北京师范大学学报(社会科学版)》2010 年第 5 期;Carneiro, P.M.& Heckman, J.J.(2003).Human capital policy. Discussion Paper No.821,2011-8-6,见 http://papers.ssrn.com/sol3/papers.cfm? abstract_id=434544,转引自[美]苏珊·纽曼(Susan B.Neuman):《学前教育改革与国家反贫困战略——美国的经验》,李敏谊、霍力岩主译,教育科学出版社 2011 年版,第 1 页;裘指挥、刘焱:《国外学前教育的社会经济效益研究》,《比较教育研究》2011 年第 6 期;联合国教科文组织:《世界幼儿保育和教育大会·筑建国家财富:大会意见书》,见 http://unesdoc.unesco.org/images/0018/001873/187376c.pdf,2011-06-13。

② 崔世泉、袁连生、田志磊:《政府在学前教育发展中的作用——来自经济学理论和实践经验的分析》,《学前教育研究》2011 年第 5 期。

影响的复杂政治环境，特别恶劣贫困的自然生态条件，长期基础薄弱的经济发展水平与公共财政能力，多元文化交织的语言人文环境和特殊的宗教社会环境等。基于对民族地区特殊的政治、经济、自然、社会环境和复杂条件的认识，加之民族地区学前教育基本公共服务，尤其学前双语教育对改善少数民族学前儿童生存发展状态、民族地区经济社会稳定与可持续发展，乃至对国家长治久安和繁荣复兴的重要意义，本研究认为，推进民族地区学前教育基本公共服务的均等化发展对提升民族地区基础教育质量、推进扶贫开发、维护边疆稳定和实现国家长治久安具有极其重要的战略意义。

（二）提升新疆学前教育基本公共服务均等化水平是实现新疆经济社会稳定与跨越式发展的现实要求

稳定与发展不仅是国家长治久安、繁荣昌盛的永恒主题，更是新疆经济社会跨越式发展的主旋律。新疆在我国政治、经济战略发展格局中具有十分重要而特殊的地位。新疆是我国经济战略资源的重要基地，是西部大开发战略的重点实施地区，是祖国西北的战略屏障，与多国接壤，是我国对外开放的重要门户。新疆的稳定和发展攸关全国稳定改革发展大局，攸关祖国统一、民族团结、国家安全，关系中华民族的伟大复兴。党中央、国务院根据新疆在国家战略全局、核心利益中的特殊重要性，作出了推进新疆跨越式发展和长治久安的总体战略部署，突出强调了新疆发展和稳定的特殊重要地位、特殊重要意义和新疆肩负的特殊重要任务。2010 年 5 月中央举行的新疆经济工作座谈会上，胡锦涛强调了做好新形势下新疆工作对提高各民族生活水平、全面实现小康社会目标、深入实施西部大开发战略、培育新的经济增长点、实施全方位对外开放格局部署具有重要的战略意义，是加强民族团结、维护祖国统一、确保边疆长治久安的迫切要求。他还强调要把新疆的经济社会发展搞上去，扎实推进新疆跨越式发展和长治久安工作就要把更多的财力投入公共服务领域，全面发展各级各类教育。①

在国家高度重视下，新疆迎来了新的发展机遇期。在《新疆维吾尔自治区国民经济和社会发展第十二个五年规划纲要》中，明确提出"十二五"时期新疆"以现代文化为引领，以科技教育为支撑，加速新型工业化、农牧业现代化、新型城镇化进程"的发展战略目标，其中明确强调要"充分发挥教育的基础性作用，提高劳动者素质，培养和引进大批适应现代化建设的高素质人才，为实现跨越式发展提供智力支持和人才保障"。②2013 年 9 月第四次全国对口支援新疆工作会议在京召开，中央政治局常委俞正声指出，2010 年中央新疆工作座谈会以来的三年，在党中央、国务院的正确决策和坚强领导下，在各援疆省市、中央各部门和单位的大力支援下，新疆发生了历史性变化。但同时也要清醒地看到，新疆发展稳定还面临不少的特殊困难，需要全国的继续支援，援疆工作要突出三个重点。首先，千方百计把就业搞上去，热情支持新疆少数民族群众到内地就业，不断拓宽南疆少数民族群众的就业渠道。第二，坚定不移把教育搞上去，通过支持双语教育和职业教育，不断提高新疆各族群众的科学文化素质和就业创业能力。第三，坚持不懈把人才建设搞上去，为新疆发展稳定提供人才保障。③ 三者之中，教育是核心，新疆要充分利用好国家中央扶持

---

① 新华网：《新疆工作座谈会召开 胡锦涛温家宝发表重要讲话》，2010 年 5 月 20 日，http://news.xinhuanet.com/politics/2010-05/20/c_12125041.htm。

② 天山网：《新疆维吾尔自治区国民经济和社会发展第十二个五年规划纲要》（新疆维吾尔自治区第十一届人民代表大会第四次会议批准），2011 年 1 月 18 日，http://news.ts.cn/content/2011-05/03/content_5783900.htm。

③ 新华网：《第四次全国对口支援新疆工作会议召开 俞正声张高丽出席并讲话》，2013 年 9 月 24 日，http://news.xinhuanet.com/2013-09/24/c_117491061.htm。

与对口支援的“输血”政策，充分发挥教育在促进新疆各族人才培养和就业中的基础性作用，最终帮助新疆形成经济社会长远可持续发展的内生性动力和自身“造血”能力。

新疆学前教育基本公共服务均等化对全面提高各民族人口素质、就业竞争力，推进新疆扶贫开发和经济社会跨越式发展，对促进新疆社会稳定与国家政治安全意义重大。从某种程度上来说，无论怎样强调新疆学前教育基本公共服务都不为过，因为从某种程度上来说，它具有从根本上实现人力资源扶贫开发的功能，它是提升民族地区人力资源素质和各民族群众自我发展能力，从根本上提升民族地区经济社会发展软实力，从根本上改变民族地区依赖“输血”逐步转向形成自身“造血”功能的重要手段和途径。

但目前新疆作为我国经济贫困、生态环境恶劣和政治环境十分复杂的民族地区之一，一方面那些生活在处境不利环境中的学前儿童发展严重受限，尤其是少数民族学前儿童接受有质量的学前教育基本公共服务的机会受限；另一方面新疆经济社会的跨越式发展又紧紧依赖于生活在这些处境不利环境中的各民族学前儿童通过接受教育而改变现状，增强自我发展能力，进而打破贫困的代际循环。在这样的处境不利环境中，迫切需要中央政府和民族地区政府立足长远的政治稳定、减贫与可持续发展的战略高度，充分认识到为新疆各民族学前儿童提供均等化的学前教育基本公共服务对全面提高新疆各民族人口素质、基础教育质量、就业竞争力，对新疆经济社会跨越式发展和国家政治安全的奠基性、先导性、全局性作用，以从根本上帮助新疆形成内生性发展动力和长远可持续发展能力。

（三）新疆特殊区情制约新疆学前教育基本公共服务的均等化供给

除西藏外，新疆是我国少数民族人口比例位居全国第二的民族自治区。新疆作为少数民族较为集中的民族自治区，与全国非民族地区，以及与云南、贵州、青海、宁夏等其他民族地区相比，其地理位置偏远，自然生态环境和气候条件十分恶劣，经济社会发展长期滞后，尤其南疆地区长期处于贫困程度深、语言文化环境单一封闭的边缘状态，是我国与境内外分裂势力长期斗争的主战场，政治环境十分复杂。新疆复杂交织的政治、经济、自然、人文社会因素导致了边远贫困的少数民族聚居区学前教育基本公共服务长期供给不足、不均，这不仅成为改善民生、促进和谐的发展问题，更是攸关国家安全的政治问题。首先，新疆自然生态环境恶劣。新疆位于亚欧大陆中部，处于我国西北边陲，占全国陆地总面积的 1/6；国内与西藏、青海、甘肃等省区相邻，周边与蒙古、俄罗斯、哈萨克斯坦、吉尔吉斯斯坦等 8 个国家接壤，是中国面积最大、交界邻国最多、陆地边境线最长的省区。新疆的地形地貌可以概括为“三山夹两盆”：北面是阿尔泰山，南面是昆仑山，天山横贯中部，把新疆分为南疆与北疆两部分。其次，生态气候与生存条件恶劣。虽然新疆地域辽阔，总面积 166 万平方公里，但适于人居住的绿洲面积只有 7.07 万平方公里，仅占全疆国土面积约 5%，2200 万人口生产生活都集中于这极其狭小的空间内。新疆地处西北干旱区，生态环境极其脆弱。新疆远离海洋，气候干燥少雨，年均天然降水量仅有 150 毫米左右。受干旱气候影响，南疆土地沙漠化极为严重，干旱缺水的生态环境给当地人民生活、生产带来了严重的负面影响，造成这些地区贫困人口众多。

其次,新疆贫困面大,地方财力十分薄弱。尤其南疆三地州("和田、喀什、克孜勒苏柯尔克孜自治州"的简称)是自治区贫困面最大、贫困程度最深的区域,三地州所辖 24 个县(市)贫困村占 75%,扶贫对象人口达到 266 万人,占新疆农村扶贫对象的 81%,是集边境地区、民族地区、高原荒漠地区、贫困地区于一体的、典型的集中连片深度贫困地区,是国家新一轮扶贫攻坚主战场之一。① 以 2011 年为例,新疆公共财政预算收入 720.43 亿元,但公共财政预算支出 2284.49 亿元,收支差额为负的 1564.05 亿元。② 基层地方财政入不敷出现象十分严重,地方财政成为吃饭财政,没有足够的能力为各民族学前儿童提供均等化的学前教育基本公共服务,迫切需要中央财政转移支付以及自治区内部财政配套和转移支付予以保障性供给、补足、扶持。

第三,新疆少数民族聚居区语言文化环境单一封闭,教育发展极为缓慢。新疆是一个多民族聚居区,共 47 个民族,其中世居民族有维吾尔、汉、哈萨克、回、柯尔克孜、蒙古等 13 个。2012 年新疆总人口 2208.71 万人,其中少数民族人口约占 60%。新疆 66%的少数民族主要聚居于南疆地区,其中维吾尔族占南疆少数民族的 96%,占南疆总人口的 81%③。少数民族聚居的南疆地区,由于交通不发达、经济发展滞后、经济活动与社会交往范围相对狭窄封闭,长期以来,少数民族儿童在家庭中使用的语言与学校教学语言基本都以母语为主,语言环境相对单一。这不仅严重影响了少数民族学前儿童对汉语的学习,而且有限的语言沟通和理解能力

---

① 王新红:《南疆三地州片区区域发展与扶贫攻坚正式启动》,见 http://news.iyaxin.com/content/2013-01/05/content_3763548.htm,2013 年 1 月 5 日。

② 中国知网:《新疆统计年鉴 2012》,http://www.yearbookchina.com/navibooklist-N2012110029-1.html。

③ 中国知网:《新疆统计年鉴 2013》,http://www.yearbookchina.com/navibooklist-N2013100046-1.html。

制约了少数民族学前儿童进一步接受基础教育的质量水平及其今后的社会交往范围和平等的就业竞争能力。此外,单一的语言文化环境对影响学前教育基本公共服务质量的关键要素——“学前双语教师队伍”建设带来了极大挑战,由于学前双语教师培养培训时间和经费成本要远远高于普通的非双语幼儿园教师,然而当前新疆学前双语教师数量不足、质量不高加剧了为民族地区少数民族学前儿童提供有质量的学前教育基本公共服务的难度。

最后,政治环境十分复杂。由于新疆特殊的地理位置、丰富的油气藏量、复杂的地缘政治决定了新疆是西方敌对势力对我国实施“西化”“分化”战略的主要目标,是民族分裂主义势力活动猖獗的地区。境内外“三股势力”(“民族分裂势力、宗教极端势力、暴力恐怖势力”的简称)对新疆进行长期渗透和影响,他们打着民族、宗教的幌子,蛊惑民心、煽动民族仇视,制造宗教狂热,鼓吹对“异教徒”进行“圣战”,大搞暴力恐怖活动,残杀无辜,挑起暴乱骚乱。他们的目标就是要把新疆从中国版图中分裂出去,建立所谓的“东突厥斯坦伊斯兰国”。新中国成立以来,“三股势力”在新疆制造了20多起暴力恐怖事件、群体性骚乱事件和非法集体游行闹事事件。近年最严重的一次是境内外“三股势力”相互勾结、内外联动、精心策划的2009年乌鲁木齐“7·5”打砸抢烧严重暴力犯罪事件。从近年新疆暴力恐怖事件来看,新疆已经成为境内外分裂势力与国家政治稳定战略争夺的“无形战场”,新疆少数民族学前儿童也已经或正在成为境内外分裂势力与我国人才培养战略争夺的“人力资源”。这些复杂的政治环境不仅正在影响着生活于其中的贫困而又单纯无知的少数民族学前儿童的生存、生活状态及其未来可持续发展程度,对新疆稳定、社会和谐、国家安全造成极为严重的威胁,而且地方公共财政支出中不断增加的维稳成本,更加剧了民族地区基层地方政府为各民族学前儿童提供均等化的学前教育基本公共服务的供给难度。

综上,新疆自然生态环境恶劣、贫困人口众多、经济发展严重滞后、地方财政入不敷出、语言文化环境单一封闭、政治环境十分复杂等各种因素相互交织,共同决定了仅仅依靠新疆各民族群众自身和新疆基层地方财力难以为各民族学前儿童提供均等化的学前教育基本公共服务。

(四)体制保障是促进新疆学前教育基本公共服务均等化的关键前提

近几年,随着西部大开发政策以及《教育规划纲要》和"国十条"的深入贯彻实施以及国家的大力扶持,西部地区、民族地区学前教育发展势头强劲,取得了比较突出的成效。特别在国家经济援疆、教育援疆等扶持政策的强力支持下,新疆学前教育发展成效明显。2010 年教育部公布的学前教育改革试点区将"新疆"列为改革农村学前教育投入和管理体制,探索贫困地区发展学前教育途径,改进民族地区学前双语教育模式的改革试点区之一。① 2010 年新疆学前教育财政投入占财政性教育经费的比例位居全国第一位。② 新疆学前教育三年毛入园率从 2004 年的 25.3%③提高到 2012 年的 69.2%④,提高了 43.9 个百分点。

但也有研究发现,我国民族地区与全国相比,在学前教育普及程度、财政投入水平、办园格局、师资水平、园所条件和保教质量等各个方面仍

① 周逸梅:《学前教育改革试点区公布》,《京华时报》2010 年 12 月 7 日。

② 刘占兰:《中国学前教育发展报告 2012》,教育科学出版社 2013 年版,第 143、140 页。

③ 毕嵘、张雁、任春红:《新疆幼儿教育的现状与发展策略》,《学前教育研究》2007 年第 4 期。

④ 教改办:《新疆维吾尔自治区实施教育规划纲要三周年工作总结》,http://www.xjedu.gov.cn/rdzt/jytzgg/xmgl/gjxm/2013/61598.htm。

然存在显著差异。民族地区学前教育基本公共服务资源总量不足不均、城乡统筹不力、质量水平不高问题突出,亟待建立和完善学前教育基本公共服务体系,建立相应的供给体制。以幼儿和教师比为例,比例最高的3个省份都是民族地区,分别是贵州(31)、新疆(24.7)、广西(22.2);我国民族地区学前教育发展不协调、不均衡,其中新疆尤其突出,城乡差异巨大(全国排位第22位),师幼比差异巨大(全国排位第30位)。①

存在上述问题的根本原因,一方面,由于我国民族地区学前教育基本公共服务长期以来主要依赖于地方公共财政供给,且主要以各级基层政府公共财政供给为主。但事实上,民族地区基层政府财力薄弱,仅仅依靠省及其以下政府公共财力根本无法保障学前教育基本公共服务均等化供给。另一方面,由于民族地区区域内部各级地方政府财力基础薄弱、差异悬殊,尤其新疆南疆地区地理位置偏远、自然条件恶劣、经济发展水平落后、人民生活困难,市场经济条件下"市场失灵"问题难以保障边远贫困的民族地区实现学前教育基本公共服务均等化供给的目标。此外,民族地区社会组织发育还不完善,依靠公民个人、社会公益组织志愿提供学前教育基本公共服务的愿望和能力还不强,某种程度上也限制了公民个人和社会组织对基本公共服务的民主管理和积极参与。②

多位学者研究指出,我国民族地区由于受历史、自然、人口分布、政治等因素的影响制约,大部分民族地区公共服务供给成本过高,地方财政无法提供与全国大体均衡的公共服务(雷振扬,2008③;曹艺、贾亚男,

① 刘占兰:《中国学前教育发展报告2012》,教育科学出版社2013年版,第89、143页。

② 党秀云、辛斐:《新时期民族地区公共服务管理面临的问题与战略选择》,《中央民族大学学报(哲学社会科学版)》2010年第6期。

③ 雷振扬:《我国民族地区基本公共服务存在的问题与对策思考》,《中南民族大学学报》2008年第6期。

2011①)。因此,民族地区特殊的政治、经济、自然生态、语言人文、社会历史特殊性决定了民族地区学前教育基本公共服务供给成本要远远高于非民族地区,这也进一步决定了民族地区学前教育基本公共服务体制与非民族地区相比存在其特殊性。

当前从根本上解决新疆学前教育基本公共服务供给资源总量不足、配置不均、质量不高的难题,迫切需要综合考虑国家公共利益和政治稳定的战略需要,新疆作为民族地区的特殊区情、政治经济与人文环境,新疆学前教育基本公共服务的特殊需求以及历史短暂、基础薄弱等现实困难。大力加强对新疆学前教育基本公共服务体制保障的实践探索和理论研究,不仅是推进我国民族地区学前教育基本公共服务均等化建设的关键问题,而且也是新形势下对中央政府和新疆维吾尔自治区政府提升学前教育基本公共服务治理能力的现实考验。

(五) 已有专题研究匮乏,凸显本研究的迫切性与必要性

从政策制定与实践层面来看,以 2010 年“国十条”颁布作为我国“学前教育”列入国家基本公共教育服务体系建设的重要里程碑,意味着我国学前教育基本公共服务体系建设刚刚起步。2012 年 7 月我国颁发实施《国家基本公共服务体系“十二五”规划》,国家公共政策层面首次明确将“享有均等化的基本公共服务视为公民基本权利”,将保障均等化的基本公共服务纳入“政府的主导责任”,并首次明确国家“基本公共服务范围”和“基本公共教育服务范围”,其中将“普惠性学前教育”列入基本公

① 曹艺、贾亚男:《民族地区基本公共服务均等化内部差异的分析——以新疆维吾尔自治区为例》,《改革与战略》2011 年第 9 期。

共教育服务的重点任务之一。从此项公共政策对“基本公共教育服务”范围和重点任务的界定,可以明显看出,随着我国经济实力和社会发展水平的不断提升,我国基本公共教育服务的范围正日益扩大,基本公共教育服务的公益性特征日趋增强。

从相关研究文献来看,都将“基本公共教育服务”范围锁定在“义务教育”领域,即便有研究将“基础教育”纳入基本公共教育范围,几乎都未将基础教育的重要组成部分“学前教育”纳入其中进行研究。目前,我国专门针对“学前教育基本公共服务”的专题研究才刚刚起步,针对民族地区学前教育基本公共服务的相关研究更是鲜有触及。总体来看,“学前教育基本公共服务”专题研究表现为数量不足、相关性不强、研究方法单一等局限。通过“中国知网”数据库先以“学前教育”并“公共服务”为题名的检索式,共查到研究文献 31 篇;增加“基本”限定词后,33 篇文献中直接关涉“学前教育基本公共服务”的仅有 3 篇。

从研究内容来看,“学前教育基本公共服务”的相关理论研究主要集中于两个方面:一是学前教育基本公共服务体系研究,包括学前教育基本公共服务的内涵、意义、特征、均等化目标、建构途径、政府服务职能转型与管理创新等理论问题。二是学前教育基本公共服务体制研究,包括学前教育基本公共服务的政府责任配置、多元供给主体间关系及制度机制。“学前教育基本公共服务”的相关实践研究主要集中于学前教育基本公共服务的现状、需求、均等化水平、问题与对策等方面。从研究方法来看,目前对“学前教育基本公共服务”的相关理论研究多属于宏观的政策文本解读、理论思辨与阐述,实践研究也多以内地发达城市学前教育基本公共服务体系建设的实践探索为主,从规范研究与实证研究相结合的思路对“民族地区学前教育基本公共服务均等化的体制保障”问题深入、系统的专题研究十分匮乏。有学者指出,尽管《教育规划纲要》为学前教育基本公共服务制定了具体的长远目标,但对实现目标的关键环节“服务体制”却着墨不多(李辉,2012)①。还有学者指出,加快发展学前教育的最关键一步是建立学前教育基本公共服务体制(刘占兰、陈琴,2011)②。尽管“国十条”中明确提出学前教育基本公共服务“必须坚持改革创新,着力破除制约学前教育科学发展的体制机制障碍;必须坚持政府主导,社会参与,公办民办并举,落实各级政府责任,充分调动各方面积极性”,但对于民族地区而言,究竟如何具体贯彻落实、改革创新,还需要深入探索,具体情况具体分析。本书认为,研究民族地区学前教育基本公共服务体制保障问题,不仅对促进我国学前教育基本公共服务均等化发展具有重要的现实意义,而且对丰富和完善我国学前教育基本公共服务体制研究具有重要的理论意义。

二、研究内容与意义

(一) 研究内容

在对民族地区学前教育基本公共服务均等化相关研究述评基础上,本研究重点研究以下问题。

1. 民族地区学前教育基本公共服务的基本理论建构

本部分重点探讨的理论问题是:(1)学前教育基本公共服务的内涵

① 李辉:《中国学前教育财政投入体制改革方案》,《中华女子学院学报》2012年第5期。

② 刘占兰、陈琴:《论将学前教育纳入基本公共教育服务体系》,转引自袁振国主编:《中国教育政策评论(2011)》,教育科学出版社2011年版,第118页。

与特征;(2)民族地区学前教育基本公共服务的内涵、特征与价值;(3)民族地区学前教育基本公共服务的体制;(4)民族地区学前教育基本公共服务均等化的评价指标体系。这是整个研究的前提与理论基础。

2. 国外促进少数民族学前教育公平发展的体制保障:经验与启示

以美国的开端计划(Head Star)、英国的确保开端计划(Sure Start)和印度的儿童综合发展服务项目(Integrated Child Development Services,缩写为ICDS)等世界有代表性的多民族国家学前教育弱势扶助行动计划为例,探讨这些国家的政府保障少数民族学前教育均衡发展与促进公平的责任,建立和完善少数民族学前教育基本公共服务体制方面的经验与启示。该部分为研究问题的解决及政策建议提供重要启示和借鉴。

3. 新疆学前教育基本公共服务均等化的差异分析

本部分重点探讨:(1)新疆学前教育基本公共服务的总体趋势如何?(2)新疆地区间学前教育基本公共服务的均等化水平或差异趋势如何?具体探讨2003—2012年新疆14个地区间学前教育基本公共服务的入园机会、资源配置(经费投入——财、办园条件——物、师资队伍——人)的差异系数变化趋势。(3)新疆学前教育基本公共服务均等化发展面临的问题是什么?该部分是整个研究的引子。

4. 新疆学前教育基本公共服务均等化的体制分析

建立并完善民族地区学前教育基本公共服务体制是缩小民族地区学前教育基本公共服务均等化差异的关键保障。本部分从体制因素入手探讨新疆地区间学前教育基本公共服务均等化的体制效应。重点探讨:(1)新疆学前教育基本公共服务体制变迁的趋势与特征;(2)促进新疆学前教育基本公共服务均等化的体制成效;(3)制约新疆学前教育基本公共服务进一步均等化的体制障碍;(4)新疆学前教育基本公共服务均等化的体制改革地方经验。该部分是整个研究的重点与难点。

5. 新疆学前教育基本公共服务均等化的体制保障:总体思路与政策建议

基于对民族地区学前教育基本公共服务均等化及其体制保障的理论探讨、新疆地区间学前教育基本公共服务均等化程度的变化趋势分析,以及相应的体制成效、体制障碍、体制改革地方经验探索,针对仍然存在的问题和挑战,重点探讨:(1)学前教育基本公共服务均等化建设总体思路;(2)新疆学前教育基本公共服务均等化的体制保障政策建议。该部分既是本研究的难点与重点,也是创新点与突破点。

(二)研究意义

均等化是当前我国基本公共服务体系建设的重要目标,民族地区学前教育基本公共服务均等化攸关国家安全稳定与和谐发展,创新民族地区学前教育基本公共服务体制则是实现均等化目标的关键前提和重要保障。因此,对“民族地区学前教育基本公共服务均等化的体制保障”进行研究,具有重要的理论价值和现实意义。

1. 理论意义

第一,从研究问题的聚焦点来看,本研究抓住学前教育基本公共服务中的薄弱典型的民族地区“新疆”,以促进“均等化”为目标,聚焦学前教育基本公共服务供给的重点、关键问题“体制”,尽管研究关注民族地区,但其与全国学前教育基本公共服务体制存在共性问题。因此,本研究不仅对推进我国民族地区学前教育基本公共服务均等化实践具有重要的理论指导价值,而且也可进一步拓展和深化我国学前教育基本公共服务均等化的体制保障研究,起到理论补充的作用。

第二,从研究视角和方法来看,本研究主要以政治学为研究视角,以规范研究与实证研究相结合、理论建构与实践探索相互观照的思路,有助于更加全面、客观地把握新疆学前教育基本公共服务体制保障的特殊性问题,在研究视角与方法上希望对学前教育基本公共服务的研究者具有一定的借鉴与参考价值。

2. 实践意义

在当前维护社会公平正义、构建和谐社会、大力推进学前教育基本公共服务均等化建设目标以及相应的体制建设的宏观背景下,研究民族地区学前教育基本公共服务均等化的体制保障问题对我国国家安全稳定、民族地区人力资源扶贫开发与经济社会跨越式发展具有重要的战略意义。将新疆学前教育基本公共服务优先纳入我国学前教育基本公共服务建设体系,通过体制保障动态提升和有效推进新疆学前教育基本公共服务均等化水平显得尤为迫切、至关重要。本研究的实践意义具体表现为:

第一,本研究期望能在一定程度上揭示新疆地区间学前教育基本公共服务均等化的总体水平,尤其是分析其中关键性、瓶颈性问题“体制”因素,这有助于民族地区政府、教育行政部门决策者、管理者和民族教育政策研究者深入、清晰地了解和把握我国民族地区学前教育基本公共服务均等化差异程度、取得成效、存在的问题及体制性归因,有助于帮助其找到民族地区学前教育基本公共服务均等化发展的体制保障改革方向,为其进行科学决策、政策调整和深入研究提供有益参考。

第二,本研究在新疆学前教育基本公共服务的均等化差异水平、体制因素分析基础上,提出加快推进新疆学前教育基本公共服务向高位均等化水平迈进的政策建议。研究将对新疆地区政府提高学前教育基本公共服务能力发挥重要的资政作用,为政府下一步明确学前教育基本公共服务改革方向、为建立和完善学前教育基本公共服务均等化的政策制度安排提供重要的政策建议和决策参考。

三、研究思路

(一)以"均等化"为目标,以"体制"为切入点,以多个相关理论为指导

促进公平是当前我国教育政策的主旋律,也是教育事业改革的主方向。尤其在当前国家已将"普惠性学前教育"纳入基本公共服务体系的宏观政策背景下,优先保障老少边贫地区,尤其是通过体制创新保障民族地区学前教育基本公共服务的均等化已成为改革的方向与重点,也是难点。本研究首先遵循公共政策分析的研究思路,将回溯性评估与前瞻性分析相结合,回溯新疆学前教育基本公共服务政策实施后"发生了什么、有何作用",发现和建构"政策问题",预测下一步"会发生什么",建议"问题的解决方法"①;以公正理论为视角,探讨新疆学前教育基本公共服务均等化的特殊政治意义;以新公共服务理论为指导,确立政府保障各民族学前儿童公民权、基本受教育权的政治理念,尤其政府从社会公平正义

① [美]威廉·N.邓恩:《公共政策分析导论(第二版)》,谢明、杜子芳等译,中国人民大学出版社2010年版,第65页。

与公共利益价值出发,有效回应少数民族学前儿童对学前双语教育的特殊需求;以公共财政理论为分析工具,分析民族地区学前教育基本公共服务的内涵与特征,阐述和剖析我国社会主义市场经济条件下,如何发挥公共财政对民族地区学前教育基本公共服务均等化的体制效应,以及中央与地方政府在民族地区学前教育基本公共服务中分别应承担的主导责任,各级政府间支出责任的分担;以治理理论为基础,分析为促进民族地区学前教育基本公共服务均等化目标的实现,当前政府、市场与社会等公共服务主体在提供与生产民族地区学前教育基本公共服务过程中应如何协调关系,发挥各自作用,有哪些制度安排激励横向合作供给,执行效果如何,存在什么问题,如何调整完善。

(二) 规范研究与实证研究相结合

"工欲善其事,必先利其器。"教育政策研究本质上属于政治学研究范畴,政治学研究强调规范研究与实证研究的统一。所谓规范研究,是指具有高度抽象性和普遍概括性的研究,对实践具有价值规范与指导作用,因此也常有人称其为理论研究,它体现了"应该是什么、应当怎么样、应该怎样做"的价值规范与指向性;而实证研究是指按照事物本来的面目,描述现象"是什么",揭示有关变量之间的因果联系。① 我国民族地区学前教育基本公共服务体制研究,既具有全国学前教育基本公共服务的共性问题,也存在其特殊性问题。本研究力图做到规范研究与实证研究有机结合,相互观照,为进一步完善我国民族地区学前教育基本公共服务体制提供政策建议。首先,在文献梳理的基础上,探讨和建构我国民族地区

① 张铭、严强:《政治学方法论》,苏州大学出版社 2003 年版,第 7 页。

学前教育基本公共服务体制保障的基本理论问题；同时在实践上深入民族地区内部，了解新疆地区学前教育基本公共服务的均等化水平，分析其成效和问题背后的体制原因，同时深入南疆喀什地区、北疆伊犁哈萨克自治州探索地方经验，为进一步提出政策建议提供启发与借鉴，调整、补充和完善前述的基本理论。

（三）动态研究与静态研究相结合

为全面、深入地把握当前我国民族地区学前教育基本公共服务的总体水平和均等化变化趋势，本研究在设计上采取了横向静态比较与纵向动态比较相结合的分析框架。首先，纵向地分析了近十年新疆地区间学前教育基本公共服务的均等化差异变化趋势，特别是把握2008年前后中央持续对新疆学前教育基本公共服务实施专项投入政策前后的变化效果和趋势。其次，研究分析了当前阶段新疆学前教育基本公共服务均等化发展面临的挑战、体制障碍以及地方经验，结合当前我国社会发展阶段，从新疆经济社会发展需要、国家公共利益、各民族学前儿童全面健康可持续发展的需要出发，为促进新疆学前教育基本公共服务均等化的体制保障提出政策建议。

（四）普遍规律探讨与典型案例分析相结合

民族地区学前教育基本公共服务首先属于全国学前教育基本公共服务体系建设的重要组成部分之一，因此，在供给体制方面具有与全国学前教育基本公共服务体制建设的共性理论问题，都将涉及政府责任及其中央与地方各级政府的职能定位、责任分担等纵向关系，政府、市场与社会间的横向关系，具体涉及各供给主体的职能定位、责任分担等基本问题。

本研究聚焦于"民族地区学前教育基本公共服务均等化的体制",理论分析都将涉及上述"体制"的纵向与横向维度。但与全国非民族地区相比,民族地区学前教育基本公共服务体制应体现其鲜明的特殊性。这种特殊性是由民族地区学前教育基本公共服务对于国家扶贫开发与长治久安的政治战略价值、民族地区经济社会发展的特殊背景和现实基础所决定的。本研究之所以将新疆学前教育基本公共服务作为民族地区学前教育基本公共服务的典型案例,原因在于国家自2008年以后对新疆学前双语教育给予强力扶持,实施了中央财政专项投入制度,可能会对新疆学前教育基本公共服务均等化产生重要影响。当前在全国范围内推进学前教育基本公共服务体系建设和体制创新的背景下,审视新疆学前教育基本公共服务体制保障成效,不仅对推进新疆学前教育基本公共服务向广覆盖、保基本、有质量的均等化方向发展具有重要指导意义,而且对我国学前教育基本公共服务体系构建和体制创新将具有重要的启发和借鉴意义。

(五)系统研究与重点分析相结合

体制是基本公共服务的核心、关键问题,是动态推进和有效提升基本公共服务均等化水平的前提性、保障性因素。本研究在整体框架设计中,首先对民族地区学前教育基本公共服务的基本理论问题进行探讨,包括学前教育基本公共服务的内涵与特征,民族地区学前教育基本公共服务的内涵、特征、价值与体制等。其次,分析和把握当前新疆地区学前教育基本公共服务的总体趋势、均等化差异水平及其体制建设的现状、成效、障碍与地方改革经验。最后,结合上述理论分析、实证分析,进一步修改、丰富和完善理论探讨部分的研究假设,提出相应的政策建议。

上述每个研究问题环环相扣,形成一个完整的系统(具体关系详见

“研究设计”部分的框架图)。在这个系统中,“均等化”是目标,“体制”是关键手段与核心。因此,研究最后落脚在如何通过完善体制不断提升和保障新疆学前教育基本公共服务的均等化水平。

四、研究方法

本研究综合运用文献法、访谈法、个案法等研究方法,深入探讨新疆学前教育基本公共服务的基本理论问题、均等化水平及其体制保障的成效、问题,并在此基础上以促进均等化为目标提出体制完善的政策建议。

(一) 文献法

1. 研究目的

通过对与新疆学前教育基本公共服务均等化及体制相关的法律、法规、政策文件、研究文献、统计年鉴等进行收集、概括梳理与系统分析,宏观把握当前新疆学前教育基本公共服务均等化的现状与问题,对问题进行深层次的体制因素分析,并探讨推进新疆学前教育基本公共服务均等化的体制保障完善建议。具体而言:(1)全面掌握国家和民族地区关涉新疆学前教育基本公共服务均等化的体制,尤其是当前关于基本公共服务均等化、基本公共教育服务均等化、学前教育基本公共服务均等化及其体制保障的相关法律、法规和政策的基本情况;(2)全面梳理国内外关于学前教育基本公共服务均等化的评价指标体系与测度方法的研究文献,为构建和选择民族地区学前教育基本公共服务均等化的评价指标体系及测度方法奠定理论基础;(3)概括提炼国外少数民族学前教育均衡发展的体制改革有益经验,为经验迁移与体制保障提供重要借鉴和启示;(4)分析、揭示新疆学前教育基本公共服务均等化的体制问题,为调整和完善相关政策制度奠定理论基础。

2. 研究对象

根据研究目的,本研究拟选取以下四类研究对象进行文献研究:(1)中央及地方政府出台的关涉新疆学前教育基本公共服务均等化及体制的法律法规、政策文件以及政府工作报告,已经公开的相关提案、议案等;(2)与新疆学前教育基本公共服务均等化体制相关的行政人员讲话、会议记录、新闻访谈以及新闻媒体刊载的民族地区学前教育基本公共服务均等化的体制报道等;(3)与民族地区学前教育基本公共服务均等化的体制相关的国内外研究文献,包括研究专著、研究报告、学术期刊论文、学位论文、会议论文等;(4)与新疆学前教育基本公共服务均等化相关的统计年鉴、统计数据以及与其均等化体制相关的政策文本等。

3. 研究程序

本研究根据研究目的和研究内容分为以下四步进行:

(1)研究文献分析阶段。广泛查阅、收集和整理与基本公共服务均等化、民族地区基本公共服务均等化、民族地区基本公共教育服务均等化、学前教育基本公共服务均等化相关研究文献,对民族地区学前教育基本公共服务均等化体制的内涵、现状、问题、制约因素、制度创新及实现路径等有关的内容进行系统梳理与概括分析,建构研究的理论基础,形成核心概念分析框架与整体研究的分析框架。

(2)相关政策分析阶段。广泛查阅、收集和整理与民族地区学前教育基本公共服务均等化的体制保障相关的各项法律法规与政策文本。在系统梳理的基础上,围绕本研究关注的主要问题对这些政策文本的相关性进行鉴别和分析,选择出其中与民族地区学前教育基本公共服务均等化及其体制保障关联度较高、具有直接或间接影响作用的政策文本内容进行分析。

(3)相关文本分析阶段。广泛查阅、收集和整理国家和地方与新疆学前教育基本公共服务均等化的体制保障有关的行政人员讲话、会议记录、新闻媒体刊载的内容等,对其中有关新疆学前教育基本公共服务均等化的现状、问题、制约因素及其体制保障、实现路径有关的内容进行系统梳理与概括分析。

(4)相关数据分析阶段。广泛收集、整理和统计国家及民族地区,尤其是新疆学前教育基本公共服务相关的统计年鉴,对其中与新疆学前教育基本公共服务均等化及体制保障相关程度较高的统计数据等信息进行分析。重点把握新疆作为特殊性较强的民族地区之一,其学前教育基本公共服务的总体发展趋势及地区间差异系数变化趋势。

表 1-1　数据抽样地区分布一览

序号	地/州/市	城镇化率①	少数民族人口比例②	区域
1	乌鲁木齐市	97%	27.4%	北疆
2	克拉玛依市	100%	25.2%	
3	昌吉回族自治州	86%	27.0%	
4	博尔塔拉蒙古自治州	80%	34.2%	
5	伊犁哈萨克自治州	59%	57.8%	
6	塔城地区	75%	42.9%	
7	阿勒泰地区	55%	58.9%	

① 国家统计局规定,城镇化率=城镇人口/总人口。本研究中的城镇化率依据 2013 年《新疆统计年鉴》数据计算得出。

② 根据 2013 年《新疆统计年鉴》相关数据计算得出。

序号	地/州/市	城镇化率	少数民族人口比例	区域
8	吐鲁番地区	76%	78.3%	东疆
9	哈密地区	88%	31.5%	
10	巴音郭楞蒙古自治州	80%	43.3%	南疆
11	阿克苏地区	65%	80.2%	
12	克孜勒苏柯尔克孜自治州	59%	92.6%	
13	喀什地区	35%	93.1%	
14	和田地区	33%	96.5%	

图 1-1 新疆维吾尔自治区行政区域图

根据新疆 2012 年行政区划分布(见图 1-1),全区辖有 14 个地州市①。本研究以新疆行政区划为分析的基本单元,主要考虑新疆各行政区划的人口结构、民族构成、经济发展水平以及自然生态环境具有相对明

① 全区辖有 14 个地州市,其中包括 5 个自治州:克孜勒苏柯尔克孜自治州、博尔塔拉蒙古自治州、昌吉回族自治州、巴音郭楞蒙古自治州、伊犁哈萨克自治州;7 个地区:喀什地区、阿克苏地区、和田地区、吐鲁番地区、哈密地区、塔城地区、阿勒泰地区;2 个地级市:乌鲁木齐、克拉玛依。

显的特征，调研新疆 14 个地州相关数据，以较为全面、真实、客观地反映新疆区域内部学前教育基本公共服务的地区间差异水平。

当前国家政策明确将“普惠性学前教育”纳入基本公共教育服务范围，由于新疆宏观面板数据无法严格区分普惠性与非普惠性学前教育，而根据图 5-4 来看新疆学前教育财政投入比例近 5 年来已达到 80%以上，同时考虑到接受学前教育基本公共服务是每一位学前儿童应享有的基本权利，国家当前政策导向也反映了学前教育基本公共服务整体上优先重点向民族地区等“老少边贫”薄弱地区倾斜的趋势，因此本研究将新疆地区学前教育整体上纳入学前教育基本公共服务体系予以考察。

（二）访谈法

1. 研究目的

为更全面、深入地了解当前新疆学前教育基本公共服务均等化及体制改革面临的问题、分析其深层次影响因素，提出有效推进新疆学前教育基本公共服务均等化的体制保障政策建议，本研究拟对相关领域的研究者、决策者、管理者、实践者以及利益相关群体进行访谈、座谈。具体而言：(1)分析新疆学前教育基本公共服务均等化存在的主要问题与亟待破解的难题；(2)探讨影响当前新疆学前教育基本公共服务均等化发展的体制性障碍或制约因素；(3)探讨推进新疆学前教育基本公共服务均等化发展的体制改革总体思路与方向，并提出以均等化为目标，完善新疆学前教育基本公共服务体制的政策建议。

2. 访谈对象及其选取

本研究的访谈对象拟选取与新疆学前教育基本公共服务均等化政策相关的行政管理者(包括决策者与执行者)、专业研究人员、不同类别(不同性质、双语与非双语)幼儿园园长、幼儿园教师、幼儿家长等民族地区学前教育政策的研究者、决策者、执行者以及利益相关者群体进行访谈和座谈。

(1)民族地区行政管理者。本研究将行政管理者作为访谈对象的首选,主要考虑到行政管理者对民族地区政府促进学前教育基本公共服务均等化及其体制改革有较为直接、充分的认识,同时,对教育政策法律制度也比较了解,且直接负责或参与民族地区学前教育基本公共服务均等化的体制创新实践过程。本研究选取教育、财政、发改、人社、编制等与民族地区学前教育基本公共服务体制创新直接相关的政府部门行政管理者进行深入访谈。

本研究在行政管理者来源的选择上,根据政府层级、部门和所在地区进行分层抽样。首先,以政府层级为依据,拟主要选取新疆维吾尔自治区级、地州市级和县级/市辖区级层面的政府及其相关职能部门行政管理人员。其次,以来源地区为依据,研究综合考虑新疆经济社会发展水平、少数民族人口所占比重、学前教育行政管理水平三方面因素,并结合行政人员和专家推荐,采取分层取样方法选取研究地区。第一,研究拟选取新疆区域内南北疆经济发展高、中、低水平的地区;第二,选取体现新疆主要少数民族维吾尔、哈萨克、蒙古族等自治区域;第三,在关注新疆区域内部学前教育基本公共服务均等化动态发展的基础上,选取对促进新疆学前教育基本公共服务均等化的体制保障实践探索具有一定典型性和代表性的地区。具体见表 1-2。

表 1-2 行政管理人员抽样选取情况一览

区域	地/州/市	教育	财政	发改	编制	人社	总计
自治区	/	2	1	1	1	1	6
北疆	乌鲁木齐市	2	1	1	1	1	6
	伊犁哈萨克自治州	2	1	1	1	1	6
南疆	巴音郭楞蒙古自治州	2	1	1	1	1	6
	喀什地区	2	1	1	1	1	6
合计		10	5	5	5	5	36

（2）不同性质、类别的幼儿园园长。民族地区幼儿园园长本身即是政策执行者与管理者，虽然其主要从事幼儿园内部管理，但与各类行政部门联系密切，不同类型（双语与非双语幼儿园）、不同性质（公办与民办园）幼儿园园长对民族地区学前教育基本公共服务均等化的体制改革现状尤其是问题感触更深，通过对其进行访谈，可以更深入地了解当前新疆学前教育基本公共服务均等化发展的现存问题及其体制障碍。同时，幼儿园园长对新疆学前教育基本公共服务均等化与体制改革的建议、思路，也可进一步为形成新疆学前教育基本公共服务均等化的体制、完善政策建议提供有益的启示与借鉴。

采用地区分层抽样的方法，第一层分别重点选取南疆、北疆；第二层分别从每个地区选取地、州、市、县等不同行政级别区域，体现城乡不同；第三层分别从不同行政级别区域选取不同性质（公办与民办）、兼顾不同类型（双语与汉语）幼儿园园长若干名进行访谈、座谈，考虑到民族地区学前教育基本公共服务需求农村大于城市，边远、贫困的少数民族聚居区需求相对较大，目前民族地区学前双语教育保障性经费重点支持农村公办双语幼儿园，因此在抽样选取中充分考虑这几种情况。具体见表 1-3。

表 1-3 幼儿园园长抽样选取情况一览

区域	地、州、市、县	城乡	公办园		公办性质园		民办园		总计
			双语	汉语	双语	汉语	双语	汉语	
北疆	乌鲁木齐市	城	2	1	1	1	1	1	7
		乡	—	—	—	—	—	—	—
	伊犁哈萨克自治州	城	2	1	1	1	1	1	7
		乡	5	1	1	1	1	1	10
南疆	阿克苏地区	城	2	1	1	1	1	1	7
		乡	5	1	1	1	1	1	10
	喀什地区	城	2	1	1	1	1	1	7
		乡	5	1	1	1	1	1	10
总计			23	7	7	7	7	7	58

(3)不同领域的专家学者。本研究将专家学者作为访谈的主要对象之一,不同领域的专家学者作为民族地区学前教育基本公共服务均等化及体制保障的研究者、资政服务者,拥有本领域坚实的理论背景,能很好地从整体上把握民族地区学前教育基本公共服务均等化体制改革相关的政策和法规制度,且对民族地区学前教育基本公共服务均等化的体制保障应然与实然具有更深入的认识。对其进行访谈,能站在较为客观的角度,把握民族地区学前教育基本公共服务体制保障的现状和问题,剖析其影响因素,并进一步研究提出以均等化为目标改革与完善新疆学前教育基本公共服务体制保障的政策建议。

本研究拟选取公共管理与公共政策、民族政治学、民族教育政策、公共教育财政、基础教育政策与学前教育政策等领域的专家学者进行深入访谈,从不同学科领域层面进行目的性取样,以从不同视角听取对新疆学前教育基本公共服务均等化的体制保障观点和认识。具体来讲各类研究对象选取的数量及分布如下:

表 1-4　不同研究领域专家选取情况一览

学科/领域 访谈对象	公共管理与公共政策	民族政治学	民族教育政策	公共教育财政	基础教育政策	学前教育政策	总计
专家	2	2	3	3	2	4	16

(4)幼儿园教师。幼儿园教师既是学前教育基本公共服务均等化政策的执行者,同时也是政策的受益者。因此,对其进行访谈,可以较为客观、真实地反映民族地区学前教育基本公共服务体制的政策安排及其实践成效、存在问题、体制障碍及改革方向。

采用地区分层抽样的方法,第一层分别重点选取南疆、北疆地区;第二层分别从每个地区选取地、州、市、县等不同行政级别区域,体现城乡差异;第三层、第四层分别从不同行政级别区域选取不同类型、不同民族幼儿园教师若干名进行访谈。具体见表 1-5。

表 1-5　幼儿园教师抽样选取情况一览

区域	地、州、市、县	城乡	公办园		公办性质园		民办园		总计
			民	汉	民	汉	民	汉	
北疆	伊犁哈萨克自治州	城	10	3	4	2	2	1	22
		乡	10	3	4	2	2	1	22
南疆	喀什地区	城	10	3	4	2	2	1	22
		乡	10	3	4	2	2	1	22
总计			40	12	16	8	8	4	88

(5)幼儿家长。各民族幼儿家长是民族地区学前教育基本公服务均等化政策的利益直接相关者,政策安排的最终成效可在其孩子身上得到直观体现,对其进行访谈,可以较为客观、真实地反映民族地区学前教育

基本公共服务需求、均等化供给政策的安排成效与满意度、存在的主要问题、体制障碍及改革方向。因此对新疆各民族学前儿童家长,特别是边远贫困的少数民族聚居区学前儿童家长进行访谈,可了解国家和自治区为促进新疆学前教育基本公共服务均等化的体制保障政策成效、存在的主要问题、实际需求与体制改革方向。

对幼儿家长抽样方法、原则与人数与幼儿园教师一致。

3. 研究程序

(1)编制访谈提纲。根据不同的研究目的和研究对象特点,本研究自主设计包括行政管理者访谈提纲、幼儿园园长访谈提纲、专家访谈提纲和幼儿家长访谈提纲在内的访谈工具,并根据行政管理者所在地区、部门职能特点,幼儿园的不同性质、类别,专家的研究领域,幼儿家长及幼儿的居住区域、民族背景与社会生活环境等因素在访谈重点方面进行适当调整。

(2)完善访谈提纲。采用专家评定的方式对访谈提纲进行修改和完善,并选取部分访谈者开展预访谈,结合预访谈情况进行修订、完善,形成正式访谈提纲。

(3)开展正式访谈和座谈。联系访谈对象并获得对方许可;以个别访谈、集体座谈或电话访谈的形式,对行政管理者、专家进行每次持续时间约为 30 分钟到 1 小时的个别访谈,分别对不同性质、类别幼儿园园长、教师进行约 1—2 小时的个别访谈或座谈;对幼儿家长进行 1 小时左右的座谈。将半结构访谈与随机追问相结合;为保证访谈与分析的可信度和有效性,在征得对方同意的前提下全程录音。

(4)对访谈资料进行整理与分析。

（三）个案法

1. 研究目的

为深入考察分析新疆学前教育基本公共服务均等化的体制保障问题，尤其对体制改革提出可行思路和可操作政策建议，研究拟选取在学前教育基本公共服务体制保障方面力度较大且取得积极成效的地区作为典型个案进行分析，以期从其学前教育基本公共服务均等化的体制保障改革中探索创新思路与示范经验。个案分析主要揭示其在国家实施新疆学前教育基本公共服务均等化政策前后发生了哪些变化，趋势如何，已经或正在采取哪些体制改革的重要举措，目前还存在哪些体制问题，进一步的体制改革思路与方向是什么。

2. 研究对象

研究综合考虑新疆南北疆区域分布，地/州/市、县/市辖区、乡、村的选取，地区自然生态环境，民族构成与聚居特点，经济社会发展水平、城镇化率，以及学前教育基本公共服务均等化体制创新探索等因素，选取近年来国家政策倾斜力度较大、在学前教育基本公共服务体制保障方面力度较大且取得积极成效的喀什地区和伊犁哈萨克自治州。

（1）喀什地区。位于南疆；经济贫困；自然生态环境较为恶劣；少数民族占93%，以维吾尔族聚居为主，占总人口的92%；社会发展较缓慢、滞后，城镇化率35%。

（2）伊犁哈萨克自治州。位于北疆；自然生态环境相对南疆较好，以经济作物为主；少数民族占58%，以哈、汉、维杂居为主，分别占总人口数的 26%、42%、17%;经济、社会发展中等偏上,城镇化率 59%。

上述 2 个案地区分别位于新疆的南疆和北疆,少数民族特点、聚居比例、民族人口构成、自然生态环境、经济社会发展水平、城镇化率都不相同。选择以上两个案地区,首先纵向体制上主要考察在国家大力推进新疆学前双语教育政策的支持下,随着国家学前基本公共服务转移支付制度的实施,探索其学前教育基本公共服务的入园机会、资源配置(包括经费投入、办园条件、师资队伍)均等化的成效如何,从中央到地方政府的纵向体制起到了什么作用,存在什么问题,如何改进与完善。

其次,横向体制上主要考察在国家推进普惠性学前教育进程中,这些地区政府对社会力量参与学前教育基本公共服务供给有哪些激励性政策安排、举措、成效、经验,还存在什么问题,如何改进与完善。

3. 研究程序

(1)文献分析。通过梳理分析相关政策文本、研究文献,对个案研究地区的学前教育基本公共服务均等化的现状、趋势、特点与体制创新的经验、问题与影响因素等进行研究,为进一步实地调研奠定基础。

(2)实地调研。根据研究目的与需要,并结合研究条件的可行性,对两个案地区进行各有侧重的实地调查。分别拟对每个个案地区进行为期 1 周的实地调查与访谈,通过访谈、观察、政策文本收集与内容分析等实地调研方式获得研究的第一手资料,进一步对民族地区学前教育基本公共服务均等化的体制保障政策的现状、问题、制约因素、经验探索及可能的发展趋势等进行深入考察。

(3)案例分析。整理、分析数据,对个案研究地区学前教育基本公共服务均等化的体制保障探索经验进行概括梳理,为进一步完善新疆学前教育基本公共服务均等化的体制保障供有益的经验启示和政策建议。

第二章　研究综述

“基本公共服务”这一提法最早并非由学界提出，而是来自我国政府的政策术语。“基本公共服务均等化”概念首次于2006年在中共十六届六中全会上提出，自此以来我国基本公共服务均等化政策更多面向欠发达地区、弱势群体倾斜，特别多次明确强调要加大对民族地区的支持力度。2008年，我国关于民族地区基本公共服务均等化的相关研究日益增加，其中尤为突出地强调了民族地区基本公共教育服务均等化对促进民族地区社会公平、构建我国和谐社会和维护国家安全的特殊重要意义。2012年我国首次颁布了《国家基本公共服务体系“十二五”规划》，并明确将“普惠性学前教育”纳入国家基本公共教育服务体系。从文献检索来看，2011年以后关于“学前教育基本公共服务”的专题研究开始出现，但目前我国几乎还没有关于“民族地区学前教育基本公共服务均等化的体制保障”专题研究。为借鉴已有相关领域的研究经验，遵循从一般到特殊、从宏观到微观的逻辑线索，对相关研究进行梳理，以期为本研究提供重要的理论借鉴与启示。

一、基本公共教育服务均等化的体制相关研究

（一）基本公共服务的相关研究

1. 公共服务的内涵与本质

理解“公共服务”是研究“基本公共服务”的逻辑起点。“公共服务”这一术语最早于19世纪中后期由德国社会政策学派瓦格纳(Adolf Wagner)提出(毛程连,2003)①。20世纪初法国公法学派代表莱昂·狄骥对公共服务概念第一次作出了比较系统的论述。他认为,公共服务是任何因其与社会团结的实现与促进不可分割而必须由政府来加以规范和控制的活动,它具有除非通过政府干预,否则便不能得到保障的特征(李军鹏,2007)②。此后,“公共服务”概念伴随着“公共物品”概念逐步演变发展。一方面由于政府改革理论研究的经济学转向,包括古典自由主义、国家干预主义和新自由主义的理论演变;另一方面,随着世界各国民主政体的建立和福利国家时代的到来,20世纪30年代以后相当长一段时期,政府直接从事大众需要的公共物品生产或通过政府干预形式刺激经济快速增长、促进就业成为一种主导性选择。

目前关于“公共服务”有多种解释方法,代表性的有“物品解释法”

① 毛程连:《西方财政思想史》,经济科学出版社2003年版,第123页。
② 李军鹏:《公共服务学》,国家行政学院出版社2007年版,第33页。

(Samuelson,1954)①、“利益解释法”(弗雷德里克森,2003)②、“主体解释法”(登哈特夫妇,2000)③、“价值解释法”(李军鹏,2006)④、“内容解释法”(赵黎青,2008)⑤、“职能解释法”(陈振明,2011)⑥等。李军鹏(2007)⑦、陈振明(2011)⑧强调公共服务是一个政治学概念,不完全等同于经济学中的公共产品概念,用经济学中的非竞争性和非排他性不足以说明公共服务的本质。柏良泽(2007)也强调,公共服务(提供)应当与公共物品(生产)不同,公共服务不会受到物品特性的限制,当社会情势或生存状态关系到公共利益问题时,任何物品都可以作为公共服务的内容被政府提供。公共服务概念包含了价值观导向,即维护公共利益、保障社会公平的重要民生问题是公共服务的核心,提供公共服务既是政府存在的合法性前提,也是政府的主导责任。⑨

本研究认可陈振明(2011)与卢映川(2007)等学者“既考虑一国公共服务的经济、历史阶段性水平和时空条件,又考虑将公共物品与公共服务相结合”的观点,将“公共服务”界定为:一个国家在一定时空条件和经济社会发展阶段下,政府及其公共部门运用公共权力和公共资源,灵活运用多种机制和方式,提供各种物质形态或非物质形态的公共物品,以不断回

① Samnuelson,P.A.(1954).*The pure theory of public expenditure*.Review of Eeonomics and Statisties.Vol.36.

② 参见[美]乔治·弗雷德里克森:《公共行政的精神》,张成福等译,中国人民大学出版社2003年版。

③ [美]珍妮特·V.登哈特、罗伯特·B.登哈特:《新公共服务——服务,而不是掌舵》,丁煌译,中国人民大学出版社2004年版,第19页。

④ 李军鹏:《公共服务型政府建设指南》,中共党史出版社2005年版,第19页。

⑤ 赵黎青:《什么是公共服务》,《学习时报》2008年7月17日。

⑥ 转引自陈振明:《公共服务导论》,北京大学出版社2011年版,第11页。

⑦ 李军鹏:《公共服务学》,国家行政学院出版社2007年版,第3页。

⑧ 陈振明:《公共服务导论》,北京大学出版社2011年版,第32页。

⑨ 柏良泽:《公共服务研究的逻辑和视角》,《中国人才》2007年第5期。

应社会公共需求偏好、维护公共利益的实践活动。

2. 基本公共服务的内涵与本质

国内学者陈昌盛(2008)①、孙建军(2012)②认为,面对无限和多样的公共需求,政府供给能力终究是有限的。因此,有必要根据社会公共需求的紧迫性和重要程度、产品和服务性质以及政府的供给能力对公共服务加以分类,以确定公共服务供给的优先序。卢映川、陈振明等学者依据国家所处的历史发展阶段、国情适应性和公众需求层次与强度,将公共服务从静态转变为动态维度进行分类。陈振明(2011)建议,构建一个适合国情又具可操作性、相对完善的公共服务分类框架,区分保障性公共服务与发展性公共服务。保障性公共服务具有公共性、普惠性和公平性,关系到公民的切身利益和基本权益,是保障共享发展成果的关键,应作为优先事项重点考虑,通过切实措施,特别是公共财政的倾斜,促进广覆盖,让全体国民得实惠。保障性公共服务的责任承担者以政府为主(特别是中央政府和省市政府)。当然,上述两类公共服务的区分是相对的、动态变化的③。卢映川、万鹏飞(2007)从发展性角度依据公共服务动态发展阶段和基本国情,体现历史阶段性和国情适应性,将公共服务划分为基本公共服务与非基本公共服务。面对公共服务多样化需求,基于现有国情财力,区分公共服务的层次和类别,有利于明确政府着力保障的范围、重点和标准④。综合诸多学者对"基本公共服务"内涵的研究,可以发现基本公共服务是公共服务中最关涉民生共性需求、共同利益的那一部分最基础、最

---

① 陈昌盛:《基本公共服务均等化:中国行动路线图》,《财会研究》2008 年第 2 期。
② 孙建军:《我国基本公共服务均等化供给政策研究》,知识产权出版社 2012 年版,第 7 页。
③ 陈振明:《公共服务导论》,北京大学出版社 2011 年版,第 67 页。
④ 卢映川、万鹏飞:《创新公共服务的组织与管理》,人民出版社 2007 年版,第 15 页。

核心的，是由政府主导保障性提供的公共服务。

3. 基本公共服务均等化的内涵、特征与实现路径

江明融(2007)指出，基本公共服务均等化是在我国分配差距日渐拉大的背景下提上日程的。改革开放以来我国“以效率为导向”的经济社会发展带来了较高的经济增长率，但并未带来相应的国民福利的公平分配与普遍提高，导致这种状况的主要原因是我国政府没能很好地履行其应有的公共职责，使得生活在同一国家的城乡居民所享受的公共服务待遇迥然不同。这不仅违背了正义原则，也导致了经济效率的损失，同时也影响了我国实现全面小康与构建和谐社会的进程①。

研究指出，基本公共服务“均等化”是一个动态发展的阶段性、相对性概念。(1)均等化不等于平均化，其核心在于其供给上应实行全国、城乡统一的制度安排；(2)均等化意味着全体公民享受基本公共服务的机会均等、结果大体相同，同时尊重社会成员的自由选择权；(3)均等化要求将基本公共服务的差距控制在社会可承受的“基本标准”范围内，仅限于“底线公平”；(4)均等化要求特别关注困难群体，优先保障弱势群体的基本公共服务供给；(5)我国现阶段均等化的重点是城乡间、区域间、群体间基本公共服务均等化(中国(海南)改革发展研究院，2007②；常修泽，2007③；安体富，2007④；贾康，2007⑤；丁元竹，2008⑥；

① 江明融：《公共服务均等化问题研究》，博士学位论文，厦门大学，2007年。

② 张雁：《〈中国人类发展报告2007〉指出基本公共服务均等化并非平均化》，《光明日报》2007年11月15日。

③ 常修泽：《中国现阶段基本公共服务均等化研究》，《中共天津市委党校学报》2007年第2期。

④ 安体富、任强：《公共服务均等化：理论问题与对策》，《财贸经济》2007年第8期。

⑤ 贾康：《公共服务均等化要经历不同的阶段》，《中国人口报》2009年11月27日。

⑥ 丁元竹：《当前我国的基本公共服务现状及原因》，《中国经济时报》2008年1月10日。

胡祖才,2011①)。基本公共服务均等化只有在弱势群体都能享受到基本而有质量保障的基本公共服务前提下才能实现(联合国开发计划署驻华代表处、中国海南改革发展研究院,2011)。

还有学者指出,推进基本公共服务均等必须有相应的体制保障,主要涉及两项重要的制度。一是公共财政制度,特别是政府间财政转移支付制度;二是城乡一体化协调发展制度(迟福林等、中国改革发展研究院,2008②;项继权,2008③;王加林等,2010④;李伟,2010⑤)。实现基本公共服务均等化的重要手段是建立并完善政府间转移支付制度(楼继伟,2006⑥;金人庆,2006⑦;王雍君,2006⑧;王泽彩,2007⑨;丁元竹,2007⑩;阎坤,2007⑪;安体富、任强,2008,⑫;石绍宾,2008⑬)。

① 胡祖才:《关于促进基本公共服务均等化的若干思考》,转引自袁振国主编:《中国教育政策评论 2011》,教育科学出版社 2011 年版,第 4 页。
② 迟福林、方栓喜、匡贤明等:《加快推进基本公共服务均等化(12 条建议)》,《经济研究参考》2008 年第 3 期。
③ 项继权:《基本公共服务均等化:政策目标与制度保障》,《华中师范大学学报》2008 年第 1 期。
④ 王加林、高志立、段国旭:《基本公共服务均等化与财政制度创新》,中国财政经济出版社 2010 年版,第 107—111 页。
⑤ 李伟:《我国基本公共服务均等化研究》,经济科学出版社 2010 年版,第 193—226 页。
⑥ 楼继伟:《完善转移支付制度推进基本公共服务均等化》,《中国财政》2006 年第 3 期。
⑦ 金人庆:《完善公共财政制度 逐步实现基本公共服务均等化》,《求是》2006 年第 11 期。
⑧ 王雍君:《中国财政均等化与转移支付体制改革》,《中央财经大学学报》2006 年第 9 期。
⑨ 王泽彩:《财政均富:实现公共服务均等化的理论探索》,《财政研究》2007 年第 1 期。
⑩ 丁元竹:《科学把握我国现阶段的基本公共服务均等化》,《中国经贸导刊》2007 年第 7 期。
⑪ 中国财政学会“公共服务均等化问题研究”课题组、阎坤:《公共服务均等化问题研究》,《经济研究参考》2007 年第 10 期。
⑫ 安体富、任强:《中国公共服务均等化水平指标体系的构建——基于地区差别视角的量化分析》,《财贸经济》2008 年第 6 期。
⑬ 石绍宾:《城乡基础教育均等化供给研究》,经济科学出版社 2008 年版,第 3 页。

也有学者指出，由于基本公共服务需求单边增长、其供给受财政能力约束有上限，在基本公共服务均等化供给中要处理好两个基本关系：一是政府与市场、社会间关系，二是中央与地方的关系，各级政府各司其职、密切配合，共同提供优质高效的基本公共服务（石培琴，2014）①。我国应当努力在基本公共服务均等化供给政策执行过程中坚持"一主多元"供给模式，形成以政府为主导、私营部门和第三部门广泛参与的多元供给机制互补的格局（孙建军，2011）②。

综上，完善公共财政制度包括转变政府职能、合理划分中央与地方各级政府间事权和财权、完善各级政府间财政转移支付制度促进基本公共服务均等化目标的实现。改革当前中央与地方各级政府间财权与事权的分配关系是创新基本公共服务均等化体制的核心和关键。

（二）基本公共教育服务的内涵、特征、意义与范围

1. 基本公共教育服务的内涵与特征

教育应优先纳入国家保障的基本公共服务领域（曾天山，2011）③。在一定发展阶段，基本公共教育服务是教育公共服务所涉及的最小范围和最低程度，是教育领域应该优先保障的最核心部分，公平是其最基本的

① 石培琴：《我国区域基本公共服务均等化研究》，博士学位论文，财政部财政科学研究所，2014 年。

② 孙建军：《我国基本公共服务均等化供给政策研究》，博士学位论文，浙江大学，2010 年。

③ 曾天山：《基本公共教育服务的范畴研究》，转引自袁振国主编：《中国教育政策评论（2011）》，教育科学出版社 2011 年版，第 29 页。

和固有的特征(宋懿琛,2011)①。

已有相关研究中,"基本公共教育服务"又称之为"教育基本公共服务"。本研究认为二者只是名称不同,实质相同。教育部对"基本公共教育服务"进行了明确界定,指在教育领域主要由政府提供的与全体人民群众最关心、最直接、最现实的切身利益密切相关的公共教育服务,是实现人的终身发展的基本前提和基础,具有公共性、普惠性、基础性、发展性等主要特征(教育部,2012)②。

2. 基本公共教育服务的意义与范围

有学者指出,基本公共教育服务具有社会稳定、社会福利和社会救助的功能,是社会公平正义的重要基础,既是民生之首,也是社会投资;将贫困、残疾和少数民族地区的教育纳入基本公共教育服务范畴,将有利于促进社会公平发展。当前世界各国基本公共教育服务呈现"以义务教育为中心,向两头延伸"的趋势,即延长义务教育年限,将学前教育和部分职业教育培训纳入基本公共教育服务范围。因此建议将学前教育、中等职业教育、民族地区教育、弱势群体教育纳入基本公共教育服务范围(曾天山,2011)③。

① 宋懿琛:《公共教育服务的形成、内涵与供给机制》,转引自袁振国主编:《中国教育政策评论(2011)》,教育科学出版社 2011 年版,第 18 页。

② 《"十二五"重大教育政策及名词解释》,教育部,2012 年 9 月 3 日,见 http://www.moe.gov.cn/publicfiles/business/htmlfiles/moe/s6811/201209/141491.html。

③ 曾天山:《基本公共教育服务的范畴研究》,转引自袁振国主编:《中国教育政策评论(2011)》,教育科学出版社 2011 年版,第 29—35 页。

（三）基本公共教育服务均等化的内涵、评价指标与测度方法

1. 基本公共教育服务均等化的内涵与评价指标

世界银行组织认为，基本公共教育服务均等化是教育公平的直接体现和内在要求，推动基本公共教育服务均等化是实现教育公平、社会公平的有力保障。只有当所有儿童不管背景如何，都能有平等机会从优质教育中获益时，教育均衡的承诺才可能实现（WorldBank，2006）①。现代教育公平理论的代表人物有美国的詹姆斯·科尔曼（James Coleman）和瑞典的托儿斯顿·胡森。科尔曼提出教育公平的标准：进入教育系统的机会均等、参与教育的机会均等、教育结果均等、教育对生活前景机会的影响均等。胡森认为教育公平有三个含义：（1）每个人都不受任何歧视地开始学习生涯的机会；（2）以平等为基础的方式来对待不同人种和社会出身的人；（3）制定和施行教育政策，使入学机会更加平等，进而促进学业成就的机会更加平等②。OECD 将教育均衡发展界定为教育机会平等和教育资源公平配置③。

国内关于“基本公共教育服务均等化”研究多体现在“教育公平”以及“教育均衡发展”的研究中。胡祖才（2010）认为，推进基本公共教育服务均等化，有利于推动经济与社会发展，有利于着力保障和改善民生，有

① 转引自卢洪友、祁毓：《中国教育基本公共服务均等化进程研究报告》，《学习与实践》2013 年第 2 期。

② 傅禄建、汤林春等：《义务教育均衡发展程度测评：综合教育基尼系数方法》，华东师范大学出版社 2013 年版，第 76 页。

③ 戴云：《走进 OECD 教育公平政策的视野》，《外国教育研究》2008 年第 10 期。

利于保证社会稳定与公平正义[①]。石中英(2008)认为,教育公平是重要的社会公平,其主要内涵包括人人享受平等的教育权利;人人平等地享有公共教育资源;公共教育资源配置向社会弱势群体倾斜("不平等"的矫正)[②]。翟博(2008)认为,教育均衡发展体现的是一种公平公正的理念,它既反映了社会权利和教育公平的价值体系需求,也是教育发展观念转型与变革的需要。其基本要求是教育资源在教育机构和教育群体之间平等地分配,实现需求与供给的相对均衡[③]。于建福(2002)认为教育均衡发展是通过法律法规保障公民同等的受教育权利和义务,实现教育效果和教育成功机会的相对均衡[④]。姜峰、万明钢(2011)认为,教育均衡的关键在于教育资源的合理配置[⑤]。

目前国内外关于基本公共教育服务均等化评价指标体系的相关研究主要从两个视角切入:一是侧重从进入教育系统的起点均等或机会均等、教育资源或条件的配置均等、教育过程的质量均等、教育结果均等四个维度评价教育均衡发展状况。二是从差异入手,分析不同地区间、区域间、城乡间、校际间、阶层间或群体间的教育均衡问题。这两个视角反映了基本公共教育服务均等化的内涵与实质,即通过法律法规或政策制度保障每一位儿童不分地区、城乡、性别、民族、阶层、身体差异,都应享有平等的受教育权利,并有权利享有数量相同、质量标准大致相同的基本公共教育服务资源(杜育红,2000[⑥];翟博,2008[⑦];翟博、

① 胡祖才:《努力推进基本公共教育服务均等化》,《教育研究》2010年第9期。
② 石中英:《教育公平的主要内涵与社会意义》,《中国教育学刊》2008年第3期。
③ 翟博:《树立科学的教育均衡发展观》,《教育研究》2008年第1期。
④ 于建福:《教育均衡发展:一种有待普遍确立的教育理念》,《教育研究》2002年第2期。
⑤ 姜峰、万明钢:《发达国家促进民族教育均衡发展政策研究》,民族出版社2011年版,第1页。
⑥ 杜育红:《教育发展不平衡研究》,北京师范大学出版社2000年版,第1页。
⑦ 翟博:《教育均衡论》,人民教育出版社2008年版,第148页。

孙百才,2012①;石绍宾,2008②;中央教育科学研究所教育督导评估研究中心,2010③;张茂聪,2011④;安晓敏,2012⑤;谢蓉,2012⑥;“上海基本公共教育服务均等化”课题组,2012⑦;卢洪友、祁毓,2013⑧)。

2. 基本公共教育服务均等化的测度方法

目前国内外测度教育公平、均衡发展程度比较普遍使用的测度指标是使用统计学上的标准差、极差、等分组差等绝对差异值,以及变异系数、极差率、等分组倍率、教育基尼系数、教育泰尔指数等相对差异值。各类不同的测度方法都有其各自的适应性和内涵,不同的研究针对不同性质的评价指标和不同的研究需要来选择应用(杜育红,2000⑨;翟博,2008⑩;栗玉香,2010⑪;中央教育科学研究所教育督导评估研究中心,2010⑫;傅禄建、汤

---

① 翟博、孙百才:《中国基础教育均衡发展报告》,《中国教育报》2012 年 7 月 2 日。
② 石绍宾:《城乡基础教育均等化供给研究》,经济科学出版社 2008 年版,第 62 页。
③ 中央教育科学研究所教育督导评估研究中心:《义务教育均衡发展报告(2010)》,教育科学出版社 2010 年版,第 40 页。
④ 张茂聪:《我国公共教育服务体系的创新及构建》,转引自袁振国主编:《中国教育政策评论(2011)》,教育科学出版社 2011 年版,第 39 页。
⑤ 安晓敏:《义务教育公平指标体系研究:基于县域内义务教育校际差距的实证分析》,教育科学出版社 2012 年版,第 80 页。
⑥ 谢蓉:《基本公共教育资源均衡配置定量研究》,《教育科学》2012 年第 12 期。
⑦ 上海市教育政策咨询委员会秘书处、上海市教育科学研究院编著:《2012 年上海教育发展报告:追求基于平等的优质教育服务》,华东师范大学出版社 2012 年版,第 79 页。
⑧ 卢洪友、祁毓:《教育中国基本公共服务均等化进程研究报告》,《学习与实践》2013 年第 2 期。
⑨ 杜育红:《教育发展不平衡研究》,北京师范大学出版社 2000 年版,第 2 页。
⑩ 翟博:《教育均衡论》,人民教育出版社 2008 年版,第 154—155 页。
⑪ 栗玉香:《教育均衡指数化监测与财政投入机制改革——以北京市义务教育为例》,经济科学出版社 2010 年版,第 68 页。
⑫ 中央教育科学研究所教育督导评估研究中心:《义务教育均衡发展报告(2010)》,教育科学出版社 2010 年版,第 61—70 页。

林春等,2013①)。

(四) 基本公共教育服务均等化的现状、问题及影响因素

1. 基本公共教育服务均等化的现状与问题

基本公共教育服务财政投入不足、资源分配不均是我国当前基本公共教育服务存在的主要问题,且区域、城乡、校际间不均衡严重制约我国义务教育阶段基本公共教育服务均等化水平(刘俊贵,2011②;刘芳、吴建涛,2011③)。贫困地区、民族地区教育发展滞后,弱势群体的基本受教育权利没有得到完全保障(曾天山,2011)④。

2. 基本公共教育服务均等化的影响因素

杨东平(2000)认为,教育公平问题除了制度性原因和政府公共政策偏向差异外,主要是资源配置失衡而引起。目前关于我国基本公共教育服务非均等化成因主要体现在五个方面:一是经济发展水平差距和财力差异因素;二是财政体制及政策的影响;三是基本公共教育服务供给方式及政府职能因素(如绩效评估、监督问责机制不健全等);四是城乡二元

① 傅禄建、汤林春等:《义务教育均衡发展程度测评:综合教育基尼系数方法》,华东师范大学出版社2013年版,第76页。

② 刘俊贵:《义务教育阶段基本公共教育服务均等化经费投入保障研究》,转引自袁振国主编:《中国教育政策评论(2011)》,教育科学出版社2011年版,第131页。

③ 刘芳、吴建涛:《我国义务教育公共服务体系发展研究:问题与对策》,转引自袁振国主编:《中国教育政策评论(2011)》,教育科学出版社2011年版,第124—127页。

④ 曾天山:《基本公共教育服务的范畴研究》,转引自袁振国主编:《中国教育政策评论(2011)》,教育科学出版社2011年版,第30页。

结构的制度因素;五是居民的公共服务需求(高萍,2013①;木坤坤,2013②)。

(五)促进基本公共教育服务均等化的对策建议

蓝建等(2011)对美国、日本、俄罗斯、印度和巴西五国的基本公共教育服务体制研究发现,各国都纷纷建立了“政府主导、社会参与”的多元公共教育服务体系,其中尤其重视对困难群体和特殊群体的资助。如美国针对不同特殊群体的不同需求,政府制定了不同计划。20世纪五六十年代民权运动的推动下,针对特殊群体实施了“补偿教育计划”,保证处于困境的儿童(指经济、文化、身体都处于困境中的儿童)享受正当教育权利③。

蒋志峰等(2011)提出国际社会基本公共教育服务均等化实践研究的启示:第一,对家庭经济困难学生实施援助是政府的首要责任。政府要确保人人都能接受教育,应重点保障社会地位低下群体接受教育的权利。第二,各国对家庭经济困难学生的资助以立法形式加以保障,将一些条件最差的地区作为“教育优先区”加以重点扶持,保障这些地区学生的受教育质量④。

---

① 高萍:《区域基本公共教育均等化现状、成因及对策——基于全国各省(市、自治区)面板数据的分析》,《宏观经济研究》2013年第6期。

② 木坤坤:《浅析我国的基本公共教育服务均等化》,《云南社会主义学院学报》2013年第2期。

③ 蓝建、田辉、李协京、姜晓燕、邹俊伟:《政府主导、社会参与的多元公共教育服务类型研究》,转引自袁振国主编:《中国教育政策评论(2011)》,教育科学出版社2011年版,第88—94页。

④ 蒋志峰、张智、朱富言、李楠:《论将家庭经济困难学生资助纳入基本公共教育服务体系》,转引自袁振国主编:《中国教育政策评论(2011)》,教育科学出版社2011年版,第214—216页。

许多学者在对国内外基本公共教育服务均等化研究基础上,提出了以下对策建议:第一,将基本公共教育服务作为政府的重要职能之一纳入国家战略发展范畴,突出政府在基本公共教育服务供给中的主体地位,以政府投入为主,强化中央政府的主导作用。第二,基本公共教育服务均等化的重要标志是教育公共财政保障均等化,充分发挥公共财政的先导作用,不断提高财政性教育经费投入总量,提高中央与地方各级政府教育财权与事权的匹配度。第三,将学前教育纳入基本公共教育服务,扩大基本公共教育服务范围。第四,制度创新是解决基本公共教育服务不均等的关键途径。第五,推行规范化、标准化基本公共教育服务。国家应逐步制定、完善各级学校生均经费基本标准和生均财政拨款基本标准,建立办学条件基本标准。第六,统筹城乡基本公共教育服务体制、保障弱势群体受教育权。经费投入要继续向农村、老少边贫地区和薄弱学校倾斜。第七,按照"保基本、强基层、建机制"的思路推进基本公共教育服务均等化,充分考虑区域间、城乡间、校际间的现实差距,因地制宜,率先实现县域内均衡发展;在财政拨款、学校建设、师资配置等方面向基层倾斜(刘复兴,2002[①];胡祖才,2010[②];曾天山,2011[③];刘俊贵,2011[④];张茂聪,2011[⑤];蒋云根,2011[⑥];王素等,2011[⑦];

[①]　刘复兴:《我国教育政策的公平性与公平机制》,《教育研究》2002年第10期。

[②]　胡祖才:《努力推进基本公共教育服务均等化》,《教育研究》2010年第9期。

[③]　曾天山:《基本公共教育服务的范畴研究》,转引自袁振国主编:《中国教育政策评论(2011)》,教育科学出版社2011年版,第35页。

[④]　刘俊贵:《义务教育阶段基本公共教育服务均等化经费投入保障研究》,转引自袁振国主编:《中国教育政策评论(2011)》,教育科学出版社2011年版,第141—144页。

[⑤]　张茂聪:《我国公共教育服务体系的创新及构建》,转引自袁振国主编:《中国教育政策评论(2011)》,教育科学出版社2011年版,第43页。

[⑥]　蒋云根:《国外公共教育服务改革成效与启示》,转引自袁振国主编:《中国教育政策评论(2011)》,教育科学出版社2011年版,第50—52页。

[⑦]　王素、邹俊伟、孙毓泽、方勇:《公共教育服务的国际比较分析》,转引自袁振国主编:《中国教育政策评论(2011)》,教育科学出版社2011年版,第72页。

蓝建等,2011①;宋懿琛,2011②;吴霓等,2011③;王剑,2012④;高萍,2013⑤;卢洪友等,2013⑥)。

(六)基本公共教育服务均等化的体制保障

1. 公共服务体制的内涵

迟福林等界定了公共服务体制的内涵,即以全体社会成员分享改革发展成果为基本目标,以政府为主导提供基本而有保障的公共产品为主要任务的一系列制度安排⑦。陈振明等(2011)等从纵横两个维度剖析了公共服务体制的内涵(如图 2-1 所示)。从纵向来看,公共服务体制是指为履行公共服务职能,中央和地方政府之间关于公共服务的职能定位、财权及事权划分,以及与之对应的公共服务责任体系、领导体系、监督体系等,与现行行政管理体制架构相匹配。从横向来看,公共服务体制包括政

① 蓝建、田辉、李协京、姜晓燕、邹俊伟:《政府主导、社会参与的多元公共教育服务类型研究》,转引自袁振国主编:《中国教育政策评论(2011)》,教育科学出版社 2011 年版,第 94—99 页。

② 宋懿琛:《公共教育服务的形成、内涵与供给机制》,转引自袁振国主编:《中国教育政策评论(2011)》,教育科学出版社 2011 年版,第 22 页。

③ 吴霓、张宁娟、高慧斌、马雷军:《论将农民工子女教育纳入基本公共教育服务体系》,转引自袁振国主编:《中国教育政策评论(2011)》,教育科学出版社 2011 年版,第 187 页。

④ 王剑:《教育基本公共服务均等化的财政保障机制研究》,《财政监督》2012 年第 8 期。

⑤ 高萍:《区域基本公共教育均等化现状、成因及对策——基于全国各省(市、自治区)面板数据的分析》,《宏观经济研究》2013 年第 6 期。

⑥ 卢洪友、祁毓:《中国教育基本公共服务均等化进程研究报告》,《学习与实践》2013 年第 2 期。

⑦ 迟福林等:《加快建设社会主义公共服务体制(18 条建议)》,转引自中国(海南)改革发展研究院:《聚焦中国公共服务体制》,中国经济出版社 2006 年版,总论第 5 页。

府间关于公共服务提供的合作关系、政府与市场组织、社会组织间关于公共服务供给的制度安排、城乡间关于公共服务存量的资源配置①。

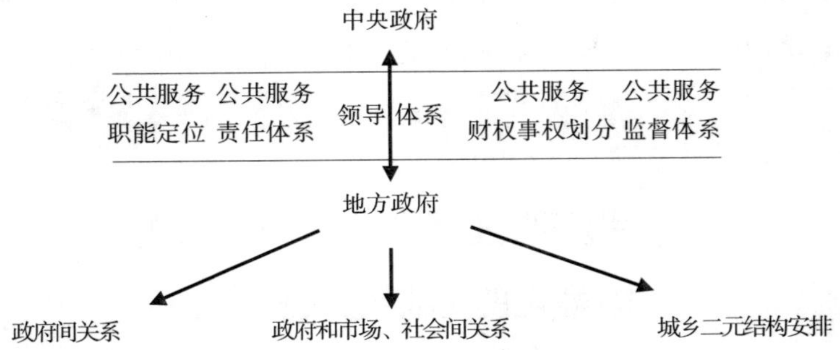

图 2-1　“公共服务体制”概念框架图

本研究比较认同陈振明等对“公共服务体制”内涵纵横两个维度的界定，结合迟福林等学者的界定，本研究认为“公共服务体制”是指公共服务的主客体间（公共服务需求方与供给主体间）、供给主体间（各级政府间，政府、市场与社会间）关系及供给方式等一系列的制度安排。

2. 基本公共教育服务均等化的体制保障

研究指出，基本公共教育服务的责任主体始终是政府，政府是基本公共教育服务的主要提供者，同时应强化中央政府的主导提供责任。一是制定政策，建立标准，防止基本公共教育服务享有标准不足、不均或超标过度。二是建立公共财政长效保障机制。三是专门设立落后地区和弱势群体公益性项目。四开展监测评估（曾天山，2011）②。

---

① 陈振明、刘祺、邓剑伟：《公共服务体制与机制及其创新的研究进展》，《电子科技大学学报（社科版）》2011 年第 1 期。

② 曾天山：《基本公共教育服务的范畴研究》，转引自袁振国主编：《中国教育政策评论（2011）》，教育科学出版社 2011 年版，第 29—37 页。

宋懿琛(2011)研究指出,基本公共教育服务的责任主体始终是政府,公共部门履行责任的方式也可以多样,从国际经验来看,基本公共教育的供给方式可以有两种:一是政府直接提供并生产,二是公私部门合作提供或生产(Public Private Sector Partnership,缩写为PPP)①。

二、民族地区基本公共教育服务均等化的体制相关研究

目前已有研究中,关于民族地区基本公共教育均等化的体制研究主要集中于"民族地区教育均衡发展"的政策研究中,如杨军(2006)②、郭建如(2010)③、滕星(2010)④、姜峰、万明钢(2011)⑤的研究分别从社会学、民族学、教育学、文化学、人类学等视角切入,从政治学、公共政策研究视角切入的相关研究相对较少。

(一)国外民族地区基本公共教育服务均等化的发展背景

有研究指出,国外将民族地区教育纳入基本公共教育服务范围的普遍做法是立法保障少数民族儿童受教育权,通过"政府拨款""教育优先区"等方式加大专项投入和扶持力度,以"补偿教育"为手段改善

① 宋懿琛:《公共教育服务的形成、内涵与供给机制》,转引自袁振国主编:《中国教育政策评论(2011)》,教育科学出版社2011年版,第23—24页。

② 杨军:《西北少数民族地区基础教育均衡发展研究》,民族出版社2006年版。

③ 郭建如:《西部民族贫困地区农村义务教育财政、资源配置与效益研究——基于云南、新疆、内蒙古等》,民族出版社2010年版。

④ 滕星:《多元文化教育:全球多元文化社会的政策与实践》,民族出版社2010年版。

⑤ 姜峰、万明钢:《发达国家促进民族教育均衡发展政策研究》,民族出版社2011年版。

民族地区教育质量。20世纪60年代后，随着民族复兴运动的兴起，国际社会开始重视和保护少数民族儿童受教育权利。之后随着全球化时代的到来，各国开始倡导跨文化教育和多元文化教育对促进尊重和理解文化多样性的重要性，普遍立法明确了民族地区基本公共教育服务的属性，在人、财、物方面给予特殊倾斜政策，确保其优先发展的地位（杨红，2011）①。

（二）民族地区基本公共教育服务均等化的意义

研究指出，民族地区有着民族聚居地区、农村地区与贫困地区地理空间上交互“叠加”的特点，同时民族地区又有其自身经济社会发展缓慢、政治文化环境复杂等特殊因素，政府优先推进民族地区基本公共教育服务均等化有利于解决各民族间的教育不平等，是反分裂、反渗透最有效的途径，对缓和民族地区社会矛盾具有“稳定器”的作用，对维护国家安定统一具有重要的现实意义和战略作用（孙百才、祁进玉，2006②；聂亮，2011③；戴文亮，2013④；杨红，2011⑤）。

① 杨红：《论将民族地区教育纳入基本公共教育服务范围》，转引自袁振国主编：《中国教育政策评论（2011）》，教育科学出版社2011年版，第162—165页。

② 孙百才、祁进玉：《民族教育发展与教育平等——基于最近两次人口普查的数据分析》，《民族教育研究》2006年第5期。

③ 聂亮：《民族地区义务教育财政管理体制研究——以黔南布依族苗族自治州为例》，硕士学位论文，中南民族大学，2011年。

④ 戴文亮：《民族地区基础教育服务均等化及其路径探讨》，《新疆社科论坛》2013年第4期。

⑤ 杨红：《论将民族地区教育纳入基本公共教育服务范围》，转引自袁振国主编：《中国教育政策评论（2011）》，教育科学出版社2011年版，第161页。

（三）民族地区基本公共教育服务均等化的评价指标与测度方法

蒋辉、张怀英（2008）构建了民族地区基础教育均衡发展的指标体系和测算指数，包括教育投入、办学条件、师资水平、办学效率等重要指标；民族地区以政府为主体，通过标准差、极值比、变异系数和基尼系数等测度方法，构建一套反映民族地区基础发展差距的预警系统，政府通过基础教育均衡发展评估指标的变化趋势及时掌握发展态势，及时调整政策和采取相关措施，进而缩小差距，切实推进民族地区基础教育的均衡发展①。

（四）民族地区基本公共教育服务均等化的现状、问题及影响因素

曹艺、贾亚男（2011）的研究发现，总体上看新疆基本公共教育服务均等化与全国水平相比似乎处于较好状态，但从区域内部的差距看，考虑到新疆基本公共服务成本，新疆基本公共教育服务水平仍然低于全国平均水平，特别是疆内各地州、南北疆之间存在较大差异，且新疆区域内差异要大于新疆与其他省区的差异②。杨红（2011）指出，由于自然条件、经济社会、历史文化等综合因素，当前与全国平均水平和民族地区自身经

① 蒋辉、张怀英：《民族地区基础教育均衡发展：指标、测度与实证》，湖南省经济学学会年会暨“科学发展观与湖南经济协调发展”研讨会论文集》，2008 年，第 442—444 页。

② 曹艺、贾亚男：《民族地区基本公共服务均等化内部差异的分析——以新疆维吾尔自治区为例》，《改革与战略》2011 年第 9 期。

济、社会发展的需求相比，民族地区基本公共教育服务整体水平还不高、差距较大；民族地区学前教育尤其薄弱，资源不足、质量不高、观念滞后、师资匮乏、管理不力等问题仍然突出①。

熊英、吴凯（2012）研究指出，民族地区城乡教育差异的原因主要有以下三个方面：一是城乡二元经济结构是根本原因。二是教育经费的财政投入不足是直接原因。三是制度设计的缺陷及制度执行不力是重要原因。转移支付制度设计不合理是制度问题的主要体现；教育专项转移支付的形式较单一；中央和地方各级政府对发展教育的责任分担机制未能准确定位②。

（五）完善民族地区基本公共教育服务均等化体制的对策建议

曾天山（2011）在各国经验研究基础上指出，应将民族地区教育、弱势群体教育、学前教育优先纳入基本公共教育服务范畴；政府主要以公共投资扩大其覆盖范围、以立法和合理的资助体系保障其受教育权③。为促进民族地区基本公共教育服务均等化，戴文亮（2013）认为须做到系统统筹；强化政府职能；政府提供政策补偿；创新基本公共教育服务资源配置机制；动员社会力量，促进参与主体、服务形式多元化④。聂亮（2011）建议，一是优化财政投入体制，上移投入主体的分担重心；二是科学制定

① 杨红：《论将民族地区教育纳入基本公共教育服务范围》，转引自袁振国主编：《中国教育政策评论（2011）》，教育科学出版社 2011 年版，第 165—166 页。

② 熊英、吴凯：《西藏自治区教育均等化研究》，《西藏研究》2012 年第 1 期。

③ 曾天山：《基本公共教育服务的范畴研究》，转引自袁振国主编：《中国教育政策评论（2011）》，教育科学出版社 2011 年版，第 33—34 页。

④ 戴文亮：《民族地区基础教育服务均等化及其路径探讨》，《新疆社科论坛》2013 年第 4 期。

经费标准，完善贫困生资助机制；三是调整经费分配方式，均衡教育资源配置；四是完善经费管理体制，优化经费监管机制①。闫豫（2012）指出，民族地区城乡间、地区间的经济发展、财政落差十分显著，因此要完善现有的教育财政体制，制定科学的教育财政转移支付制度，推进民族地区城乡间基本公共教育服务的均等化发展②。

彭娜（2012）对民族地区基本公共教育服务均等化的实证研究发现，教育经费不是投入越多就越能促使教育均衡，关键是要把教育投入用在相对落后的地区，才能有效促进教育均衡③。熊英、吴凯（2012）研究指出，为缩小民族地区省际和区域内差距，完善民族地区教育经费转移支付制度和保障机制，建议首先以中央做好财政转移支付为前提，同时自治区内部也应建立相应完善的转移支付制度，重点向县乡两级和区内教育发展相对滞后的地区倾斜，进而提高县乡基层政府财力和基层政府提供基本公共教育服务能力④。潘启富（2007）针对完善民族地区教育财政转移支付制度，建议首先要明确各级政府责任，遵循公共财政原则建立民族教育经费筹措和投入机制，由中央、民族省区、地市和县级政府共同承担，且应以中央和省级政府为主⑤。

---

① 聂亮：《民族地区义务教育财政管理体制研究——以黔南布依族苗族自治州为例》，硕士学位论文，中南民族大学，2011年。

② 闫豫：《民族地区义务教育财政转移支付制度的几点思考》，《财政监督》2012年第7期。

③ 彭娜：《民族地区教育均衡化程皮的度量分析》，硕士学位论文，中央民族大学，2012年。

④ 熊英、吴凯：《西藏自治区教育均等化研究》，《西藏研究》2012年第1期。

⑤ 潘启富：《完善民族地区教育财政转移支付制度的迫切性及对策思考》，《广西师范学院学报（哲学社会科学版）》2007年第7期。

三、学前教育基本公共服务均等化的体制相关研究

（一）学前教育基本公共服务的内涵、价值与特征

经国内学者庞丽娟(2011)的深入研究和强烈呼吁①，随着国家对学前教育基本公共服务重要性认识程度的日益提高，近年来学前教育已逐步纳入国家基本公共教育服务体系。索长清(2012)指出，实现公平、基本普及、提高质量是当前我国构建学前教育基本公共服务体系的价值诉求②。原晋霞(2013)研究了“有质量的学前教育基本公共服务”的含义、评价指标及构建策略。她认为，学前教育基本公共服务是指由政府向所有适龄儿童及其家长提供基本的、与经济社会发展水平相适应的一般性或普遍性学前教育服务。构建学前教育基本公共服务质量评价指标时应坚持三条原则，即教育性、基本质量、服务性；根据这三条原则，该指标体系应包含入园机会、基本质量和入园成本三个方面③。学者们普遍认为，将学前教育纳入基本公共服务体系已成为各国发展学前教育的基本趋势，且公平性和公益性、普及性和普惠性是当今世界各国学前教育基本公共服务体系的主要特征(黄铮，2010④；刘占兰、陈琴，2011⑤；乐

---

① 《庞丽娟代表：将学前教育纳入基本公共服务体系》，《光明日报》2011年3月15日。
② 索长清：《公平、优质、普及：构建学前教育公共服务体系的价值诉求》，《教育导刊(下半月)》2012年第8期。
③ 原晋霞：《构建有质量的学前教育基本公共服务体系》，《教育学术月刊》2013年第1期。
④ 黄铮：《构建学前教育公共服务体系》，《上海教育》2010年第9期。
⑤ 刘占兰、陈琴：《论将学前教育纳入基本公共教育服务体系》，转引自袁振国主编：《中国教育政策评论(2011)》，教育科学出版社2011年版，第116—118页。

小萍,2012①)。刘占兰、陈琴(2011)指出,上海是我国学前教育基本公共服务实践探索最早的省市,"十一五"之初就已将学前教育纳入基本公共教育服务体系。尽管我国部分地区没有明确将学前教育纳入基本公共教育服务体系,但一些政策措施已具有明显的基本公共服务性质,如河北省以财政投入为主、以公办园为主、以公办教师为主的"三为主"农村学前教育政策创新是其典型代表②。

(二)学前教育基本公共服务均等化的内涵、意义、评价指标与测度方法

1. 学前教育基本公共服务均等化的内涵、意义

我国将学前教育纳入基本公共服务体系才刚刚起步(以 2010 年"国十条"颁布为重要标志),关于"学前教育基本公共服务均等化"的专题研究还较少。相关研究中关于"学前教育均衡发展"的研究,如韩小雨的博士论文《制约我国学前教育城乡均衡发展的政策分析及对策研究》从学前教育机会均衡和质量均衡两个角度切入,系统分析了我国城乡学前教育均衡发展的特点及制约我国学前教育城乡均衡发展的政策根源与制度性障碍。该研究提出了促进我国学前教育城乡均衡发展的基本思路:确立城乡学前教育均衡发展观;通过制度保障政府学前教育城乡均衡发展职责;以缩小学前教育城乡发展差距为政策导向,从政府职责与管理体

① 乐小萍:《我国学前教育服务供给多元化特征研究》,硕士学位论文,南京师范大学,2012 年。

② 刘占兰、陈琴:《论将学前教育纳入基本公共教育服务体系》,转引自袁振国主编:《中国教育政策评论(2011)》,教育科学出版社 2011 年版,第 116—118 页。

制、办园体制、财政投入与经费政策、幼儿教师政策五个维度阐述了促进学前教育城乡均衡发展的政策保障机制①。原晋霞(2013)指出,质量均等化是学前教育基本公共服务均等化的核心。质量均等化是指无论地域、城乡或贫富差异,都应优先保障未享受学前教育服务或享受低质量学前教育服务的儿童和家庭都能享受具有基本质量标准的学前教育基本公共服务,同时服务质量标准不断提升,逐步实现更高水平。均等化的重点是兜底而不是压高;均等化允许存在差异,但要不断缩小差异②。

杨波(2011)指出,学前教育基本公共服务均等化问题应是"十二五"时期我国政府教育改革解决的重点目标之一,也是解决民生诉求、保障教育起点公平的必要举措③。刘占兰(2009)指出,学前教育是各阶段教育中公共性最强、受益面最广的一项社会公共事业,是国家人力资源开发的重要战略,将学前教育纳入基本公共教育服务体系对学前儿童个人成长、有效预防社会问题、打破贫困代际循环、减少分层、缩小差距、促进社会公平,对促进国家政治经济发展、推进和谐社会构建具有深远意义④。

2. 学前教育基本公共服务均等化的评价

已有关于学前教育基本公共服务微观层面的评价研究,主要针对幼儿园环境质量、课程质量、教育教学质量、师幼互动质量、办园质量、儿童

---

① 韩小雨:《制约我国学前教育城乡均衡发展的政策分析及对策研究》,硕士学位论文,北京师范大学,2007年。

② 原晋霞:《构建有质量的学前教育基本公共服务体系》,《教育学术月刊》2013年第1期。

③ 杨波:《新形势下基于公共服务均等化视角的学前教育研究》,《中国行政管理学会2011年年会暨"加强行政管理研究,推动政府体制改革"研讨会论文集》,2011年11月。

④ 刘占兰:《学前教育必须保持教育性和公益性》,《教育研究》2009年第5期。

发展水平等某一方面(刘焱、潘月娟,2008①;中央教育科学研究所学前教育研究室,2009②;钱雨,2011③;高敬,2011④;黄晓婷、宋映泉,2013⑤)。也有部分研究从较为宏观和中观的层面评价"学前教育城乡均衡发展",如韩小雨从学前教育机会均衡与质量均衡两个维度构建了"我国学前教育城乡均衡发展"的指标体系,其中学前教育城乡机会均衡包括城乡幼儿园数、班级数、在园幼儿数和入园率,学前教育城乡质量均衡包括城乡幼儿园软件师资队伍和硬件办园条件两个维度⑥。

崔方方、洪秀敏(2008)依据全国31个省区学前教育发展面板数据,运用聚类分析法,采用毛入园率、生师比、专科及以上学历教师所占比例、生均教育经费指数四项指标,对我国学前教育发展状况进行全面分析⑦。刘占兰、高丙成(2013)构建了由四项一级指标(教育机会、教育投入、教育质量、教育公平)和六项二级指标(入园率、学前教育财政投入比例、公办园比例、师幼比、教师学历、城乡差异)构成的中国学前教育综合发展水平指标体系⑧。

李敏谊、霍力岩(2009)研究指出,国际上经典的教育指标体系以人

① 刘焱、潘月娟:《〈幼儿园教育环境质量评价量表〉的特点、结构和信效度检验》,《学前教育研究》2008年第6期。

② 中央教育科学研究所学前教育研究室:《幼儿园教育质量评价手册》,教育科学出版社2009年版。

③ 钱雨:《美国学前教育课程评价研究项目的背景、内容、实施及其启示》,《学前教育研究》2011年第7期。

④ 高敬:《早期教育机构质量的重要性、内涵与评价》,《学前教育研究》2011年第7期。

⑤ 黄晓婷、宋映泉:《学前教育的质量与表现性评价——以幼儿园过程性质量评价为例》,《北京大学教育评论》2013年第1期。

⑥ 韩小雨:《制约我国学前教育城乡均衡发展的政策分析及对策研究》,博士学位论文,北京师范大学,2007年。

⑦ 崔方方、洪秀敏:《我国学前教育发展区域不均衡:现状、原因与建议》,《教育发展研究》2010年第21期。

⑧ 刘占兰、高丙成:《中国学前教育综合发展水平研究》,《教育研究》2013年第4期。

力资本理论为基础,框架包括“输入—过程—输出”三个部分。从全球来看,除 OECD 国家,美国学前教育指标体系和国家数据库也是领先的,她们根据 CIPP 模式把美国学前教育指标体系进行重新分类,主要分为学前教育背景、学前教育投入、学前教育参与、学前教育机构与组织服务、学前教育产出 5 个维度①。最近 OECD 国家的研究发现,PISA 研究表明儿童早期教育和护理(ECEC)的高质量会带来人生后续阶段的更好发展,但很大程度上其效果取决于 ECEC 的服务质量。如果对 ECEC 服务质量未给予应有的重视,那么即使提供了参与率(或入园率)也不足以确保个人和社会都从中获益。更重要的发现是,影响 ECEC 质量的重要指标包括幼儿—教师比(生师比)、项目的持续性、幼儿生均公用经费(OECD,2010)②。

有研究指出国际上主要采用投入、过程、结果三方面的指标监测学前教育质量(周欣,2012)③。但也有研究者指出,用儿童发展结果作为学前教育质量评价或监测指标是一个有争议的问题。儿童发展结果主要体现为:(1)儿童各领域发展状况;(2)学业情况,即儿童入园及学前教育机构质量对其入小学以后学业影响;(3)儿童通过学前教育给社会带来的影响,如儿童成长为合格公民,而不是青少年罪犯。但对结果三的考察比较困难,不仅要做长期追踪研究,而且会受很多不能控制因素的影响(郭良菁、何敏,2006④;潘月

① 李敏谊、霍力岩:《国际学前教育指标体系建设的新趋势》,《比较教育研究》2009 年第 12 期。

② OECD:How do early childhood education and care (ECEC) policies ,systems and quality vary across OECD countries? Education Indicators in Focus ,2013/02. http://www.oecd.org/edu/EDIF11.pdf.

③ 周欣:《建立全国性学前教育质量监测体系的意义与思路》,《学前教育研究》2012 年第 12 期。

④ 郭良菁、何敏:《儿童发展水平应该作为幼儿园质量评价的标准吗》,《上海教育科研》2006 年第 10 期。

娟、刘焱,2009①)。

综上,国内外关于学前教育均衡发展的评价指标体系的建构与探索已较为丰富,有许多值得本研究借鉴的经验与重要启示。本研究将在上述文献分析的基础上,结合民族地区学前教育基本公共服务均等化发展的特殊需求以及相关研究发现的重要指标,初步建构我国民族地区学前教育基本公共服务均等化的评价指标体系。

(三)学前教育基本公共服务均等化的现状、问题、原因及对策

1. 学前教育基本公共服务均等化现状与问题

刘占兰(2011)指出,我国覆盖城乡的学前教育基本公共服务体系初见端倪。2011年《教育规划纲要》和"国十条"实施以来,在国家高度重视下,不断创新学前教育体制机制,各地区也积极采取行动制定了学前教育三年行动计划。中央和地方政府加大财政投入,加强幼儿园队伍建设,努力构建覆盖城乡、布局合理的学前教育基本公共服务体系②。

也有研究指出,我国学前教育基本公共服务体系建设仍然存在很多问题,学前教育仍然是整个基础教育体系最薄弱的一环:第一,我国学前教育财政投入占教育预算的比例落后于世界上大多数国家、生均学前教育经费处于极低水平。第二,与其他学段相比,我国学前教育财政性投入

① 潘月娟、刘焱:《托幼机构教育中的儿童发展评价》,《幼儿教育(教育科学版)》2009年第5期。

② 刘占兰:《覆盖城乡的学前教育公共服务体系初见端倪》,《经济日报》2011年12月22日。

在全国教育财政总投入中占比最少；公办园占比低、民办园比例高于各个学段。第三，学前教育总体普及率低，资源供给短缺，城乡、区域间差巨大，发展不均衡。总体上农村学前教育基本公共服务较落后，家庭分担比重大，尤其许多偏远地区仍然缺乏经费保障，而经济发达地区学前教育投入相对稳定（崔方方、洪秀敏，2010①；刘占兰、陈琴，2011②；王海英，2011③；杨波，2011④；乐小萍，2012⑤；郑子莹、王德清，2012⑥）。王水娟、柏檀（2013）指出，教育的重要功能之一就是平等化，即通过教育促进弱势人群向上流动，进而促进社会平等与社会稳定。但长期以来，“效率优先”的指导思想导致了各种名义的“市场化”改革，从而损害了学前教育的公共性、公平性、公益性，加大了学前教育城乡间、区域间、办园体制间的分配不公。学前教育投入不足、不公迫切要求作为公共利益维护者、提供者的政府有效回应，明确并落实政府责任、维护公平，突出学前教育的公益性和普惠性，真正构建“广覆盖、保基本”的学前教育基本公共服务体系⑦。

① 崔方方、洪秀敏：《我国学前教育发展区域不均衡：现状、原因与建议》，《教育发展研究》2010 年第 24 期。

② 刘占兰、陈琴：《论将学前教育纳入基本公共教育服务体系》，转引自袁振国主编：《中国教育政策评论（2011）》，教育科学出版社 2011 年版，第 112—116 页。

③ 王海英：《学前教育不公平的社会表现、产生机制及其解决的可能途径》，《学前教育研究》2011 年第 8 期。

④ 杨波：《新时期学前教育公共服务均等化与政府管理创新研究》，《教育与教学研究》2011 年第 11 期。

⑤ 乐小萍：《我国学前教育服务供给多元化特征研究》，硕士学位论文，南京师范大学，2012 年。

⑥ 郑子莹、王德清：《学前教育公共服务体制下政府作用的合理边界》，《中国教育学刊》2012 年第 12 期。

⑦ 王水娟、柏檀：《学前教育公共服务中的政府责任：依据、问题与合理界定》，《教育学术月刊》2013 年第 1 期。

2. 学前教育基本公共服务非均等化的原因

王海英(2011)分析了我国学前教育不公平发展的社会机制,指出自然差异、社会差异,尤其是制度安排差异、资源配置差异以及政策差异等因素是导致我国学前教育不公平的主要原因。从历史与现实来看,主要归结为制度与政策、观念层面。第一,制度与政策层面主要表现为:政策设计中的城市偏向;“效率优先、兼顾公平”的社会价值选择;低重心的学前教育投资体制,即中央和省财政支持非常少,地方政府又将其层层下放至县、乡(镇)、村等基层政府,最终导致中央政府的“放权”演变成了对学前教育公益事业的“弃责”,各地由于经济发展不平衡逐步演变为学前教育基本公共服务不平衡。这种不平衡既存在于东西部间、城乡间,也存在于同一省份的不同县市间。第二,观念层面主要表现为政府对学前教育公平的重视度还不够,还未意识到学前教育不公平对教育公平、社会公平的反作用力和破坏力①。

3. 推进学前教育基本公共服务均等化的对策建议

首先,以立法加强政府对学前教育公平的保障责任。特别要优先保障偏远贫困地区和弱势群体儿童公平享有学前教育的基本权利;应明确各级政府的规划责任、财政责任、教师队伍建设责任、督导监管责任,为构建“广覆盖、保基本、有质量”学前教育基本公共服务体系保驾护航(庞丽娟、韩小雨,2010②;虞永平,2011③;田志磊、张雪,2011④;孙

① 王海英:《学前教育不公平的社会表现、产生机制及其解决的可能途径》,《学前教育研究》2011 年第 1 期。

② 庞丽娟、韩小雨:《中国学前教育立法:思考与进程》,《北京师范大学学报(社会科学版)》2010 年第 5 期。

③ 虞永平:《有关学前教育投入的三个问题》,《幼儿教育(教育科学版)》2011 年第 3 期。

④ 田志磊、张雪:《中国学前教育财政投入的问题与改革》,《北京师范大学学报(社会科学版)》2011 年第 5 期。

世杰,2012[①];王水娟、柏檀,2013[②])。

其次,总体上加大学前教育公共财政投入,加强中央财政作用,向贫困地区、弱势群体倾斜。庞丽娟等(2012)研究指出,存在上述问题的体制障碍突出反映在长期以来国家对学前教育财政投入未单列。当前应在学前教育重大体制机制改革上有所突破,建议单项列支学前教育财政预算并逐步加大投入力度[③]。屈智勇等学者(2011)研究指出,随着我国经济、社会的发展,逐渐提高学前教育经费占国家教育投入和GDP的比重,由中央财政、地方财政和家庭适当分担学前教育服务费用,适当提供补贴和减免,尤其关注弱势群体的入园困难,平衡公共服务的公平与效率,将政府财政投入到社会回报更多的地区和领域,这将有利于减少贫困代际传递,促进和谐发展[④]。原晋霞(2013)指出,应增加学前教育基本公共服务的公共财政保障能力,合理匹配中央政府与地方政府的财权和事权,中央政府必须承担起发展学前教育的责任,完善转移支付制度[⑤]。刘占兰、陈琴(2011)研究指出,2010年《莫斯科行动纲领》形成了"早期干预能够降低社会不平等"的基本共识,呼吁各国政府保证幼儿权利,特别是那些处境不利幼儿的权利。因此,她们建议未来我国体现公共性、公平性、公益性的学前公共教育服务体系,应优先从推进农村学前教育、保证弱势群体开始[⑥]。

---

① 孙世杰:《构建学前教育公共服务体系关键是落实政府责任》,《教育导刊(下半月)》2012年第8期。

② 王水娟、柏檀:《学前教育公共服务中的政府责任:依据、问题与合理界定》,《教育学术月刊》2013年第1期。

③ 庞丽娟、洪秀敏、孙美红:《高位入手 顶层设计我国学前教育政策》,《教育研究》2012年第10期。

④ 屈智勇、何欢、张秀兰、王晓华、刘芳南:《从企业/社区服务到国家公共服务体系:学前教育的政府责任》,《北京师范大学学报(社会科学版)》2011年第10期。

⑤ 原晋霞:《构建有质量的学前教育基本公共服务体系》,《教育学术月刊》2013年第1期。

⑥ 刘占兰、陈琴:《论将学前教育纳入基本公共教育服务体系》,转引自袁振国主编:《中国教育政策评论(2011)》,教育科学出版社2011年版,第118—120页。

最后，在社会主义市场经济条件下，界定政府公平保障作用的合理边界。冯晓霞(2010)认为，我国学前教育公共财政投入出现“不是雪中送炭，而是锦上添花”的明显错位问题，指出首先政府要科学规划、合理布局，新建一批面向大众的普惠性幼儿园，优先招收社会中低收入家庭的幼儿；其次坚持制度创新，探索新形势下利用社会力量发展幼儿教育的政策、途径、方式方法，调动企事业单位、社会团体、社区举办幼儿园的积极性①。郑子莹、王德清(2012)指出，当前我国入园难并不是绝对数量不足，而主要表现为公众负担水平上不能进入合适的幼儿园，这就要求在界定政府作用的合理边界时应进行经济因素、需求偏好、社会福利与公平、政府经济人假设等相关因素的分析；他们进一步指出政府部门追求私利的“内在效应”是政府失灵的一个重要根源，而市场经济体制下，服务型政府的主要职责则体现在保障社会公平和提供市场规则两个方面②。

（四）学前教育基本公共服务均等化体制的现状、问题及对策

庞丽娟等(2012)对我国学前教育管理体制的研究指出，当前我国学前教育管理体制存在突出问题：(1)政府和市场的关系未理顺，政府职责定位不明；(2)各级政府间职责定位不清，权责配置随意性大；(3)政府各部门间职责定位不清，划分不尽合理；(4)学前教育管理机构及其人员设

① 冯晓霞：《大力发展普惠性幼儿园是解决入园难入园贵的根本》，《学前教育研究》2010年第5期。

② 郑子莹、王德清：《学前教育公共服务体制下政府作用的合理边界》，《中国教育学刊》2012年第12期。

置严重缺位,组织程序不健全①。为破解多年来我国发展学前教育的政府责任主体重心过低、统筹协调和财政保障能力不足等问题,庞丽娟在2013年的两会提案"省级统筹以县为主,完善我国学前教育管理体制"中建议:其一,学前教育管理体制改革的关键,在于抓住中央、省、县三级政府间的权责利关系及其调整。其二,明确学前教育管理体制改革的重点,在于管理主体重心和财政保障重心的双上移。经济社会发展越落后的地区,政府的财政保障责任主体重心应越高。其三,在"地方负责、分级管理"的基础上,进一步明确"省级统筹、以县为主",核心是加大省级政府对省域内学前教育的统筹领导责任和县级政府对县域内学前教育的管理指导责任②。此外,王水娟、柏檀(2013)对中央、省与县级政府应承担的学前教育基本公共服务责任从规划、财政、监管三个方面也进行了详细分析③。

王海英(2011)建议,政府始终要清晰自己的职责定位,在学前教育基本公共服务中动态地扮演安排者、生产者、培育者和监督协调者等多重角色,始终明确各级政府是提供学前教育基本公共服务的核心主体④。

研究者普遍认为,虽然发展学前教育鼓励主体多元、社会参与,但并不意味着政府弃责,当前我国政府投入不足、不公仍然是制约学前教育事业发展的突出问题(虞永平,2007⑤;蔡迎旗,2007⑥;刘占兰,2010⑦)。

---

① 庞丽娟、范明丽:《当前我国学前教育管理体制面临的主要问题与挑战》,《教育发展研究》2012年第4期。

② 庞丽娟:《省级统筹以县为主,完善学前教育》,2013年3月4日,http://ezheng.people.com.cn/proposalPostDetail.do? id=707318。

③ 王水娟、柏檀:《学前教育公共服务中的政府责任:依据、问题与合理界定》,《教育学术月刊》2013年第1期。

④ 王海英:《"三权分立"与"多中心制衡"——试论学前教育公共服务多元供给主体间的关系》,《教育学术月刊》2013年第1期。

⑤ 虞永平:《试论政府在幼儿教育发展中的作用》,《学前教育研究》2007年第1期。

⑥ 蔡迎旗:《幼儿教育财政投入与政策》,教育科学出版社2007年版,第84页。

⑦ 刘占兰:《发展学前教育是各级政府义不容辞的责任》,《学前教育研究》2010年第11期。

当前“国十条”已经十分明确地提出了“必须坚持政府主导,社会参与,公办民办并举,落实各级政府责任,充分调动各方面积极性;必须坚持改革创新,着力破除制约学前教育科学发展的体制机制障碍”。本研究认为,以促进均等化为目标的民族地区学前教育基本公共服务体制应以“保障公平、兼顾效率”为原则,同时在社会主义市场经济条件下必须坚持“政府主导、社会参与”的体制改革方向,通过政策创新和制度安排处理好中央与地方各级政府的权责配置,政府、市场与社会各供给主体在学前教育基本公共服务提供与生产中的职能与责任分担关系。

(五) 民族地区学前教育基本公共服务均等化的内涵、意义、现状、问题与对策建议

1. 民族地区学前教育基本公共服务均等化的内涵与意义

杨晓萍、杨兴国(2011)指出,民族地区学前教育均衡发展体现为受教育机会均等、学前教育资源配置均衡、学前教育供给与需求均衡①。张琼、向葵花(2013)指出,普及民族贫困地区学前教育,对改善这些地区的农村留守儿童不利处境具有补偿功能,对推动这些地区的农村经济发展和脱贫致富、社会公平与和谐、民族文化传承与创新、有效开展双语教学和提升基础教育质量具有重大意义②。

---

① 杨晓萍、杨兴国:《民族地区学前教育均衡发展的理念与路径》,《中国民族教育》2011年第6期。

② 张琼、向葵花:《论民族贫困地区农村学前教育普及的重要意义》,《新课程研究(下旬刊)》2013年第1期。

2. 民族地区学前教育基本公共服务均等化的现状与问题

长期以来由于受政治、经济、文化、语言、自然环境和社会环境的制约，民族地区学前教育发展非常困难。首先，资金短缺，公办学前教育资源十分有限；其次，办园条件差，安全隐患大；其三，师资队伍尤其是学前双语师资数量不足、质量不高，园内管理和教育教学水平差；其四，家长学前教育观念落后；其五，与发达地区相比，民族地区学前教育发展很不均衡，农牧区、边远贫困地区成为民族地区学前教育的薄弱区域（杨晓萍等，2011①；陆晓燕，2013②；胡韬等，2011③；赵敏等，2011④）。

3. 推进民族地区学前教育基本公共服务均等化的对策建议

针对民族地区学前教育公平发展保障不足的现状，多位学者建议“在民族地区应率先实施免费学前一年教育”，并建议将“西部民族地区学前一年教育纳入义务教育体制”（郑名，2009⑤；钟娟，2011⑥；赵跟喜，2012⑦）。具体来看，学者们对推进民族地区学前教育基本公共服务均等化提出了以下建议。

① 杨晓萍、杨兴国：《民族地区学前教育均衡发展的理念与路径》，《中国民族教育》2011年第6期。

② 陆晓燕：《边疆民族地区学前教育的现状与思考——以文山壮族苗族自治州为例》，《文山学院学报》2013年第6期。

③ 胡韬、赵德肃、郭文：《民族贫困地区学前教育发展的问题与对策——以贵州为例》，《现代教育科学》2011年第10期。

④ 赵敏、姜枫：《少数民族地区农村学前教育的困境与出路》，《当代教育论坛（综合研究）》2011年第5期。

⑤ 郑名：《在民族地区应率先实施免费学前一年教育》，《中国民族教育》2009年第6期。

⑥ 钟娟：《青海民族地区学前一年纳入义务教育体制研究》，硕士学位论文，青海师范大学，2011年。

⑦ 赵跟喜：《西部民族地区农村学前一年纳入义务教育体制的思考——以云南省禄丰县黑井镇为例》，《社科纵横》2012年第12期。

首先,为确保教育起点公平,国家应当大力发展民族地区学前教育。其次,以落实政府责任作为民族地区学前教育基本公共服务的重要保障,政府和教育主管部门应高度重视,制定和执行民族地区学前教育倾斜政策,加大经费投入,缩小民族地区与发达地区学前教育差距。第三,建立并完善民族地区学前教育基本公共服务均等化发展的体制机制。第四,扩大民族地区普惠性学前教育资源,安排专门资金实施专项计划和工程,各级政府要大力发展公办园,努力扩大民族地区农村学前教育资源,重点建设一批乡镇中心园。第五,把教师队伍建设作为提高民族地区学前教育基本公共服务质量的根本。最后,大力发展民族地区学前双语教育(杨红,2011[①];胡韬等,2011[②];赵敏、姜枫,2011[③];杨晓萍等,2011[④];刘军,2012[⑤];陆晓燕,2013[⑥])。

(六) 国外推进学前教育基本公共服务均等化的体制保障经验

1. 通过法律、倾斜政策、国家专项行动强化政府保障弱势群体学前教育公平的刚性责任

研究指出,将学前教育纳入基本公共教育服务体系正逐渐成为国际

① 杨红:《论将民族地区教育纳入基本公共教育服务范围》,转引自袁振国主编:《中国教育政策评论(2011)》,教育科学出版社 2011 年版,第 162、166 页。

② 胡韬、赵德肃、郭文:《民族贫困地区学前教育发展的问题与对策——以贵州为例》,《现代教育科学》2011 年第 10 期。

③ 赵敏、姜枫:《少数民族地区农村学前教育的困境与出路》,《当代教育论坛(综合研究)》2011 年第 5 期。

④ 杨晓萍、杨兴国:《民族地区学前教育均衡发展的理念与路径》,《中国民族教育》2011 年第 6 期。

⑤ 刘军:《西部民族地区大力发展学前教育的 SWOT 分析与对策》,《青海师范大学学报(哲学社会科学版)》2012 年第 11 期。

⑥ 陆晓燕:《边疆民族地区学前教育的现状与思考——以文山壮族苗族自治州为例》,《文山学院学报》2013 年第 6 期。

共同趋势,具体体现:第一,以立法形式明确学前教育的公共服务性质;第二,采用多种形式将学前教育纳入义务或免费教育范畴;第三,以政府财政投入为学前教育经费主要来源;第四,以国家和地方公办学前教育机构为主体(OECD 国家和地区中,以公立学前教育机构为主体的超过61%);第五,通过国家行动计划或专项拨款对学前处境不利儿童进行干预,保障各类处境不利地区和家庭的贫困幼儿、残疾幼儿、少数民族与少数种族幼儿等弱势幼儿均享有平等的受教育权利(庞丽娟等,2010[①];庞丽娟等,2013[②];刘占兰、陈琴,2011[③];王素等,2011[④];"上海基本公共教育服务均等化"研究课题组,2012[⑤])。

2. 国家出于政治、经济、社会综合因素考虑,强化中央政府对学前教育公平的保障责任,加强政府、市场与社会的多元合作供给

柳倩(2006)研究了全球化背景下世界各国政府、市场、社会在学前教育发展过程中相互关系及各自作用。从纵向关系看,有的强调中央积极干预,有的重视地方自治;从横向关系看,或整合或分离。其中美、德、澳等国基于国家对人才竞争战略和国家长远发展与和谐稳定战略的考虑,以及对学前教育在终身教育中的奠基意义,其政府已逐渐认识到,尽管政策和管理的地方化有利于适应地域发展需要,但由于地方政府只承

① 庞丽娟、夏靖、孙美红:《世界主要国家和地区弱势儿童学前教育扶助政策研究》,《教育学报》2010 年第 5 期。

② 庞丽娟、夏婧:《国际学前教育发展战略:普及、公平与高质量》,《教育学报》2013 年第 6 期。

③ 刘占兰、陈琴:《论将学前教育纳入基本公共教育服务体系》,转引自袁振国主编:《中国教育政策评论(2011)》,教育科学出版社 2011 年版,第 107—111 页。

④ 王素、邹俊伟、孙毓泽、方勇:《公共教育服务的国际比较分析》,转引自袁振国主编:《中国教育政策评论(2011)》,教育科学出版社 2011 年版,第 70—72 页。

⑤ 上海市教育政策咨询委员会秘书处、上海市教育科学研究院编著:《2012 年上海教育发展报告追求基于平等的优质教育服务》,华东师范大学出版社 2012 年版,第 58 页。

担了有限的公共责任，使得有些地方入园机会十分有限。因此，这些国家纷纷改变了学前教育的传统政策定位，转向不同程度的国家、中央政府积极干预政策。在此基础上，柳倩进一步建议，我国应建立一套适合当前社会转型期的学前教育基本公共服务体系①。

还有许多学者在对国际弱势儿童学前教育扶助的政府责任及制度研究基础上提出建议：(1)我国应坚持以政府主导保障弱势儿童学前教育权利，从政府责任、财政投入、办园、减免费和资助、师资队伍建设、机构监管和督导评估等方面建立健全扶助制度；(2)强化并凸显中央政府责任，不同地区应有不同的政府主导模式；(3)建立政府主导下政府、市场与社会的多元合作关系（严仲连，2006②；李敏谊，2008③；吴琼，2008④；夏靖，2011⑤；柳倩，2012⑥；韩寒，2012⑦；胥兴春、杨聃旎，2014⑧）。

3. 不断加强少数民族学前教育专项计划的动态效果评估研究，基于项目结果实施问责制、完善政策、提升质量

首先以美国“开端计划”和英国“确保开端计划”为例，他们都建立了

① 柳倩：《中央干预—地方自治？整合—分离？——学前教育服务体系的比较研究和政策分析》，《幼儿教育(教育科学版)》2006年第11期。

② 严仲连：《使千百万处境不利儿童受益的印度ICDS项目》，《幼儿教育(教育科学版)》2006年第11期。

③ 李敏谊：《从“开端计划”到“稳健起步计划”：国际社会建设和谐教育的不懈努力》，《比较教育研究》2008年第4期。

④ 吴琼：《美国开端计划的教育公平取向及其启示》，《幼儿教育》2008年第6期。

⑤ 夏靖：《国际弱势儿童学前教育扶助的政府责任及制度研究：特点、经验及启示》，博士学位论文，北京师范大学，2011年。

⑥ 柳倩：《国际处境不利学前儿童政策研究》，华东师范大学出版社2012年版，第214—215页。

⑦ 韩寒：《美英学前教育计划的比较研究》，硕士学位论文，曲阜师范大学，2012年。

⑧ 胥兴春、杨聃旎：《澳大利亚学前双语教育的特色及启示——基于对南澳大利亚州学前双语项目的分析》，《教育导刊(下半月)》2014年第3期。

非常完善、严格、科学的学前教育国家行动计划评估系统，包括专门评估机构、专业评估团队、专项经费支持，以确保对少数民族学前教育基本公共服务专项计划的实施效果进行动态、持续、长效追踪的评估研究。其次，重视对项目有效性的动态追踪评估、监控与反馈，注重收集和使用实践层面的数据与研究成果，建立以结果为导向的问责制，将项目评估结果作为持续投入和调整政策的重要依据（于志涛，2010①；苏珊·纽曼，2011②；韩寒，2012③；柳倩，2012④）。

四、已有研究评析

综上所述，已有研究对公共服务、基本公共服务、基本公共教育服务、民族地区基本公共教育服务、学前教育基本公共服务均等化及其体制等相关问题进行了理论与实践探索，对进一步研究提供了宝贵启示，但同时也存在诸多不足需进一步探讨。

（一）已有研究的借鉴与启示

1. 已有研究对公共服务、基本公共服务、基本公共教育服务均等化的理论探讨不断丰富，已经形成了比较完整的概念和理论框架，为进一步研

① 于志涛：《澳大利亚国家幼儿发展计划及其启示》，《教育导刊（下半月）》2010 年第 7 期。

② ［美］苏珊·纽曼（Susan B. Neuman）：《学前教育改革与国家反贫困战略——美国的经验》，李敏谊、霍力岩主译，教育科学出版社 2011 年版，第 33—38 页。

③ 韩寒：《美英学前教育计划的比较研究》，硕士学位论文，曲阜师范大学，2012 年。

④ 柳倩：《国际处境不利学前儿童政策研究》，华东师范大学出版社 2012 年版，第 161、222 页。

究我国民族地区学前教育基本公共服务均等化的体制保障问题奠定了良好的理论基础。特别是关于基本公共教育服务均等化的内涵、评价指标体系、测度方法、体制保障及实现路径等理论问题，对构建我国民族地区学前教育基本公共服务均等化及体制的内涵维度、概念框架、评价体系框架提供了重要的理论借鉴。

2. 已有研究对民族地区基本公共服务均等化、民族地区基本公共教育服务均等化的意义、现状、问题、体制保障进行了理论和实证研究，为深入理解民族地区学前教育基本公共服务均等化的特殊意义及体制改革的特殊要求提供了重要的分析视角和理论基础。

3. 已有研究对学前教育基本公共服务的内涵、价值、特征，学前教育基本公共服务均等化的内涵、意义、现状、问题及体制保障研究，为研究我国民族地区学前教育基本公共服务均等化的体制保障奠定了直接、重要的理论与实证研究基础。

（二）已有研究的不足

1. 从研究视角来看，已有相关研究多从教育学、民族学、文化学、人类学关注民族地区的学前教育发展，从政治学、公共政策研究视角关注民族地区学前教育基本公共服务的研究鲜有见到。

2. 从研究对象来看，已有研究主要将义务教育纳入基本公共教育服务体系，对其均等化现状及其体制保障进行实证研究，对学前教育基本公共服务均等化的相关研究刚刚起步，多停留于内涵、特征、指标体系等层面，对民族地区学前教育基本公共服务均等化的体制保障研究则关注更少，亟待通过研究予以加强。

3. 从研究方法来看，已有研究多理论思辨与定性分析，少实证研究与定量分析，即使有一些实证研究，也多从全国宏观的学前教育事业整体发展的角度谈学前教育的公平、均衡发展、体制问题，多以全国宏观数据为主。有将民族地区学前教育与全国整体学前教育发展水平比较的实证研究，但缺乏将规范研究与实证研究相结合，深入、准确、客观、真实地反映某一民族地区内部学前教育基本公共服务均等化水平及其体制保障的全面深入研究，新疆的相关研究尤其匮乏。

综上所述，就已有研究文献来看，从基本公共服务均等化及其体制保障角度探讨新疆学前教育基本公共服务均等化发展的专题研究非常匮乏。由于民族地区的学前教育基本公共服务均等化关乎国家长治久安、社会稳定、和谐社会构建，当前在国家着力将民族地区学前教育纳入学前教育基本公共服务体系的大背景下，结合近十年来新疆作为国家重点扶持的民族地区，在中央财政强力扶持下，其学前教育基本公共服务均等化水平及其变化趋势如何，体制成效或体制障碍有哪些，如何改革完善，这些成为本研究集中关注并着力解决的关键问题。

第三章　研究的理论基础、分析框架与概念界定

一、研究的理论基础

公正理论与新公共服务理论为研究确立“均等化”的价值理念与实现路径指引了方向；公共财政理论与治理理论则为深入探讨“均等化体制”提供了分析工具（见图 3-1）。

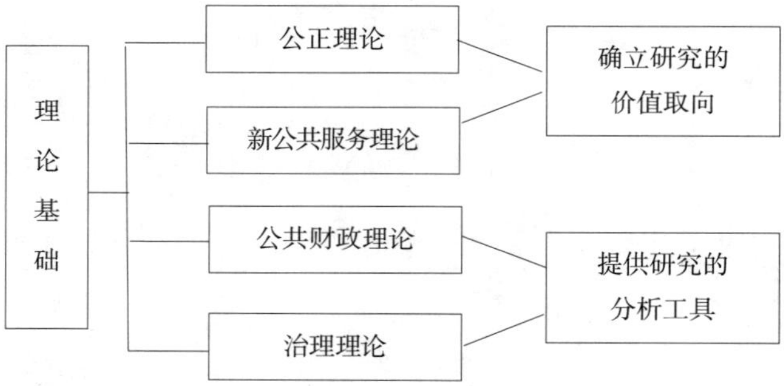

图 3-1　研究的理论基础

(一) 公正理论

人类社会最核心的政治理念是公平正义。儒家文化所倡导的“有教无类”“不患寡而患不均”都强调了公平正义的理念;亚里士多德在《政治学》中也提出:“有一种东西,对于人类的福利要比任何其他东西都更重要,那就是正义。”①

亚当·斯密在《国民财富的性质和原因的研究》中提出由市场这只“看不见的手”来实现资源的优化配置,同时也要承认应由政府来提供最低限度的公共服务,公平的提供公共服务是政府的职责之一。②

罗尔斯提出了公平和正义两大原则:第一原则为自由平等原则,政府应保障自由、机会、财富、收入的平等分配;第二原则为机会平等和差别原则,即承认不平等的存在,但这种不平等只有在对弱势群体有利的前提下才符合正义。③ 机会平等原则要求每位社会成员享有政府提供的基本公共服务机会是平等的,差别原则要求政府通过转移支付等方式为弱势群体提供补偿。罗尔斯的正义论思想从弱势群体立场出发反思社会问题,提出由政府保障弱势群体的基本权利,这对改善弱势群体的经济状况、政治地位,实现社会公平正义具有重要的现实意义。

阿玛蒂亚·森“以自由看待发展”的公正观,强调提高公民个人可行能力和自由选择权的重要性。提高个人可行能力与公共服务密切相关,政府的职责不能仅限于发展经济,更应注重培养个人实际获得的发展能

① 周辅成:《西方伦理学名著选辑(下)》,商务印书馆 1987 年版,第 534 页。
② 参见[英]亚当·斯密:《国民财富的性质和原因的研究》,商务印书馆 1972 年版,第 232—238 页。
③ 参见[美]约翰·罗尔斯:《正义论》,中国社会科学出版社 2001 年版,第 95—118 页。

力，而教育公共服务是提高个人可行能力十分重要的途径和有效手段。提供基本公共教育服务要充分考虑个体差异，尊重个人自主选择权以及最终实际获得的可持续发展能力。

公正理论为本研究确立研究立场与基本价值取向提供了重要的理论依据，即依据公正理论认识民族地区特别是新疆学前教育基本公共服务均等化的特殊价值意义，特别是其对维护民族团结、社会公共利益、国家政治稳定与长治久安的重要战略意义。新疆作为边远贫困的少数民族地区，一方面应改变以经济建设为中心、忽视基本公共服务的倾向，另一方面也要积极回应和满足各民族学前儿童的学前教育基本公共服务需求，特别是要优先关注经济、政治、文化等处于弱势地位的少数民族学前儿童的学前教育基本公共服务需求。

（二）新公共服务理论

针对新公共管理理论过于强调管理主义、过分追求经济效率而忽视社会公平正义、公共利益等问题，美国学者罗伯特·登哈特与珍妮特·登哈特夫妇提出了新公共服务理论。该理论强调在治理系统中审视公共服务、民主治理和公民参与的中心地位和相互关系，强调公共行政应坚持七大核心原则：第一，服务于公民，而不是服务于顾客；第二，追求公共利益；第三，重视公民权胜过企业家理论；第四，思考要具有战略性，行动要具有民主性；第五，行政责任不能简单化；第六，服务而不是掌舵；第七，重视人，而不只是重视生产率。① 新公共服务强调政府要保护公民的基本权益，行政人员应扮演好公共利益的维护者、民主对话的促进者角色，遵循

① 参见汪大海：《西方公共管理名著导读》，中国人民大学出版社 2011 年版，第 274—275 页。

公平、正义、参与的民主原则。这一理论对我国民族地区政府回应公众对学前教育基本公共服务的现实需要以及均等化的体制保障思路具有重要的指导意义。

首先,新公共服务理论要求民族地区政府应及时有效地回应各民族儿童对学前教育基本公共服务的现实需求,特别要回应少数民族学前儿童对学前双语教育的特殊需求,通过帮助民族地区少数民族学前儿童接受有质量的母语与国家通用语言双语教育,为其日后终身学习与可持续发展奠定坚实基础。新疆将学前双语教育纳入学前教育基本公共服务体系,不仅有利于各民族学前儿童的个体长远可持续发展,尊重其母语学习权利、保障其国家通用语言学习权利、有效参与社会沟通、帮助其奠定良好的基础教育、增强其有尊严的生活能力和就业竞争力,而且更重要的是,它具有十分鲜明的公共利益价值导向。(1)有利于提高新疆基础教育质量,促进各民族教育的均衡发展;(2)有利于整体提升少数民族人口素质,为新疆经济社会的长远可持续发展奠定坚实的人力资源基础;(3)有利于少数民族成员平等参与社会竞争,顺利进入国家主流社会,共享现代化发展的成果和社会资源;(4)有利于消除语言障碍,保护、传承、繁荣与发展各民族的优秀文化及其多样性,扩大各民族间的社会交往,增进相互理解与信任,促进各民族文化的共同繁荣发展;(5)有利于促进教育、文化、政治、经济社会的全面协调发展,形成民族地区自主发展的内生性动力,推进扶贫开发,为民族地区经济社会的跨越式发展提供重要保障;(6)有利于增强民族地区各族人民的中国公民意识及国家认同感,维护边疆稳定,实现我国长治久安与繁荣昌盛的共同建构目标,对构建民族地区和谐社会、全面建设我国小康社会具有重要的战略意义。① 因此,基于

① 参见冯江英、石路:《我国民族地区双语教育政策的价值取向分析——基于多元文化主义的反思》,《新疆社会科学》2014 年第 6 期。

对新疆学前双语教育特殊重要意义的个体发展价值与社会发展价值的多重价值认识，国家应将民族地区学前双语教育纳入民族地区学前教育基本公共服务体系建设范畴，并为其科学开展学前双语教育给予持续、稳定、长效的公共财政制度安排。由于民族地区学前双语教育服务的供给成本要远远高于非民族地区，尤其是学前双语教师队伍稳定、质量提升、培养培训、工资津贴、社会保障等各方面的管理成本都要高于国内非民族地区，因此新疆针对少数民族贫困程度深的地区，在公共政策制度安排上要体现其保障性特征。

其次，新公共服务理论要求政府创立相应的制度和提供民主、公开、透明的渠道，便于公民主动参与民族地区学前教育基本公共服务均等化发展，公民通过参与学前教育基本公共服务均等化的政府管理活动，使自己的学前教育基本公共服务诉求和利益得到及时表达和有效实现。这一思想对完善与创新我国民族地区学前教育基本公共服务均等化的体制保障思路具有重要的现实指导意义，即公共政策安排与制度设计不是政府单方面的行为，应建立在及时、准确地了解和把握公众对学前教育基本公共服务的实际需求、了解政策制度的动态执行效果及公众实际的满意度、改进建议的基础之上。

（三）公共财政理论

公共财政理论起源于西方，它强调以市场经济为前提，以公共产品理论为依据，以弥补“市场失灵”缺陷和实现政府职能为目的。其理论和实践经历了自由放任—全面干预—福利财政的发展过程。公共财政理论的发展始终围绕“政府与市场的关系”这一主线，不断明确政府的合理定位，界定其财政职能范围，推动着各国财政制度的变迁与完善。①

亚当·斯密在1776年发表的《国富论》中强调，应给予经济完全自由，财政支出要厉行节约、量入为出。凯恩斯提出政府干预理论，他认为财政支出有助于形成有效需求，有利于弥补市场需求不足，而财政赤字一定程度上有其经济合理性，这一观点冲击了"量入为出"的原则。詹姆斯·麦吉尔·布坎南认为公共产品不符合等价交换的原则，政府应该介入以弥补市场缺陷，但公共支出有不断扩大的趋势。理查德·马斯格雷夫在《公共财政理论》中把政府的财政职能分为三种，即稳定经济（维持充分就业条件下的经济）、收入分配、资源再配置。②

公共财政是政府财政的本质。市场经济条件下，政府与市场有较明确的分工，政府提供公共产品和公共服务，活动范围主要在公共领域、非竞争性领域。公共财政的首要任务是提供公共产品和服务，维护公平与促进社会和谐稳定。其次是宏观调控经济运行，也即运用看得见的手，弥补市场缺陷和校正市场失灵。市场提供私人产品，活动范围在私人领域、竞争性领域，市场以效率为先。就政府来说，有中央政府与地方政府之分，其性质是一样的，但活动范围不同，职能上也有所差异。政府控制的公共财政资源要在各级政府间进行合理配置，并通过制度安排予以保障，使其具有相对稳定性特点，这就形成了公共财政体制。国内外研究表明，促进并实现基本公共服务均等化的有效途径即是要完善公共财政体制，尤其是转移支付制度。

就民族自治区地方政府提供公共产品与服务的能力现状来看，自治

① 程岚：《实现我国基本公共服务均等化的公共财政研究》，博士学位论文，江西财经大学，2009年。

② 曹攀：《城乡基础教育均等化的政策困境及其改革进路》，硕士学位论文，湖南师范大学，2012年。

区地方政府的现有财政状况、财力在各级地方政府间的配置情况也即省以下财政体制的情况、上级政府的转移支付情况,总量上存在巨大缺口,结构上存在不合理。要逐步缩小民族地区公共产品供需差距,弥补财政缺口,解决有限财力支出上的不合理问题,在制度设计方面,迫切需要建立适合民族地区经济社会发展的公共财政保障制度。

具体结合民族地区学前教育基本公共服务来看,国家近期政策已明确将老少边贫地区,特别是家庭经济困难的学前儿童教育纳入基本公共教育服务范畴。但民族地区,尤其是新疆地区长期受自然生态恶劣环境的影响,边疆农牧区经济发展极为缓慢,少数民族聚居区人民生活困难,加之受境内外政治分裂势力的复杂影响,从国家长治久安战略出发,迫切需要通过政府公共财政均等化政策为民族地区的学前教育基本公共服务提供保障,通过学前教育基本公共服务改变少数民族学前儿童的生存、发展现状,为保障其学前教育权利,为其接受更好的基础教育、增强其未来就业能力和可持续发展能力奠定坚实的基础。

公共财政理论对本研究的理论分析、实证研究和问题解决提供了重要的理论工具。首先,本研究将在公共财政理论框架下,从横向维度分析和探讨市场经济条件下由政府公共财政提供民族地区学前教育基本公共服务的合理性与必要性;从纵向维度探讨中央与民族地区政府职能的合理定位、责任分担。其次,在理论分析基础上,在国家和新疆实施学前(双语)教育专项转移支付政策的背景下,对当前政府公共财政以及中央、自治区各级政府公共财政对新疆学前学前教育基本公共服务均等化进程所产生的影响进行分析。再次,进一步发现公共财政制度,特别是各级政府间责任分担、转移支付等方面存在的突出问题。最后,从公共财政理论视角提出民族地区学前教育基本公共服务均等化的体制改革政策建议。

（四）治理理论

传统的公共行政理论并未从供应和生产的角度区分公共服务。1959年著名公共财政经济学家理查德·A.马斯格雷夫区分了公共服务的供应和生产。1961年文森特·奥斯特罗姆、查尔斯·蒂博特（Charles Tiebout）和罗伯特·沃伦（Robert Warren）对这两个概念作了进一步区分。服务的供应是指一系列集体选择行为的总称，它就以下事项作出决定：需要提供什么样的产品和服务、产品和服务的数量与质量标准、需要筹措的收入数与如何筹措、如何约束和规范公共产品和服务消费中的个人行为、如何安排产品和服务的生产。服务的生产则是指如何将一系列的输入资源转化为产品和服务的技术过程。①

区分公共服务的供应与生产，有利于明确界定政府的职能。在区分供应和生产的前提下，政府有了多种组织公共服务的选择，即除了自身保留一部分公共产品和服务的生产职能外，政府可以引进市场竞争机制，将一部分生产性职能通过合同承包制的方式分离出去，由私人和公共部门共同承担，这样有利政府管理精简、高效。②

民族地区要持续、公平、有效地实现学前教育基本公共服务均等化的政策目标，就必须根据国家安全战略发展需要、民族地区学前教育基本公共服务的强正外部性特点以及民族地区特殊的政治、经济、文化、社会环境因素进行综合考虑，进而探索、创新有利于调动政府、社会各方作用，有

① ［美］罗纳德·J.奥克森：《治理地方公共经济》，万鹏飞译，北京大学出版社2005年版，第3页。

② ［美］罗纳德·J.奥克森：《治理地方公共经济》，万鹏飞译，北京大学出版社2005年版，第10页。

效促进和保障民族地区学前教育基本公共服务均等化的体制。本研究将运用治理理论分析当前我国民族地区政府在学前教育基本公共服务供给体制中了采取哪些创新政策,政府对社会力量参与民族地区学前教育基本公共服务的生产给予了哪些政策激励,效果如何,存在什么问题,如何调整完善。

二、公共政策分析的框架

本研究遵循从一般到个别再到一般的逻辑,在梳理基本公共服务、基本公共教育服务、学前教育基本公共服务等相关理论研究基础上,建构本研究的分析框架,选择恰当的研究工具,并运用理论检视和分析目前新疆地区学前教育基本公共服务均等化的总体水平与发展趋势。在规范研究与实证研究相结合的基础上,提炼概括我国民族地区学前教育基本公共服务体制建设的共性规律与创新思路,进而提出相应的政策建议。

研究总体上分为理论分析与实证研究两部分,二者相互观照、相互验证(见图 3-2)。首先,理论分析部分重点探讨了我国民族地区学前教育基本公共服务的内涵、特征、价值以及特殊的供给体制。其次,实证研究部分遵循公共政策分析的框架和思路,将回溯性分析与前瞻性分析相结合:回溯“发生了什么,它有何作用”——发现和建构政策“问题”——预测政策“会发生什么,该干什么”——建议“问题的解决方法是什么”。①

依照上述思路,由于建构政策问题与回溯政策可同时进行,因此本研究分为三个主体部分:

① [美]威廉·N.邓恩:《公共政策分析导论》(第二版),谢明、杜子芳等译,中国人民大学出版社 2010 年版,第 65 页。

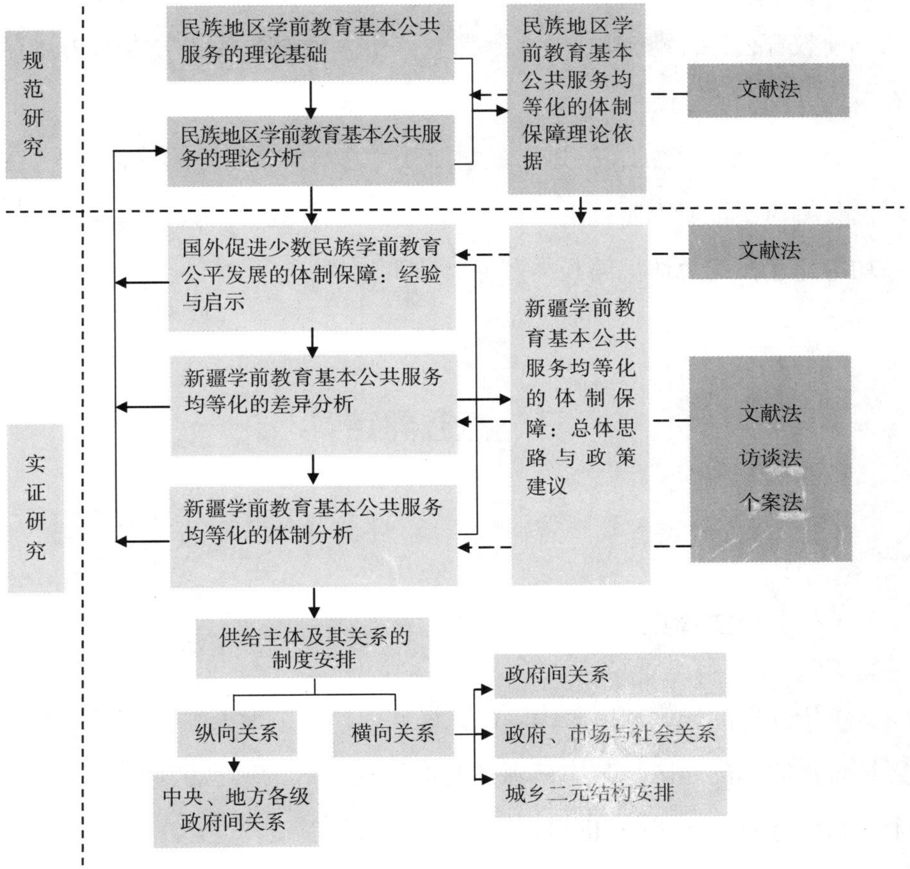

图 3-2 研究的分析框架、内容、方法与路线图

第一，回溯政策与建构问题。回溯当前我国民族地区基本公共服务均等化的现状水平与效果，发现存在的差异及问题。

第二，预测。基于已有研究文献和上述实证分析，得出基本判断：公共财政体制是影响我国民族地区学前教育基本公共服务均等化水平的关键因素。目前国家对新疆学前教育基本公共服务进行了大规模的专项投入，尽管取得了显著成效，新疆地区间在学前教育基本公共服务的经费投入、园舍条件等财力、物力资源配置上基本实现了标准化硬件建设与配置，机会均等化差距、硬件资源配置差距明显缩小，但区域间、城乡间在生均学前教育公共经费支出、幼儿园保教队伍人力资源配置等方面仍然存在较大差距。

第三，建议。为加快推进新疆学前教育基本公共服务均等化水平，在理论分析与实证研究基础上提出未来一段时期新疆学前教育基本公共服务均等化建设的总体思路与体制保障政策建议。

三、概念界定

（一）民族地区

本研究中的民族地区是指以少数民族人口为主聚集生活的实行民族区域自治制度的地区。其中新疆是我国民族地区的典型区域，是我国五个少数民族自治区之一，世居民族有维、汉、哈等13个，少数民族人口比例位居全国第二，占全国陆地总面积的1/6，在我国政治、经济战略格局中具有十分重要而特殊的地位。

（二）学前教育

学前教育有广义和狭义之分，前者主要面向0—6、7岁儿童，后者则主要面向3岁至学龄前儿童。本研究中的“学前教育”指后者，即将学前教育界定为对3岁以上学龄前儿童在保教机构中实施有组织、有目的、有计划的保育与教育活动。学前教育是基础教育的重要组成部分，是终身学习的开端，是重要的社会公益事业。

（三）学前教育基本公共服务

2012年国家在基本公共服务"十二五"规划体系中明确界定了基本公共服务、基本公共教育服务。基本公共服务，指建立在一定社会共识基础上，由政府主导提供的，与经济社会发展水平和阶段相适应，旨在保障全体公民生存和发展基本需求的公共服务。享有基本公共服务属于公民的权利，提供基本公共服务是政府的职责①。基本公共教育服务是指在教育领域主要由政府提供的，与全体人民群众最关心、最直接、最现实的切身利益密切相关的公共教育服务，是实现人的终身发展的基本前提和基础。具有公共性、普惠性、基础性、发展性等特征②。

当前国家明确将"普惠性学前教育"纳入基本公共教育服务范围。依据国家基本公共服务"十二五"规划体系中对"基本公共服务""基本公共教育服务"的界定，如果按此概念逻辑进度，本研究应使用"基本公共学前教育服务"的概念。但就研究所查相关文献来看，学前教育相关研究多表述为"学前教育基本公共服务"，即使关于"基本公共教育服务"的许多相关研究也表述为"教育基本公共服务"，其名称不同，本质相同。因此本研究中使用"学前教育基本公共服务"这个概念。

本研究认为，学前教育基本公共服务是指面向所有适龄学前儿童由政

① 基本公共服务范围一般包括保障基本民生需求的教育、就业、社会保障、医疗卫生、计划生育、住房保障、文化体育等领域的公共服务，广义上还包括与人民生活环境紧密关联的交通、通信、公用设施、环境保护等领域的公共服务，以及保障安全需要的公共安全、消费安全和国防安全等领域的公共服务。详见《国务院关于印发国家基本公共服务体系"十二五"规划的通知》（国发[2012]29号）。

② 《基本公共教育服务体系》，教育部网站，http://www.moe.edu.cn/publicfiles/business/htmlfiles/moe/s6811/201209/141491.html。

府主导提供的基础性的学前教育公共服务。其要点有三:其一,学前教育基本公共服务应由政府主导提供,以确保每一位学前儿童的基本受教育权。其二,学前教育基本公共服务应面向所有适龄学前儿童,即保障每一位学前儿童不因其家庭经济条件、民族、性别、父母身份、职业、阶层、身体、居住区域等因素都应公平享有。其三,享有的标准仅限于基础性标准,体现在入园机会与资源配置基本标准两个方面。其中保障入园机会是首要前提,保障享有基本数量与质量标准的学前教育公共服务资源是关键核心,包括学前教育基本公共服务的经费投入、办园条件和师资队伍等资源配置。

(四) 学前教育基本公共服务均等化

国家基本公共服务体系"十二五"规划中已明确界定了"基本公共服务均等化,指全体公民都能公平可及地获得大致均等的基本公共服务,其核心是机会均等,而不是简单的平均化和无差异化"。[①] 学者们认为,"均等化"包含均衡、相等的意思,均衡体现了动态调节、逐步平衡、大体相等的过程,体现了动态发展性、相对性;而不是绝对相等,是大体相等。"均等"的内容包含两个方面:一是公民接受基本公共服务的机会均等;二是公民享有基本公共服务的结果均等,在数量和质量标准上都应大体相等。[②] 具体来看,基本公共服务均等化的内涵体现在以下五个方面:(1)其核心在于基本公共服务供给应实行地区、城乡、全国统一的制度安排;(2)意味着全体公民享有的基本公共服务机会均等、结果大体相同,但同时尊重社会成员的自由选择权;(3)基本公共服务标准仅限于基本标准、

① 《国务院关于印发国家基本公共服务体系"十二五"规划的通知》(国发[2012]29号)。

② 安体富、任强:《公共服务均等化:理论问题与对策》,《财贸经济》2007年第8期。

底线公平，其差距控制在社会可承受的范围内；(4)均等化意味着要特别关注困难群体，首先保障弱势群体的基本公共服务供给；(5)现阶段我国基本公共服务均等化的重点应是努力推进城乡基本公共服务的均等化、加快推进区域间的基本公共服务均等化、重点推进不同社会群体间的基本公共服务均等化。①

综合国内外相关研究，"基本公共教育服务均等化"是指通过法律法规或政策制度保障每一位儿童不分地区、城乡、性别、民族、阶层、身体等差异都应享有数量相同、质量标准大致相同的基本公共教育服务，主要体现为进入教育系统的机会均等和教育资源配置均等。

学前教育基本公共服务均等化是指所有学前儿童，不因地区、城乡、性别、民族、阶层、身体等差异都应享有数量相同、质量标准大致相同的学前教育基本公共服务，主要体现在入园机会均等化和学前教育基本公共服务资源配置均等化两个方面。

（五）学前教育基本公共服务体制

基本公共服务体制是指为维护公共利益、满足基本公共服务需求，对基本公共服务供给主体（政府、市场、社会）间关系及其责任分担的一系列制度安排。基本公共教育服务体制是指为维护和实现公共利益目标，满足基本公共教育服务需求，对基本公共教育服务供给主体间关系及其责任分担的一系列制度安排。

学前教育基本公共服务体制，是指为维护和实现公共利益，对学前教育基本公共服务供给主体间关系及其责任分担的一系列制度安排。具体

① 陈全功、程蹊：《民族地区的基本公共服务均等化：涵义、现状水平的衡量》，《中南民族大学学报（人文社会科学版）》2008年第5期。

来看,体现在纵横两个维度上(见图3-3)。纵向体制体现为中央和地方各级政府间关于学前教育基本公共服务的职能定位、责任分担的制度安排;横向体制包括政府与市场、社会间关于学前教育基本公共服务供给、城乡间关于学前教育基本公共服务资源配置的制度安排。

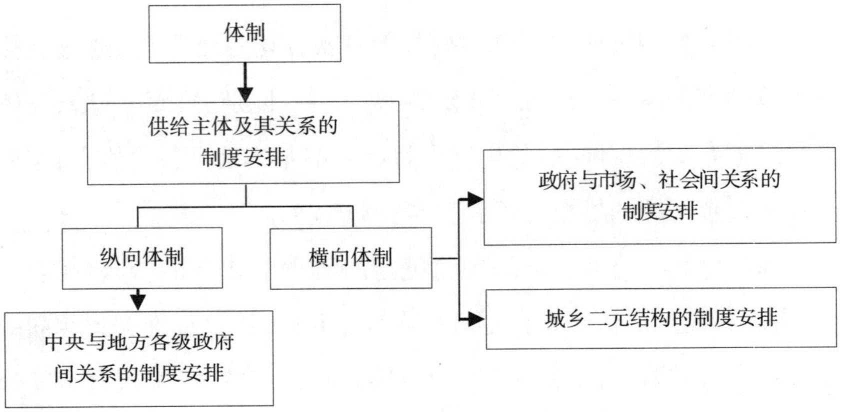

图3-3 "学前教育基本公共服务体制"概念框架图

(六)公共政策

现代社会生活中,公共政策无处不在地产生着影响,已经渗透到人们公共生活的各个领域,如公共医疗、卫生、教育、交通、社会保障、户籍、生育等方方面面。国内外学术领域对公共政策含义的理解颇多,一些代表性的观点如下。

行政学鼻祖、美国学者伍德罗·威尔逊(Woodrow Wilson)认为,公共政策是由政治家(具有立法权者)制定的并由行政人员(国家公务人员)执行的法律和法规①。这一定义主要是从政策制定和政策执行的角度对

① 参见伍启元:《公共政策》(上册),台湾商务印书馆1985年版,第4页。

公共政策进行界定,对理解公共政策具有一定的启发性。

美国政治学家哈罗德·拉斯维尔(Harold D.Lasswell)在创立政策科学时曾提出,公共政策是"一种含有目标、价值和策略的大型计划"①。这一定义突出了公共政策的设计功能及其目标取向,强调了理性的政策制定通常应有科学的论证和合理的程序。

美籍加拿大学者戴维·伊斯顿(David Easten)认为,"公共政策是对全社会的价值作权威性分配"②。这种定义是从传统政治学原理的角度理解公共政策,侧重于公共政策的价值分配功能。其中所涉及的"价值"不仅包括实物、资金和知识,还包括权力、声誉和服务。这种理解隐含了一个最基本的政治学假设,即利益及利益关系是人类社会活动的基础,而政府的基本职能就是对利益进行社会性的分配。公共政策是政府进行社会性利益分配的主要形式,即决定什么人取得什么和取得多少。

美国学者托马斯·戴伊(Thomas R.Dye)认为,"凡是政府决定做的或决定不做的事情就是公共政策"③。这一定义侧重了政府的作为和无为,突出了公共政策的行为特征,说明公共政策不仅涉及政府所采取的行动,而且还涉及政府决定停止的行动和根本没有做的行动。

罗伯特·艾斯顿(Robert Eyestone)在《公共政策的思路:对政策领导的研究》一书中指出,从广义上讲,公共政策就是"政府机构与其周围环境之间的关系"。这种理解是从系统角度认识公共政策,认为公共政策是政府与其环境互动的结果,突出了环境因素的作用。

英国学者理查德·罗斯(Richard Rose)在《英国的政策制定》(1969)

① 参见林水波、张世贤:《公共政策》,五南图书出版公司1982年版,第8页。
② 参见伍启元:《公共政策》(上册),香港商务印书馆1989年版,第4页。
③ [美]托马斯·戴伊:《理解公共政策》,韦伯文化事业出版社1999年版,第2页。

一书中提出，不该把公共政策只看作某个孤立的决定，而应把它看作是由“或多或少有联系的一系列活动所组成的一个较长的过程”，以及这些活动对有关事物的作用和影响。尽管罗斯的定义并不十分明确，但它却包含了一种很有价值的见解，即公共政策是一个活动过程或一种活动方式，而不仅仅是一个关于做什么事的决定。

美国学者斯图亚特·内格尔（Stuans Nagel）认为，“公共政策就是政府为解决各种各样的问题所作出的决定”①。内格尔的这种认识突出了公共政策的问题导向。

美国学者叶海卡·德罗尔（Yehezkec Dror）在《公共政策再审查》（1989）一书中指出，政策制定作为“在指导社会行动的两个主要方案之间进行选择的自觉性意识”，这种观点的渊源甚至可以追溯到古希腊和文艺复兴时期的政治理论。德罗尔认为政策作为一种理念，就是从个人利益出发，作出最大价值的选择。

中国台湾学者伍启元在《公共政策》（1985）一书中提出：“公共政策是政府所采取对公私行动的指引；公共政策是将来取向的；公共政策是目标取向的；公共政策是与价值有密切关联而受社会价值所影响的；公共政策是是由政府或有决策权者所采取或选择的；公共政策是具有拘束性而受大多数人接受的行动指引。”

本研究认同国内学者谢明的观点，即公共政策是社会公共权威机构在特定情境中，为达到一定目标而制订的行动方案或行动准则。其作用是规范和指导有关机构、团体或个人的行动，其表达形式包括法律法规、行政规定或命令，国家领导人口头或书面的指示，政府大型规划、具体行动计划及相关策略等。其中，社会公共权威是一个较为宽泛的概念，它既

① ［美］斯图亚特·内格尔：《公共政策：目标、手段与方法》，圣·马丁出版社 1984 年版。

包括国家政府或执政党派，又涵盖宗教团体或宗族势力，泛指具有特殊权力、能够制定公共政策的政治实体。①

① 参见谢明主编：《公共政策分析》（第二版），首都经济贸易大学出版社 2015 年版，第 1 页。

第四章　我国民族地区学前教育基本公共服务均等化的理论分析

一、我国学前教育公共服务分类体系建构与特征分析

要理解民族地区学前教育基本公共服务的特殊内涵，须首先对学前教育基本公共服务的内涵进行界定与分析。为更深入地理解学前教育基本公共服务的内涵特征，本研究认为必须将其纳入到学前教育公共服务分类体系中加以认识，通过比较学前教育基本公共服务与学前教育非基本公共服务的内涵特征，进而更好地把握学前教育基本公共服务的本质及其相应的供给体制。

近年来我国《教育规划纲要》、“国十条”以及“学前教育三年行动计划”政策深入实施，社会各界对学前教育日益重视，观念逐渐转变。同时随着人们物质文化生活水平的逐步提高，公众对学前教育公共服务从“机会公平”向“质量公平”的需求日趋增强，且呈现从普及化向多样化发展的态势。本研究认为，面对日益强烈、层次多样的学前教育公共服务需求，在国家当前学前教育公共财力相对有限的情况下，必须通过政策研究明确区分、识别出学前教育基本公共服务。

研究学前教育公共服务分类是明确界定学前教育基本公共服务的前提,其主要目的在于为公共政策制定者提供参照,以构建一个适合具体国情、具有可操作性、相对完善的学前教育公共服务分类框架,使各种层次、类型的学前教育公共服务在整个学前教育公共服务结构中达到分布优化,对学前教育公共服务的部门设置、有效提供、制度安排以及绩效评价等起到指导作用,并促进学前教育公共服务体系及其均等化目标的实现。① 已有相关研究依据公共服务水平将其分为基本公共服务与非基本公共服务。基本公共服务是政府依照法律法规,为保障社会全体成员基本社会权利、基础性的福利水平,必须向全体居民均等提供的基础性公共服务;非基本公共服务是指混合公共服务或政府为满足高层次的社会公共需求而提供的公共服务与产品。② 基本公共教育服务是指一定发展阶段教育公共服务中涉及最小范围和最低程度的、最应该优先保障的部分。③

当前国内对学前教育公共服务未作分类,更缺乏对学前教育基本公共服务的明确界定。已有研究多比较笼统地从城乡角度区分学前教育公共服务,有将农村学前教育相应于学前教育基本公共服务、城市学前教育相应于学前教育非基本公共服务的倾向,这种按城乡维度的笼统划分未充分考虑城乡分别存在的不同层次学前教育公共服务需求的现实。

从现实来看,我国学前教育公共服务的改革与实践也迫切需要对其进行分类。我国政府在公共服务改革与实践过程中,不同时期、不同地方政府的学前教育公共服务的范围和侧重点有所不同。如北京市"十一

---

① 参见陈振明等:《公共服务导论》,北京大学出版社 2011 年版,第 45 页。

② 李军鹏:《公共服务学——政府公共服务的理论与实践》,国家行政学院出版社 2007 年版,第 6 页。

③ 宋懿琛:《公共教育服务的形成、内涵与供给机制》,转引自袁振国主编:《中国教育政策评论(2011)》,教育科学出版社 2011 年版,第 18 页。

五”时期将学前教育纳入准基本公共服务(学前 3 年);①“十二五”时期将学前教育(学前 3 年)、义务教育、高中教育都纳入了基本公共服务。②上海市早在“十一五”开局之年就率先将学前教育纳入了基本公共服务体系;③“十二五”时期将 0—6 岁学前教育全部纳入基本公共服务体系(3—6 岁学前教育入园率达 98%,95%以上户籍 0—3 岁婴幼儿的家长和看护人员每年得到 4 次以上免费早教指导)。④ 不同时期、不同地区由于不同的制约因素,如经济发展水平、政府执政理念、政策制度环境、教育文化传统等多种因素影响,将形成不同的学前教育公共服务分类体系和范畴。因此,随着我国学前教育公共服务需求日趋多样化,以及新公共服务理论要求政府更加关注和满足公民需求的发展趋势⑤,无论从理论还是实践操作层面都迫切要求我们对学前教育公共服务进行科学合理的分类,明确界定学前教育基本公共服务。

(一) 我国“城乡一体化”的学前教育公共服务分类体系建构

当前我国非常有必要从公共服务需求层次和区域两个维度对学前教

① 《北京市“十一五”时期社会公共服务发展规划》,参见北京市发展和改革委员会网站,http://www.bjpc.gov.cn/fzgh_1/guihua/11_5/11_5_zx/11_5_zd/200610/t141476_5.htm。

② 《北京市“十二五”时期社会公共服务发展规划》,参见北京市发展和改革委员会网站,http://www.bjpc.gov.cn/fzgh_1/guihua/12_5/12_5_zx/12_5_zh/201108/U020111220527589430806.pdf。

③ 刘占兰、陈琴:《论将学前教育纳入基本公共教育服务体系》,转引自袁振国主编:《中国教育政策评论(2011)》,教育科学出版社 2011 年版,第 117 页。

④ 上海市教育委员会关于印发:《〈上海市基础教育改革和发展“十二五”规划〉的通知》(沪教委基[2011]95 号)。

⑤ 珍妮特·V.登哈特、罗伯·B.登哈特:《新公共服务——服务而不是掌舵》,丁煌译,中国人民大学出版社 2004 年版,译者前言第 6 页。

育公共服务进行分类。首先,依据学前教育公共服务的需求层次,可将其分为学前教育基本公共服务与学前教育非基本公共服务。学前教育基本公共服务是指在我国当前经济发展水平基础上满足基本学前教育需要、公平惠及每一位学前儿童的学前教育公共服务,属于学前教育公共服务的“最低纲领”;学前教育非基本公共服务是指高于学前教育基本公共服务数量与质量标准的学前教育公共服务。其次,依据学前教育公共服务的需求区域,可将其分为城市学前教育公共服务与农村学前教育公共服务。以上两个维度相互交叉,可以形成四种主要的学前教育公共服务类型,即农村学前教育基本公共服务、城市学前教育基本公共服务、农村学前教育非基本公共服务和城市学前教育非基本公共服务(详见图 4-1)。

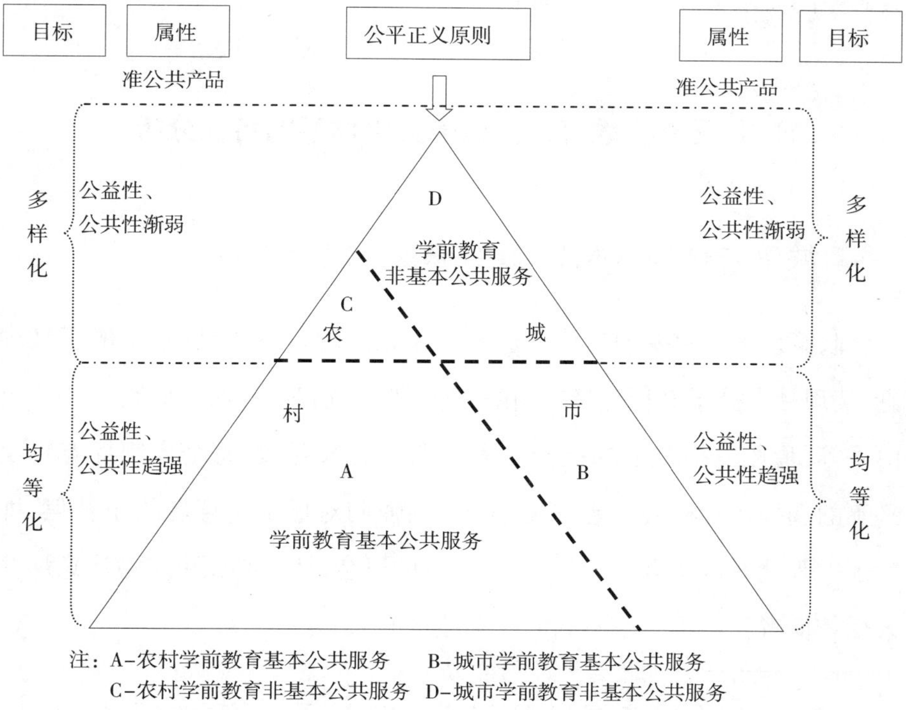

注：A-农村学前教育基本公共服务　B-城市学前教育基本公共服务
　　C-农村学前教育非基本公共服务　D-城市学前教育非基本公共服务

图 4-1　我国“城乡一体化”的学前教育公共服务分类体系构建

据第六次全国人口普查结果显示，2010年我国0—6岁学前儿童总数为1.05亿，其中农村（主要指乡村）学前儿童6.2千万，占全国学前儿童总数的58.6%；城镇学前儿童占41.4%。① 当前来看，相对于学前教育非基本公共服务，无论城乡对学前教育基本公共服务的需求强度都相对较高，农村要远远高于城市；但不可忽视的是，随着新型城镇化建设进程的加快，农村进城务工人员子女学前教育需求的日益增长，城市学前教育基本公共服务需求也将与日俱增，这是当前我国城乡一体化的学前教育基本公共服务体系构建与制度安排必须统筹考虑的现实问题。相对于学前教育基本公共服务，基于整体上城市学前儿童家庭经济支付能力、学前教育公共资源支持能力、父母教育观念与意识，城市对学前教育非基本公共服务的需求强度要远远高于农村。

（二）我国学前教育公共服务分类体系的特征分析

1. 城乡学前教育基本公共服务：保基本与均等化

政策设计最重要的理论依据来源于正义理论，按照罗尔斯的正义理论，实现社会公平必须坚持“自由平等”和“差别对待”两项原则，其中“自由平等”原则是指公平的机会平等地向所有人开放，每个人都拥有自由平等的选择权和机会；“差别对待”原则强调对最少受惠者给予补偿，即为了平等地对待所有人，提供真正同等的机会，社会必须更多地注意那些天赋较低者和出生于较不利的社会地位的人们。②

① 国务院人口普查办公室、国家统计局人口和就业统计司编：《第六次全国人口普查数据》，http://www.stats.gov.cn/tjsj/pcsj/rkpc/6rp/indexch.htm。

② 罗尔斯：《正义论》，何怀宏译，中国社会科学出版社1988年版，第84、101页。

现代社会人与人之间所拥有的自然禀赋、社会资源差异很大，现行的社会经济体制“市场经济”的基本规则就是竞争，导致一些综合条件差的人在各种激烈竞争中始终处于不利地位，这必然会威及处境不利人群的最基本权利。① 而学前教育基本公共服务对保障弱势群体的学前教育权和发展权，保障人生的起点公平，减少贫困的代际循环，维护国家的政权稳定均具有十分重要的战略意义。这就要求政府要优先提供学前教育基本公共服务，让这些在竞争中处于弱势地位的学前儿童基本受教育权能得到保障和维护。尽管随着经济社会的改革与发展，公共服务主体多元化及公共服务的提供与生产相分离等方面的改革不断推进，但政府在公共服务提供中承担主要责任这一点是无法改变的，这种责任是根本性的，也是政府之所以产生与存在的最主要原因之一。② 学前教育作为社会公益性事业，属于非经济性公共物品③，因此不能完全遵循经济活动市场化改革取向，应坚持以维护公共利益为导向的学前教育基本公共服务供给思路，立足国家与社会的长远可持续发展，政府依法保障所有学前儿童的基本受教育权与发展权，尤其要优先为老少边贫地区弱势群体学前儿童提供普遍性、基础性水平的学前教育基本公共服务。

城乡学前教育基本公共服务的主要目标是保障所有学前儿童都能平等地享有学前教育基本公共服务的权利，即不论学前儿童的户籍、居住地、民族、父母身份、家庭收入和社会地位差异，都能公平、普遍地享有学前教育基本公共服务，并且政府提供“保基本”的责任仅限于保障基本权利、基本机会和基本质量标准，超出基本范围和标准的服务成本由个人分

① 王志雄：《我国基本公共服务均等化研究》，博士学位论文，财政部财政科学研究所，2011 年。

② 陈振明等：《公共服务导论》，北京大学出版社 2011 年版，第 80 页。

③ 傅勇：《财政分权、政府治理与非经济性公共物品供给》，《经济研究》2010 年第 8 期。

担。城乡学前教育基本公共服务面向社会全体学前儿童,重点保障城乡弱势群体学前儿童。

2. 城乡学前教育非基本公共服务:发展性与多样化

城乡学前教育非基本公共服务的主要目标是满足公众多样化的公共需求,目标人群重点面向要求享受超出学前教育基本公共服务标准的学前儿童,为其提供个性化与多样化的学前教育公共服务。城乡学前教育非基本公共服务属于学前教育基本公共服务范围和标准以外的部分,其公益性与公共性渐弱。现实中,学前教育公共服务需求呈现出选择多样化的需求趋势,尤其在经济发展水平较高、家庭经济能力较好的地区,多样化需求更为趋强。我们对社会公平的理解不能停留于分配的平均主义倾向,按照阿玛蒂亚·森的自由发展理论,尊重公民的自由发展选择权也是实现社会公平正义的重要体现,自由权也是一种公共物品。① 因此,对多样化层次学前教育公共服务需求的满足,仍然需要政府发挥主导作用,在保障每一位学前儿童享有基本服务标准以外,适度引入市场机制,科学核定成本,合理定价收费,加强服务监管,规范市场行为,对市场介入学前教育非基本公共服务进行合理约束、规范与监管,以有利于为多样化需求对象提供符合学前教育规律与社会发展规律、满足个性化需求的学前教育公共服务。

将民族地区学前教育基本公共服务纳入我国学前教育基本公共服务体系建设是国家近年来鲜明的政策导向。2012 年我国颁布的首部关于“基本公共服务”的国家专项规划——《国务院关于印发国家基本公共服务体系“十二五”规划的通知》(国发[2012]29 号)中明确将“普惠性学前

① [印]阿马蒂亚·森:《以自由看待发展》,任赜、于真译,中国人民大学出版社 2002 年版,译者序言第 7 页。

教育”纳入国家基本公共教育服务体系，并且优先“为家庭经济困难儿童、孤儿和残疾儿童接受学前教育提供资助”；针对民族地区学前教育基本公共服务，国家提出了更加明确的任务，“积极发展民族地区学前双语教育”。2010 年“国十条”也已明确“中央财政设立专项经费，支持中西部农村地区、少数民族地区和边疆地区发展学前教育和学前双语教育。地方政府要加大投入，重点支持边远贫困地区和少数民族地区发展学前教育”。

从上述政策可以得出以下判断：第一，当前少数民族聚居区应成为我国学前教育基本公共服务的重点保障区域之一；第二，当前民族地区学前儿童，尤其少数民族学前儿童应成为我国学前教育基本公共服务的重点保障人群，其中处于边远、贫困地区的家庭经济困难少数民族学前儿童更应予以优先保障；第三，当前民族地区学前双语教育应成为我国民族地区学前教育基本公共服务的重点内容。沿此思路，本研究将民族地区学前双语教育纳入民族地区学前教育基本公共服务体系进行考察。

二、民族地区学前教育基本公共服务的内涵、特征与价值分析

（一）内涵

民族地区学前教育基本公共服务一方面要缩小与全国非民族地区的差距，另一方面同全国一样，要打破“城乡二元结构”，建构“城乡一体化”的学前教育基本公共服务体系；同时还需要特别考虑到缩小民族地区内部区域间（如民族聚居区与非聚居区、民族地区内部的发达与贫困地

区)、族群间(各民族间,主要是汉族与少数民族间)的学前教育基本公共服务差距,以公平为目标,统筹建构民族地区"区域协调、城乡一体、族群同步"发展的学前教育基本公共服务体系。

基于上述对我国学前教育基本公共服务的认识,本研究认为民族地区学前教育基本公共服务是指根据我国当前经济发展水平和基本公共服务规划,结合民族地区政治、经济、文化、社会发展的特殊因素,在我国实行民族区域自治制度的地区,为保障各民族学前儿童的基本受教育权利,由政府主导为城乡各民族学前儿童提供的符合基本标准的学前教育公共服务,具体包括享有教育经费基本标准、办园条件基本标准、师资队伍配备基本标准的学前教育基本公共服务。

国家基本公共服务"十二五"规划中明确,"享有基本公共服务属于公民的权利,提供基本公共服务是政府的职责"。因此,享有学前教育基本公共服务也属于每一位学前儿童的基本权利,提供学前教育基本公共服务是政府的基本职责。政府有责任保障民族地区每一位学前儿童接受学前教育的基本权利,使其不因家庭经济条件、民族、性别、父母身份、职业、阶层、身体等因素而无法享有,尤其要优先保障少数民族特别是家庭经济困难的少数民族学前儿童。

(二) 特征

美国经济学家萨缪尔森在 1954 年对公共产品首次提出了一个严格的判断标准——"消费的非竞争性",即一个集体消费的物品,每个人消费的数量相同,一个人消费不会导致别人消费的减少。按照这样一个严格的标准,教育服务不属于公共产品,甚至连国防服务也不是,因为边防地区和内陆地区居民享受的防卫程度是不一样的。这种判断公共产品和私人产品的严格标准,受到了一些经济学家的批评。学术界通常使用著名经济学家马斯格雷夫的定义,1959 年和 1969 年他两次对萨缪尔森的单一严格标准进行了扩展,提出了判断公共产品的双重标准,即消费的非竞争性和非排他性。但同时他对消费的非竞争性作了更宽松的规定,将"每个人的消费不导致别人消费的减少"的严格规定置换为"存在消费上的受益外部性",从而将公共产品理论与外部性理论结合起来,成为分析和论证教育服务属性的重要理论依据。①

分析民族地区学前教育基本公共服务的特征旨在为其供给体制设计提供理论依据。我国学前教育基本公共服务具有公共性、公平性、公益性特征,然而与非民族地区学前教育基本公共服务相比,民族地区学前教育基本公共服务的公共性、公益性、公平性特征更加突显,这是由民族地区学前教育基本公共服务的强正外部性和长效性特征所决定的。

1. 强正外部性

外部性(externality)是一个经济学概念,按照美国财政学家哈维 · S. 罗森的观点,外部性是指某一实体(一个人或一个企业)的活动以市场机制之外的某种方式直接影响他人的福利时,这种影响就称为外部性(又称溢出效应)。公共品可以被看作是一种特殊的外部性。②

按照承受外部效应结果的不同,又可将外部效应分为正的外部效应和负的外部效应。教育具有非常强的、正的外部效应,因为教育所产生的

① 参见宗晓华:《公共教育财政制度的规范理论与构建路径》,《西南大学学报(社会科学版)》2011 年第 1 期;王善迈等:《公共财政框架下公共教育财政制度研究》,经济科学出版社 2012 年版,第 8 页。

② [美]哈维 · S.罗森:《财政学》(第七版),中国人民大学出版社 2006 年版,第 71—72 页;Harvey S.Rosen, *Public Finance*.Washington:McGraw-Hill,2002,p.81.

价值往往高于其自身价值(私人价值或个体发展价值),形成社会价值。①从外部性来看,民族地区学前教育基本公共服务不仅对各民族学前儿童个体发展有益,而且这种价值会外溢至其家庭、所在地区的经济社会,直至整个国家。民族地区学前儿童及其家庭是民族地区学前教育基本公共服务的直接受益者;但民族地区学前教育基本公共服务除了个人效益外,还具有重要的社会效益。社会通过民族地区学前教育基本公共服务间接得到益处,即效益从家庭外溢给该社会的其余成员,包括其家庭中的父母和其他成员,其所在地区的社会成员,以及整个国家的所有公民。因此民族地区学前教育基本公共服务具有十分明显的地区效益外溢性特征。

2. 长效性

早期教育阶段的人力资本投资回报率最高,它不仅能为个体终身发展创造良好开端,提高学业成绩、就业竞争力和个人收入,还有助于消除贫困、减少排斥、促进公平,同时也为社会发展创造财富,如提高就业率、增加纳税、降低犯罪率、提高健康水平、节约特殊教育开支、减少对社会福利的依赖程度等。② 民族地区学前教育基本公共服务产品产出的社会效益不仅仅体现在横向的地区外溢效应;更重要的是这种公共产品所产出的社会效益具有纵向的长效性,对民族地区及其国家的长治久安、扶贫开

---

① 巫建国:《公共财政学》,经济科学出版社年 2009 年版,第 49 页。

② 参见庞丽娟、韩小雨:《中国学前教育立法:思考与进程》,《北京师范大学学报(社会科学版)》2010 年第 5 期;Carneiro,P.M.& Heckman,J.J.,"Human capital policy",*Discussion Paper* (2003),821,http://papers. ssrn. com/sol3/papers. cfm? abstract_id = 434544.转引自[美]苏珊·纽曼(Susan B.Neuman):《学前教育改革与国家反贫困战略——美国的经验》,李敏谊、霍力岩主译,教育科学出版社 2011 年版,第 1 页;裘指挥、刘焱:《国外学前教育的社会经济效益研究》,《比较教育研究》2011 年第 6 期;联合国教科文组织:《世界幼儿保育和教育大会·筑建国家财富:大会意见书》,http://unesdoc.unesco.org/images/0018/001873/187376c.pdf.。

发具有更加持久、深远的战略意义，这种公共产品将产生持续的、良性循环的社会效益，对民族地区和国家而言具有“形成自身造血功能”“功在当代，利在千秋”的长远战略价值。

近年来国内发生的民族分裂活动、暴力恐怖事件影响了民族地区乃至国家的社会安全和政治稳定。从学前教育所具有的强正外部社会效益以及民族地区、国家政治稳定的发展需要来看，国家和民族地区提供学前教育基本公共服务将具有十分重要而长远的战略意义。它不仅为当下民族地区各民族学前儿童的受教育权，为家长安心参加生产、建设活动提供保障，更重要的是为促进少数民族融入主流社会、增强国家认同感与归属感、减少贫困、实现社会长治久安奠定重要基础，同时为民族地区迈向自我生存、自我发展、自我造血的良性发展轨道创造良好机会。因此，从长效性来看，民族地区学前教育基本公共服务对国家的长治久安具有基础性、全局性、先导性、战略性的根本作用。

（三）价值

从世界各国来看，为民族地区提供学前教育基本公共服务体现了国家特殊的政治战略价值，即促进民族融合、维护公共利益、实现国家政治稳定和社会福利最大化。我国民族地区学前教育基本公共服务也不例外，长期以来，在市场经济条件下，在城乡二元的制度安排下，民族地区学前教育基本公共服务资源十分有限，民族地区学前儿童的基本受教育权难以保障。

就新疆而言，新疆少数民族学前儿童长期处于经济集中连片贫困状态，加之恶劣的自然生态环境和复杂的境内外政治环境，这些因素不仅导致了生活在其中的单纯无知的少数民族学前儿童发展及其后续的教育质量严重受限,而且他们也已经或正在成为境内外分裂势力与我国人才培养、国家政治稳定战略争夺的“无形战场”。可以说,新疆学前教育基本公共服务对新疆经济社会的跨越式发展和国家政治稳定具有重要的奠基性、先导性、全局性、战略性作用,是新疆从根本上形成内生性发展动力和长远可持续发展能力的关键。由政府主导为民族地区学前儿童提供学前教育基本公共服务将根本上有利于缩小族群间、区域间学前教育发展差距,根本上有利于促进教育公平与社会公平。民族地区学前教育基本公共服务的价值也正体现在其维护公共利益,兼顾各民族个体利益、群体利益、社会公共利益和国家政治利益方面。

本研究认为,民族地区学前双语教育应首先作为民族地区学前教育基本公共服务的重要组成部分,它是对少数民族学前儿童经济、文化、语言、教育资源不足的一种重要补偿和扶持。首先,对少数民族学前儿童实施学前双语教育,是保障少数民族学前儿童基本受教育权与发展权、保障少数民族儿童学前教育机会公平的重要体现。其次,少数民族学前儿童通过接受有质量的母语与国家通用语言的学前双语教育,将为其人生的重要开端、日后终身学习与可持续发展奠定良好基础。良好的学前双语教育有利于为少数民族聚居区语言环境封闭、单一(如那些只有母语听说环境)的学前儿童创造重要的汉语学习机会,这种学前双语启蒙教育将有利于提高其入学准备水平,为其进入小学学习打下良好的基础,为其人生创造良好开端。最后,民族地区提供学前双语教育服务也将有利于根本上提升基础教育质量与各民族人口整体素质、培养民汉兼通人才;对消除各民族间语言文化交流障碍,保护、传承、繁荣与发展各民族的优秀文化及其多样性,扩大各民族间社会交往,增进族际间相互理解与信任、相互借鉴与交流,促进各民族文化的共同繁荣发展;对增强少数民族学前儿童的中国公民意识和国家认同感,以及对全面深入推进民族地区的稳定和经济社会的快速发展，以及促进国家长治久安与和谐社会构建具有十分重要的政治战略价值。

三、民族地区学前教育基本公共服务的体制分析

学前教育基本公共服务体制是指为维护和实现公共利益，对学前教育基本公共服务供给主体间关系及其责任分担的一系列制度安排。具体来看，体现在纵横两个维度上（见图 2-1）。纵向体制体现为中央和地方各级政府间关于学前教育基本公共服务的职能定位、责任分担的制度安排；横向体制包括政府与市场、社会间关于学前教育基本公共服务供给、城乡间关于学前教育基本公共服务资源配置的制度安排。

当前我国将“普惠性学前教育”纳入基本公共教育服务体系只有短短几年的时间，建设周期非常短，要实现全国范围的学前教育基本公共服务均等化难度非常大，而优先关注我国民族地区学前教育基本公共服务意义重大。一方面，由于民族地区集中了我国革命老区、边疆地区、贫困地区的所有困难，依靠薄弱的地方政府公共财政难以保障学前教育基本公共服务的均等化供给。另一方面，由于民族地区除集中了老少边贫地区自然生态环境恶劣、经济欠发达等共性特征外，还具有自身的复杂性与特殊性。民族地区学前教育基本公共服务不仅面临经济发展困难、公共财政薄弱的难题，更加面临政治、自然生态、人文社会等多重环境的制约与影响。这也意味着民族地区学前教育基本公共服务的供给难度、供给成本要远远高于非民族地区，在供给体制设计上需要考虑的特殊因素更多。

（一）横向体制:坚持政府主导　激励社会参与

横向体制的核心是处理政府与市场、政府与社会的关系。当前在国家基本公共服务“十二五”规划将“普惠性学前教育”纳入基本公共服务体系,要求“建立政府主导、社会参与、公办民办并举的办园体制”改革背景下,以促进民族地区学前教育基本公共服务均等化为目标的体制改革也必将涉及处理政府、市场、社会的关系问题。本研究认为,民族地区由于其复杂的政治因素、经济发展水平、自然生态环境、人口民族结构、语言文化环境等特殊区情,一方面要继续强化并坚持政府的主导作用,通过举办公办园为主为各民族学前儿童直接提供学前教育基本公共服务,尤其应优先保障经济贫困地区少数民族学前儿童的学前教育基本公共服务,发挥政府助弱保底的作用。另一方面,也要结合当前国家关于学前教育基本公共服务体制改革的思路,深入探索通过政府财政补贴、监管等政策工具有效激励社会力量参与民族地区的学前教育基本公共服务,发挥社会力量的积极补充作用。通过政府与社会力量的合作供给,继续扩大民族地区符合基本标准的普惠性学前教育资源,动态提升服务质量的均等化水平。

1. 坚持政府主导　弥补市场缺陷

第一,在民族地区学前教育基本公共服务中要强化政府的主导保障职能。坚持政府主导,一方面由民族地区学前教育基本公共服务公共性、公益性趋强的准公共产品性质所决定。研究表明,社会产品性质的不同决定了其供给主体的不同。根据公共财政理论,私人产品应主要由市场来提供,而公共产品的供给则主要由政府财政负担。这不仅是弥补市场在公共产品领域的失灵、提高资源配置效率的必然选择,更是满足民众需求、推动社会进步的必由之路。对教育这种典型的混合产品而言,其不同教育层次的公益性特征各有不同,其中公益性特征强烈的教育层次应由政府财政负担,而私人特征明显的教育层次则应主要由市场来提供。①已有研究表明,学前教育是公共产品属性趋强的准公共产品②,从民族地区学前教育基本公共服务的强正外部性与长效性特征来看,民族地区学前教育基本公共服务在学前教育公共服务中的公共性、公益性属性又更加趋强,它不仅是保障民族地区各民族学前儿童基本受教育权的民生问题,更重要的是它攸关整个民族地区乃至国家的政治稳定与长治久安。

坚持政府主导,另一方面是由"市场失灵"的本质缺陷所决定。从现实来看,由于长期以来民族地区主要任凭市场自由调节来满足人民群众对学前教育基本公共服务的需求,大多数少数民族聚居区乡村两级基本上没有幼儿园,即使有些县市有幼儿园,由于需要家长分担服务费用,许多少数民族家庭也会因收入低等原因不送孩子入园。完全通过市场竞争机制来提供民族地区学前教育基本公共服务,将导致大量的"市场失灵"或"市场缺陷",市场无利润动机参与民族地区学前教育基本公共服务的提供,或提供的数量不足或个人投资低于最优水平。因此,市场缺陷导致民族地区学前教育基本公共服务长期供给不足、不均的现实决定了这种服务应由政府主导保障提供。

第二,民族地区学前教育基本公共服务供给中要突出政府的"公平保障责任"。其一,"强化政府的公平保障责任"是由民族地区所处环境

① 郝如玉、吴素芳等:《财政视角下的教育多元化研究》,中国财政经济出版社2009年版,自序2。

② 庞丽娟、韩小雨:《中国学前教育立法:思考与进程》,《北京师范大学学报(社会科学版)》2010年第5期。

的特殊性决定。民族地区自然生态环境恶劣、经济发展长期滞后、地方政府财力十分薄弱、少数民族聚居区家庭生活贫困、语言文化环境单一封闭、政治环境十分复杂，这些特殊复杂的因素相互交织，导致民族地区学前儿童尤其是少数民族学前儿童在享有政治、经济、文化、教育等社会资源方面始终处于弱势地位。其二，“强化政府的公平保障责任”是由民族地区学前教育基本公共服务“市场失灵”的本质决定。由于市场资本具有寻利性，社会的优势教育资源始终会流向那些能够给教育服务提供者带来利益最大化的地区、群体和个人。依靠市场保障民族地区学前教育基本公共服务均等化既不现实，也不可能。其三，“强化政府的公平保障责任”是由政府自身的属性所决定。政府的权力公共性内在地要求政府必须改善所有政治共同体成员的生存境遇，而且这也是政府合法性的基础。① 因此，本政府有责任保障民族地区各民族学前儿童享有均等化的学前教育基本公共服务的权利，包括入园机会均等、符合基本标准的资源配置均等。因此，研究认为在民族地区学前教育基本公共服务供给中须强化政府的主导保障职能和公平保障责任。

具体来看，当前政府在民族地区学前教育基本公共服务中的主导作用，一方面体现为依靠政府公共财政力量优先提供民族地区学前教育基本公共服务，特别是优先保障民族地区在政治、经济、文化、教育等社会资源获得方面处于弱势地位的学前儿童的受教育权；另一方面，在民族地区学前教育基本公共服务供给中，政府要作为主力军，将“促进均等化”作为首要原则，政府既要掌舵，又要划桨；既要大幅增加公共财政支持，也要通过大力普设增设公办园直接生产和服务，以切实强化政府保障少数民族学前儿童公平享有学前教育基本公共服务的职能，以充分体现政府维

---

① 鲍传友：《教育公平与政府责任》，北京师范大学出版社 2011 年版，第 327 页。

护社会公共利益、国家政治稳定,增强社会凝聚力的重要职能。

2. 激励社会参与　发挥补充作用

从已有研究来看,按照公共服务提供与生产相分离的供给思路①,由于基本公共服务需求单边增长、基本公共服务供给受财政能力约束有上限,因此要在坚持政府主导下激励社会力量参与合作供给。从当前政策来看,2012 年国家基本公共服务"十二五"规划中已明确提出,"在坚持政府负责的前提下,推动基本公共服务提供主体和提供方式多元化,加快建立政府主导、社会参与、公办民办并举的基本公共服务供给模式";"普惠性学前教育要建立政府主导、社会参与、公办民办并举的办园体制,构建覆盖城乡、布局合理的学前教育公共服务体系。鼓励社会力量举办幼儿园,积极扶持民办幼儿园特别是面向大众、收费较低的普惠性民办幼儿园发展,采取政府购买、减免租金、以奖代补、派驻公办教师等方式,引导和支持民办幼儿园提供普惠性服务"。从民族地区学前教育基本公共服务供给的现实来看,实质上随着国家和新疆财政奖补普惠性民办园的政策实施②,民族地区学前教育基本公共服务已开始初步显现"政府主导下激励社会参与"的合作供给模式。

政府除直接为民族地区学前儿童提供学前教育基本公共服务财政支持和大力举办公办园外,对于一些社会非营利组织或公民个人为城乡各民族学前儿童提供质量有保障、办园行为规范、教育教学专业的学前教育

---

① [美]罗纳德·J.奥克森:《治理地方公共经济》,万鹏飞译,北京大学出版社 2005 年版,第 3 页;周金玲:《义务教育及其财政制度研究》,博士学位论文,浙江大学,2005 年。

② 《中央财政扶持民办幼儿园发展奖补资金管理暂行办法》(财教[2011]408 号),http://www.jmsedu.net/show.aspx? id=2460&cid=160;《教育部:普惠性民办幼儿园将出台认定扶持办法》,http://www.bj.xinhuanet.com/bjyw/2014-06/05/c_1110991698.htm;《新疆维吾尔自治区普惠性民办幼儿园认定及管理办法(试行)》(新教基[2012]29 号),http://www.xjedu.gov.cn/xjjyt/jyzt/xqjywlxz/ctzc/2013/59629.htm。

基本公共服务,政府可通过安排激励性政策,鼓励其分担社会公共责任、维护公共利益,引导其发挥补充作用。如通过简化登记程序,加大财政奖补,实行规范管理;采取减免、税费、租金,保证合理用地等各种优惠政策予以大力支持或奖励;但同时应加强政府对社会组织或个人参与学前教育基本公共服务的监管与专业指导,保障服务质量。

综上所述,因民族地区学前教育基本公共服务在国家长治久安与和谐社会构建的政治战略格局中具有基础性、全局性、先导性的战略地位,因此本研究认为民族地区学前教育基本公共服务应更加强化政府的主导保障职能和公平保障责任,政府通过大力举办公办幼儿园为广大各民族学前儿童提供符合基本质量标准的学前教育公共服务;同时,为有效扩大民族地区学前教育基本公共服务资源,扩大服务范围、提高效率与质量,政府也应通过财政补贴等方式有效激励社会力量参与民族地区学前教育基本公共服务。在近两年国家实施普惠性民办园扶持政策的大背景下,民族地区这种新的合作供给模式也已初步显现并发挥作用。

（二）纵向体制:提升保障层次　强化中央责任

提供公共产品是政府的主要职能。根据公共产品受益范围,可将之分为地方性公共产品、全国性公共产品和国际性公共产品。依据收益与成本对称的原则,地方性公共产品应由地方政府提供,全国性公共产品应由中央政府提供,国际性公共产品应由各国联合提供。现实中,政府之间完全的分权是无法做到的。公共产品提供的辖区间存在外溢性和规模经济,一些具有外溢性的地方性公共产品,类似于带有外溢性的私人产品,可能会因成本与收益的不对称影响地方政府提供的积极性。此外，当存在规模经济时，由中央政府统一提供公共产品可以节约成本。这些是区分中央政府和地方政府资源配置职能时应该考虑的问题。①

通常地方政府提供的教育服务普遍具有外溢性，无论是地方性教育服务（如基础教育）或全国性教育服务（如高等教育）都具有正的外溢性，使其成本与收益不对称，可能导致教育服务供给不足。为此，也需要通过各层级政府间的教育财政转移支付制度予以矫正，以保障公共教育服务的充足有效供给。② 由于民族地区学前教育基本公共服务普遍具有强正外部性、外溢性、公共性、公益性特征，它不仅使民族地区个体和群体受益，它所产生的教育效益对民族地区的基础教育质量、人口素质的全面提升，民族地区经济社会的快速发展产生直接影响，尤其对全国的和谐稳定大局产生深远影响。但现实来看，我国民族地区长期经济发展缓慢，基层地方政府财力严重不足，教育财政的纵向和横向不均衡，导致学前教育基本公共服务非均等化供给。由于学前教育基本公共服务均等化是实现教育公平的基本条件和途径，各层级政府间学前教育基本公共服务财政转移支付制度是实现均等化目标的主要途径和直接方法，因此，民族地区必须确立“数量充足、质量公平、动态发展、不断提升”的均等化目标，建立各层级政府间合理分担的民族地区学前教育基本公共服务纵向供给体制。

根据世界多民族国家促进学前教育基本公共服务均等化的经验，许多国家日益强化中央政府的保障作用，通过“教育优先计划”“补偿教育”

① 张馨：《财政学》，科学出版社 2006 年版，第 341 页。

② 王善迈等：《公共财政框架下公共教育财政制度研究》，经济科学出版社 2012 年版，第 21 页。

或专项行动计划为处境不利的少数民族学前儿童提供学前教育基本公共服务。① 近年来,我国政府已逐步认识到民族地区学前教育基本公共服务存在的外部性与长效性特征,正在逐步加大中央政府的投入责任和专项转移支付力度。如2008年由中央与新疆省级政府共同启动的"新疆少数民族双语幼儿园建设工程"与"新疆少数民族学前双语发展保障工程"就属于我国推进新疆学前教育基本公共服务而实施的专项行动计划;2010年出台的《新疆学前双语教育发展保障经费管理暂行办法》明确了中央、自治区、地县各级政府分项目、按比例分担的专项转移支付制度。本研究即是要探讨中央与地方各级政府在新疆学前教育基本公共服务均等化供给中的责任分担现状、当前面临的体制问题和障碍,如何破解与完善等问题。

四、民族地区学前教育基本公共服务均等化的评价指标体系构建与测度方法选择

(一)内涵

当前政策和学者们对"基本公共服务均等化"内涵已作了相关界定

① 参见刘小蕊、庞丽娟:《美国联邦学前教育投入的特点及其对我国的启示》,《学前教育研究》2007年第3期;夏靖:《国际弱势儿童学前教育扶助的政府责任及制度研究:特点、经验及启示》,博士学位论文,北京师范大学,2011年;庞丽娟、孙美红、张芬、夏靖:《世界主要国家学前教育普及行动计划及其特点》,《教育发展研究》2012年第10期;庞丽娟、孙美红、夏靖:《世界主要国家和地区政府主导推进学前教育公平的政策及启示》,《学前教育研究》2014年第1期;霍力岩等:《美、英、日、印四国学前教育体制的比较研究》,北京师范大学出版社2013年版,第90页;周兢:《国际学前教育政策比较研究》,华东师范大学出版社2012年版,第167页。

和分析，在此基础上，本研究认为民族地区学前教育基本公共服务均等化是指民族地区各民族学前儿童，不因地区、城乡、性别、民族、阶层、身体等差异，都应享有数量相同、质量标准大致相同的学前教育公共服务，主要体现在入园机会均等化和学前教育基本公共服务资源配置均等化两个方面。

其具体内涵包括：第一，其核心在于民族地区学前教育基本公共服务供给应实行族群间、区域间、城乡间统一的制度安排；第二，意味着各民族学前儿童享有的学前教育基本公共服务机会均等、资源配置标准大体相同，但同时尊重社会成员的自由选择权；第三，民族地区学前教育基本公共服务标准仅限于基本标准、“底线公平”，其差距控制在社会可承受的范围内；第四，意味着要特别关注少数民族群体、城乡家庭经济困难群体的学前教育基本公共服务供给。

（二）评价指标体系构建

监测和评估民族地区学前教育基本公共服务均等化程度，需要首先构建科学客观的评价指标体系。梳理国内外相关领域的评价指标体系，对本研究具有重要的借鉴和参考价值。表 4-1 是本研究对近年来国内外在“教育公平、义务教育均衡发展、学前教育均衡发展”领域比较有影响力的一些相关研究的梳理。

表 4-1　国内外“基本公共教育服务均等化的评价指标体系”相关研究

序号	研究者/来源	一级指标	说明
1	科尔曼①	进入教育系统的机会均等 参与教育的机会均等 教育结果均等 教育对生活前景机会的影响均等	
2	胡森②	每个人不受任何歧视地开始学习生涯的机会 平等地对待不同人种和社会出身的人 制定政策措施以保障入学机会平等,进而促进学业成就机会平等	
3	UNESCO③	教育机会 教育效率和成果 教师资源 教育经费 教育结构 教育公平 教育国际化	每年发布《全球教育统计摘要》
4	World Bank④	教育投入 教育参与 教育效率 教育完成率和成果 教育公平	每年出版“世界发展指标”中的教育统计指标
5	OECD⑤	教育机构的产出及学习的影响 教育中的财政与人力资源投入 教育机会参与与过渡 学习环境与学校的组织	每年出版《教育概览——OECD 指标》

① 参见傅禄建、汤林春等:《义务教育均衡发展程度测评:综合教育基尼系数方法》,华东师范大学出版社 2013 年版,第 76 页。

② 参见傅禄建、汤林春等:《义务教育均衡发展程度测评:综合教育基尼系数方法》,华东师范大学出版社 2013 年版,第 76 页。

③ UNESCO,*Global Education Digest* 2011:*Comparing Education Statistics across the World*, Montreal: UNESCO Institute for Statistics 2011,pp. 304-306.

④ The World Bank,*World Development Indicators* 2009,Washington D. C.转引自王善迈、袁连生:《中国地区教育发展报告》,北京师范大学出版社 2011 年版,第 13 页。

⑤ 经济合作与发展组织:《教育概览 2011:OECD 指标》,教育科学出版社 2011 年,第 1—3 页。

续表

序号	研究者/来源	一级指标	说明
6	杜育红①	教育数量	入学率、升学率等
		教育质量	生均教育经费
7	转型期中国重大教育政策案例研究课题组②	生均经费 师资力量 物质资源 学生辍学率	
8	翟博③	教育机会 教育资源配置 教育质量 教育成就	
9	李海涛④	教育机会 教育过程 教育结果	
10	安晓敏⑤	城乡间 地区间 学校间 群体间	按空间结构分
		教育起点 教育过程 教育结果	按时间进程分
11	傅禄建、汤林春等⑥	教育资源配置 教育过程 办学质量	
12	石绍宾⑦	制度差异	
		可及性差异	入学率等
		办学条件差异	教育经费、物质条件、师资条件

① 杜育红:《教育发展不平衡研究》,北京师范大学出版社 2000 年版,第 1 页。

② 转型期中国重大教育政策案例研究课题组:《缩小差距:中国教育政策的重大命题》,人民教育出版社 2005 年版,第 297—298 页。

③ 翟博:《教育均衡发展:理论、指标及测算方法》,《教育研究》2005 年第 3 期。

④ 李海涛:《我国教育不平等评价指标体系的构建》,《统计与决策》2006 年第 12 期。

⑤ 安晓敏:《义务教育公平指标体系研究——基于县域内义务教育校际差距的实证分析》,教育科学出版社 2012 年版,第 104—111 页。

⑥ 参见傅禄建、汤林春等:《义务教育均衡发展程度测评:综合教育基尼系数方法》,华东师范大学出版社 2013 年版,第 49—66 页。

⑦ 石绍宾:《城乡基础教育均等化供给研究》,经济科学出版社 2008 年版,第 62 页。

续表

序号	研究者/来源	一级指标	说明
13	王善迈、袁连生①	教育机会 教育质量 教育投入 教育公平	受我国目前教育统计数据不足的条件制约，地区教育发展指数由教育机会、教育投入（替代教育质量）和教育公平 3 个维度构成
14	教育部②	义务教育资源均衡配置	生均教学及辅助用房面积 生均体育运动场馆面积 生均教学仪器设备值 每百名学生拥有计算机台数 生均图书册数 师生比 生均高于规定学历教师数 生均中级及以上专业技术职务教师数
15	庞丽娟、熊灿灿③	学前教育背景、需求、投入、过程、成果各环节； 学前教育内部的机构、幼儿、教师、园所设施和管理等各方面	指标选择的原则： 1. 规模与质量并重，重点关注幼儿园教师队伍质量指标和办园质量指标 2. 注重反映学前教育效益的指标，重点突出教育产出、学生学业成就和教育经费使用效率等指标 3. 注重反映学前教育公平的指标。增加与处境不利儿童等相联系的指标，以推进学前教育公平发展
16	韩小雨④	学前教育机会 学前教育质量	城乡均衡

① 王善迈、袁连生：《中国地区教育发展报告》，北京师范大学出版社 2011 年版，第 18—26 页。

② 教育部：《关于印发〈县域义务教育均衡发展督导评估暂行办法〉的通知》（教督［2012］3 号）。

③ 庞丽娟、熊灿灿：《我国学前教育指标体系的现状、问题及其完善》，《学前教育研究》2013 年第 2 期。

④ 韩小雨：《制约我国学前教育城乡均衡发展的政策分析及对策研究》，博士学位论文，北京师范大学，2007 年。

续表

序号	研究者/来源	一级指标	说明
17	刘占兰、高丙成①	学前教育机会 学前教育投入 学前教育质量 学前教育公平	

综合上述国内外学者对"教育公平、义务教育均衡、基本公共教育服务均等化、学前教育公平"的内涵及其评价指标体系研究,可以发现它们虽然在名称上各有不同,但其核心都是强调通过政策制度安排保障教育权利与机会,公平、合理地配置教育资源,在城乡间、地区间、人群间实现教育起点、过程与结果的相对均衡。有学者指出,对现阶段我国民族地区来讲,基本公共教育服务均等化的前提是机会均等,"关键在于教育资源的合理配置"。②

有研究表明(All R.Odden and Lawrence O.Picus,2004),教育质量与教育经费和教师质量有密切的关系。因此在无法直接获得教育质量数据的情况下,用教育经费和教师质量来代替教育质量是一种可以考虑的选择。③ 因此,本研究首先选取学前教育的入园机会、学前教育的资源配置两项作为反映和评价民族地区学前教育基本公共服务均等化水平的一级指标。这主要鉴于民族地区学前教育基本公共服务均等化建设尚处于起始阶段,并且由于学前教育对于个体发展和社会发展效益的滞后性和延迟性,考虑到本研究的时限无法做到长时纵向追踪研究,且借鉴国内外相

① 刘占兰、高丙成:《中国学前教育综合发展水平研究》,《教育研究》2013 年第 4 期。

② 姜峰、万明钢:《发达国家促进民族教育均衡发展政策研究》,民族出版社 2011 年版,第 1 页。

③ 王善迈、袁连生:《中国地区教育发展报告》,北京师范大学出版社 2011 年版,第 24 页。

关研究经验，学前教育的入园机会均等、学前教育的资源配置均等能够较全面地反映学前教育权利与机会公平、学前教育质量与结果的公平。

其次，由于经费投入、办园条件及师资队伍是影响学前教育基本公共服务过程、质量及其结果均等化十分关键的资源因素，因此采用这三项指标作为评价民族地区学前教育基本公共服务资源配置均等化的二级指标。

再次，借鉴杜育红（2000）、翟博（2006、2012）、栗玉香（2010）、安小敏（2012）等学者关于基础教育、义务教育均等化差异的评价指标体系建构中坚持评价指标体系客观反映现实、简洁和数据可得的原则与思路，选择其中比较重要的指标，同时又能够综合反映新疆民族地区学前教育基本公共服务的特殊性，在三级指标中分别加入了少数民族幼儿学前一年入园率、少数民族生师比两个三级指标，以期构建充分体现我国民族地区学前教育入园机会均等化、资源配置均等化的评价指标体系。

第四，考虑相关指标测评数据的可获得性，研究中的指标测评数据主要依据《新疆维吾尔自治区统计年鉴》《新疆维吾尔自治区教育统计资料/年鉴》《新疆维吾尔自治区教育经费统计》中的相关统计数据计算得出。

第五，依据上述思路、原则，在初步构建“我国民族地区学前教育基本公共服务均等化水平”评价指标体系初步框架的基础上，运用德尔菲法，对学前教育、民族地区学前教育领域相关专家进行咨询（见附录1），邀请专家对该评价指标体系各项指标重要性进行赋分，最终在专家反馈意见基础上进行了补充、修改和完善（见表4-2）。

表 4-2　“我国民族地区学前教育基本公共服务均等化水平”评价指标体系框架

一级指标(A)	二级指标(B)	三级指标(C)
学前教育入园机会均等(A1)	入园机会(B1)	学前一年毛入园率(C1)
		少数民族幼儿学一年毛入园率(C2)
学前教育资源配置均等(A2)	教育经费(B2)	学前教育经费占教育总经费的比例(C3)
		财政预算内学前教育经费占学前教育经费的比例(C4)
		幼儿生均公用经费(C5)
		幼儿生均预算内公用经费(C6)
		师均经费(C7)
	办园条件(B3)	公办园比例(C8)
		班均规模(C9)
		生均建筑面积(C10)
		生均活动室面积(C11)
		生均图书量(C12)
	师资队伍(B4)	幼儿园生师比(C13)
		幼儿园少数民族生师比(C14)
		专任幼儿教师比例(C15)
		专科及以上幼儿教师比例(C16)
		中级及以上职称幼儿教师比例(C17)

（三）测度方法选择

由于我国义务教育较早纳入基本公共教育服务体系，因此关于义务教育均衡发展程度的研究探索较早，并积累了丰富的测度方法研究经验。目前国内外测度教育公平、义务教育均衡发展程度比较普遍使用的测度方法主要是统计学上的标准差、极差等绝对差异值，以及差异系数（变异系数）、极差率、倍率、教育基尼系数、教育泰尔指数等相对差异值。各类不同的测度方法都有其各自的适应性和内涵，通常根据研究的不同需要选择不同的测度方法。根据目前国内学者对基本公共教育服务均等化的测度方法选择来看,通常采用标准差、差异系数、极差、差值、极差率、倍率等方法(如表 4-3 所示)。①

表 4-3 “基本公共教育服务均等化”常用的测度方法

基准法 / 统计学方法	以变量均值为基准	以某一变量水平为基准
绝对差异	标准差	极差、差值
相对差异	差异系数(或变异系数)	极差率、倍率

上述几种方法各有其特点,具体体现如下:

1. 极差和极差率

极差又称全距,是一组数据的最大值和最小值之差,反映一组数据的最大差距,用 *R*(*range*)表示,其表达公式为:

极差 $= X_{max} - X_{min}$

极差率反映变量最大值与最小值之比,用 *Rr*(*Range ratio*)表示,其表达公式为:

极差率 $= X_{max}/X_{min}$

2. 倍率和差值

在分析教育变量的时序差异时常用的测度指标。为便于比较,一般分母小于分子。

倍率表达式为:

① 参见张珏、张振助:《中国义务教育公平推进实证研究》,教育科学出版社 2011 年版,第 18—21 页。

倍率 = X_1/X_2

差值的表达式为：

差值 = $X_1 - X_2$

倍率或差值越大，说明差异越大。

3. 标准差

根据统计学理论，选取变量均值为比较基准，可计算各变量与均值离差的平方的平均数，该平均数的平方根即为标准差（standard deviation）S。计算公式为：

$$S = \sqrt{\sum (X_i - \bar{X})^2 / n}$$

标准差的大小，不但取决于变量之间的离散程度，而且还与变量均值有很大关系。如果两个变量的平均水平存在较大差异，标准差则难以反映其变动程度。标准差都有计算单位，是有量纲的数值，只能比较计量单位相同的变量差异程度。虽然如此，标准差还是实际应用中最为广泛的差异程度测度值，它反映了每个变量与变量均值之间的平均相差数值，比较全面地描述了变量之间的绝对差异，标准差越大，说明变量之间的差异越大。

4. 差异系数

一组变量的标准差与其均值之比，即为差异系数，差异系数又称为变异系数、标准差系数、离散系数。计算公式为：

$$V = \sqrt{\sum (X_i - \bar{X})^2 / n} / \bar{X}$$

差异系数的特点在于：（1）它不受平均水平高低的影响，可以用来比较平均水平不同的几组变量值的变异情况。（2）它没有量纲，因此可用于比较不同量纲的指标。(3)标准差反映数据之间的绝对变异大小,而差异系数则反映以均值为基础的相对变异大小。差异系数越小,均等化程度越高;反之,差异系数越大,说明均等化程度越低。

借鉴我国2012年1月教育部关于印发《县域义务教育均衡发展督导评估暂行办法》的通知(教督[2012]3号)中所采用的"差异系数"测度方法,本研究空间比较上对新疆区域内各地州之间均等化水平进行整体性比较时,主要采用差异系数的测度方法,时序比较上采用极差、极差率、差值、倍率等方法。

第五章　新疆学前教育基本公共服务的差异分析

为全貌地了解新疆学前教育基本公共服务的整体发展水平，本研究首先依据第四部分建构的“民族地区学前教育基本公共服务均等化的评价指标体系”，基于新疆2003—2012年学前教育面板数据，分别对新疆学前教育基本公共服务的总体发展趋势和地区间差异水平进行评价分析。

一、新疆学前教育基本公共服务的总体趋势

（一）入园机会总趋势

学前教育普及率或入园率是入园机会的重要体现。学前教育普及率是反映一个国家或地区学前教育机会均等的重要指标，直接体现了学前教育公共服务的均等机会和供给水平。近年来，中央与新疆维吾尔自治区政府不断加大对新疆学前教育基本公共服务的供给力度，新疆学前教育普及率快速提升，2009年以后逐步高于全国平均水平，特别是新疆少数民族学前教育普及率大幅度提高（见图5-1）。

从图5-1可以明显看出，首先，全国学前三年毛入园率从2006年

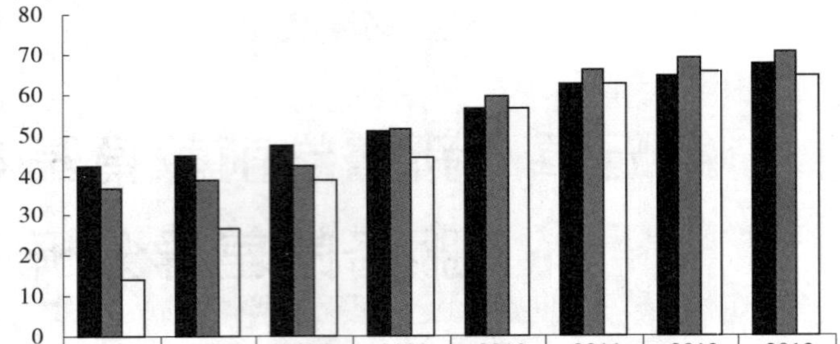

	2006	2007	2008	2009	2010	2011	2012	2013
■ 全国学前三年毛入园率	42.50	44.60	47.30	50.90	56.60	62.30	64.50	67.50
■ 新疆学前三年毛入园率	36.90	38.69	42.31	51.44	59.59	65.96	69.16	70.28
□ 新疆少数民族学前三年毛入园率	14.20	26.68	38.69	44.44	56.50	62.36	65.51	64.61

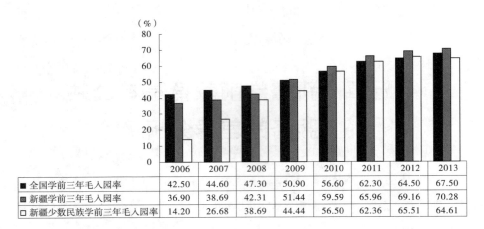

图 5-1　2006—2013 年全国、新疆以及新疆少数民族学前教育三年毛入园率

注：由于未获得 2006 年以前新疆学前三年、少数民族学前三年毛入园率官方统计数据，因此仅对比了 2006—2013 年入园率情况。

数据来源：1.“全国学前三年毛入园率”2006—2010 年数据引自刘占兰等：《中国学前教育发展报告 2012》，教育科学出版社 2013 年版，第 18 页；“全国学前三年毛入园率”2011—2013 年数据引自《全国教育事业发展统计公报》（2011—2013 年）；2.“新疆学前三年毛入园率”2006—2011 年数据引自《新疆维吾自治区教育事业发展简明统计分析（2011—2012 学年初）》，2012—2013 数据引自 2012、2013 年《新疆维吾尔自治区教育事业发展统计公报》（2012—2013 学年初），均为新疆维吾尔自治区教育厅内部资料；3.“新疆少数民族学前三年毛入园率”数据由新疆维吾尔自治区教育厅双语办提供。

42.5%提高到了 2013 年 67.5%，增加了 25 个百分点；其次，新疆学前三年毛入园率从 2006 年 36.9%快速提高到 2013 年的 70.28%，增加了 33 个百分点；第三，新疆少数民族学前三年毛入园率从 2006 年 14.2%大幅提高到 2013 年 64.61%，增加了 50 个百分点。从数据来看，新疆学前三年毛入园率、新疆少数民族学前三年毛入园率得到了快速提升，新疆学前三年毛入园率增长幅度高于全国平均水平，而新疆少数民族学前三年毛入园率增长幅度远远高于新疆和全国水平。由此可见，总体上近年新疆少数民族学前教育基本公共服务的机会均等水平正在快速提高。

（二）经费投入总趋势

学前教育经费投入是学前教育基本公共服务均等化配置的前置性保障条件,也反映了一国和地区对学前教育基本公共服务的重视程度。本研究从新疆学前教育经费投入总体趋势(包括学前教育经费投入绝对总量与相对比例)、经费来源、生均经费三个方面分析新疆学前教育经费投入总体趋势。

1. 经费投入总体趋势

(1)经费投入绝对值

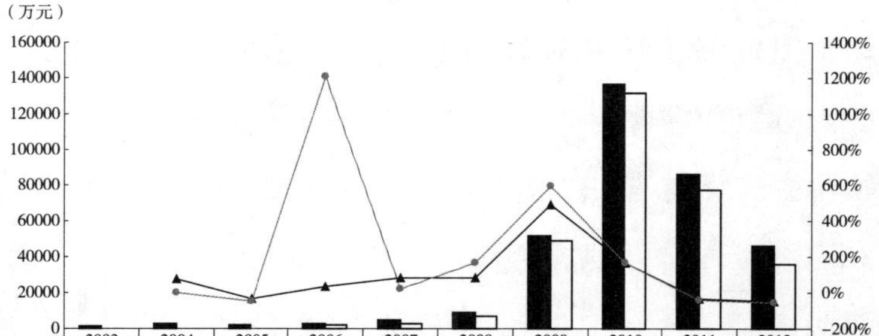

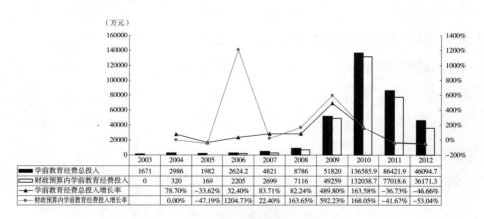

	2003	2004	2005	2006	2007	2008	2009	2010	2011	2012
学前教育经费总投入	1671	2986	1982	2624.2	4821	8786	51820	136585.9	86421.9	46094.7
财政预算内学前教育经费投入	0	320	169	2205	2699	7116	49259	132038.7	77018.6	36171.3
学前教育经费总投入增长率		78.70%	-33.62%	32.40%	83.71%	82.24%	489.80%	163.58%	-36.73%	-46.66%
财政预算内学前教育经费投入增长率		0.00%	-47.19%	1204.73%	22.40%	163.65%	592.23%	168.05%	-41.67%	-53.04%

图 5-2　2003—2012 年新疆学前教育经费投入的绝对值

数据来源:新疆维吾尔自治区教育厅编:《新疆维吾尔自治区教育统计资料/年鉴》,2003—2012 年。

从图 5-2 来看新疆学前教育经费投入情况,首先 2003—2012 年新疆学前教育经费总投入呈现缓慢爬升又逐渐回落的总体趋势。2009 年以前新疆学前教育总投入相对较少,2003 年仅 1671 万元;2009—2010 年出现了一个增长的小高峰,增长率达到了 489.8%,2010 年投入总量达到了近十年的最高值 136585.9 万元,与 2003 年相比增长了 82 倍;但 2010 年之后新疆学前教育总投入又呈现逐渐回落的趋势。

其次,新疆财政预算内学前教育经费投入与新疆学前教育经费总投入趋势基本一致,2006 年以前新疆学前教育财政预算内经费投入微乎其微,到 2005—2006 年间出现了突破性提高,增长率达到了 1204.73%。新疆从 2003 年学前教育财政预算内零投入发展到 2006 年的 2205 万元,这是新疆学前教育财政性经费投入史上的一次质的飞跃。2006 年后新疆学前教育财政预算内经费投入逐年加大,增幅较大的两年出现在 2009 年和 2010 年,增长率分别达到了 592.23%和 168.05%。2009 年和 2010 年新疆学前教育财政预算内经费投入数分别高于 2006 年 22 倍和 60 倍;但 2010 年以后新疆学前教育财政预算内经费投入又出现了大幅度下降的趋势。

(2)经费投入相对值

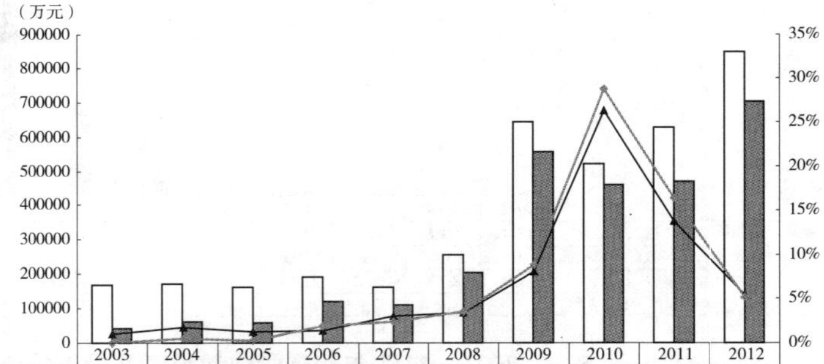

	2003	2004	2005	2006	2007	2008	2009	2010	2011	2012
教育经费总投入	168989.8	171011.3	161404.1	192433.5	161387	255952	643730	519822.5	628548.7	846920.5
财政预算内教育经费投入	40938	61441.2	57393.7	120291.3	110363	204238	556532	459850.4	468946.1	703419.1
学前教育总投入占教育经费总投入比例	0.99%	1.75%	1.23%	1.36%	2.99%	3.43%	8.05%	26.28%	13.75%	5.44%
学前教育财政预算内投入占预算内教育投入比例	0.00%	0.52%	0.29%	1.83%	2.45%	3.48%	8.85%	28.71%	16.42%	5.14%

图 5-3 2003—2012 年新疆学前教育经费投入的相对值

数据来源:新疆维吾尔自治区教育厅编:《新疆维吾尔自治区教育统计资料/年鉴》,2003—2012 年。

从图 5-3 可以看出,新疆学前教育经费投入的相对比例总体呈逐步攀升又急剧回落的趋势。首先,从新疆学前教育总投入占新疆教育总投入的比例来看，这一比例从 2003 年 0.99%逐步上升至 2010 年 26.28%，增长了 25 个百分点，但 2010 年以后这一比例又呈现快速下降态势。其次，从新疆财政预算内学前教育经费占新疆财政预算内教育经费的比例来看，趋势仍然是先稳步上升、后急剧回落，这一比例从 2003 的零起点逐步攀升至 2010 年的 28.71%，但 2010 年后这一比例又大幅下降至 2012 年的 5.14%。总体上看，新疆学前教育经费投入的稳定性仍然不足，存在短期内忽高忽低的投入现象。

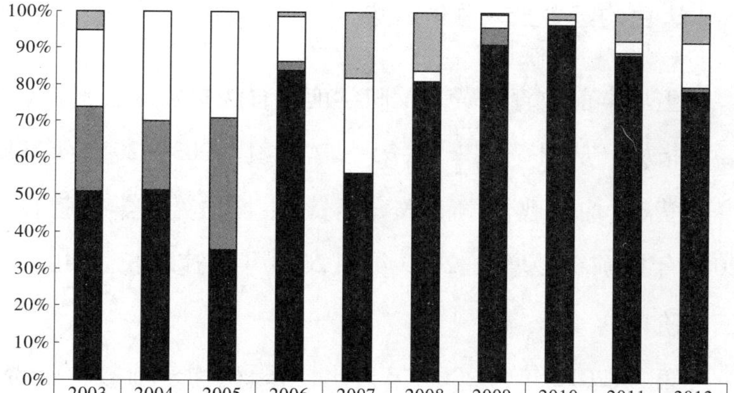

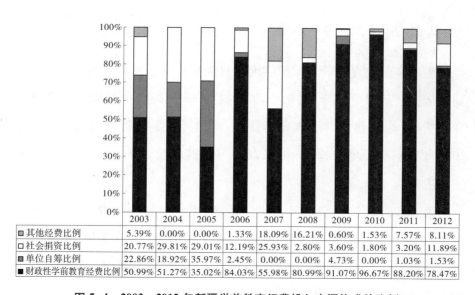

	2003	2004	2005	2006	2007	2008	2009	2010	2011	2012
■其他经费比例	5.39%	0.00%	0.00%	1.33%	18.09%	16.21%	0.60%	1.53%	7.57%	8.11%
□社会捐资比例	20.77%	29.81%	29.01%	12.19%	25.93%	2.80%	3.60%	1.80%	3.20%	11.89%
■单位自筹比例	22.86%	18.92%	35.97%	2.45%	0.00%	0.00%	4.73%	0.00%	1.03%	1.53%
■财政性学前教育经费比例	50.99%	51.27%	35.02%	84.03%	55.98%	80.99%	91.07%	96.67%	88.20%	78.47%

图 5-4　2003—2012 年新疆学前教育经费投入来源构成的比例

数据来源：新疆维吾尔自治区教育厅编：《新疆维吾尔自治区教育统计资料/年鉴》，2003—2012 年。

2. 经费来源构成总体趋势

从图 5-4 可以看出，第一，总体上新疆学前教育经费投入来源多样化，包括公共财政性教育经费、社会捐资、单位自筹以及其他投入，其中财政性教育经费投入始终是其主要来源，除 2005 年财政性教育经费低于 50%，其他各年度均高于 50%。第二，新疆学前教育财政性经费投入趋势略有波动，有两个增长的小高峰，第一个小高峰出现在2006年，增长比例达到了84.03%；2007年略有下降之后基本呈现逐年递增的趋势，特别是在2010年增长比例达到第二个小高峰96.67%。之后，比例缓慢回落至2012年的78%。第三，社会捐资、单位自筹以及其他投入三项的比例变化此消彼长，2006年以前非财政性学前教育经费投入中单位自筹和社会捐资比例相当，2006年之后社会捐资总体高于其他投入的比例（2008年和2011年略低除外）。

3. 生均经费投入总体趋势

生均学前教育经费是反映学前教育经费资源公平配置的一项十分重要的指标。从图5-5来看，第一，总体上2003—2012年新疆生均学前教育经费、生均财政性学前教育经费、生均预算内学前教育经费均经历了2008年以前缓慢增长、2009年和2010年迅速增长、2010年以后急剧下降三个阶段。

第二，2012年与2003年相比，新疆生均学前教育经费、生均财政性学前教育经费、生均预算内学前教育经费分别增长了6.5倍、10倍、520倍。由此可以看出，新疆生均财政性学前教育经费，特别是生均预算内财政性学前教育经费呈现快速加大投入力度的趋势。

第三，从增长率来看，2003—2012年新疆生均学前教育经费、生均财政性学前教育经费、生均预算内学前教育经费增长率总体趋势一致，2006年和2009年出现了两次快速提升时期，其中新疆生均预算内学前教育经费提升最快的时期是2006年，增长率达到了1071.21%。2010年新疆生均学前教育经费、生均财政性学前教育经费、生均预算内学前教育经费均达到了历史最高纪录，分别为3291.03元、3181.47元、3181.47元，与2008年相比，2010年新疆生均学前教育经费、生均财政性学前教育经费、生均预算内学前教育经费的增长率分别达到了 931.86%、1131.60%、1131.60%。

综上，总体而言，2003—2012 年新疆生均学前教育经费、生均财政性学前教育经费、生均预算内学前教育经费在稳定提升中又逐渐回落，这在一定程度上也反映了新疆生均学前教育经费投入的稳定性仍显不足。

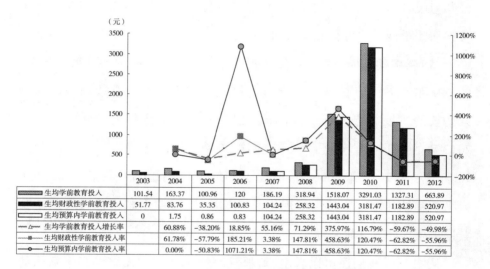

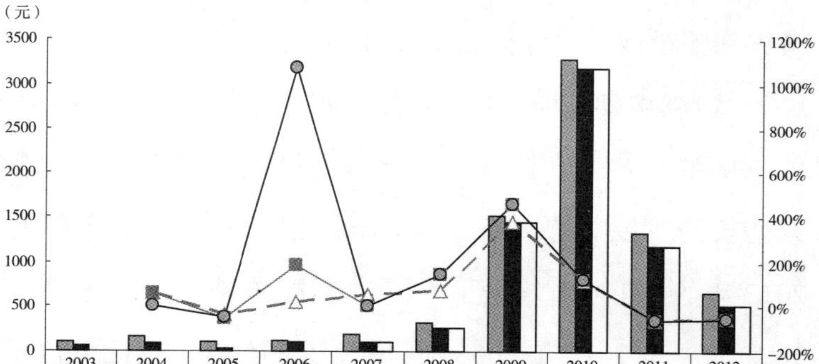

	2003	2004	2005	2006	2007	2008	2009	2010	2011	2012
生均学前教育投入	101.54	163.37	100.96	120	186.19	318.94	1518.07	3291.03	1327.31	663.89
生均财政性学前教育投入	51.77	83.76	35.35	100.83	104.24	258.32	1443.04	3181.47	1182.89	520.97
生均预算内学前教育投入	0	1.75	0.86	0.83	104.24	258.32	1443.04	3181.47	1182.89	520.97
生均学前教育投入增长率		60.88%	-38.20%	18.85%	55.16%	71.29%	375.97%	116.79%	-59.67%	-49.98%
生均财政性学前教育投入率		61.78%	-57.79%	185.21%	3.38%	147.81%	458.63%	120.47%	-62.82%	-55.96%
生均预算内学前教育投入率		0.00%	-50.83%	1071.21%	3.38%	147.81%	458.63%	120.47%	-62.82%	-55.96%

图 5-5　2003—2012 年新疆生均学前教育经费投入

数据来源：新疆维吾尔自治区教育厅编：《新疆维吾尔自治区教育统计资料/年鉴》，2003—2012 年。

（三）办园条件总趋势

办园条件是保障学前教育质量均等化的重要前提。本研究认为办园条件主要体现在办园格局和硬件资源配置两个方面。

1. 办园格局总趋势

学前教育办园格局直接反映了国家的学前教育公共服务供给方式，

也在一定程度上反映着学前教育公共服务体系的特点和水平。① 办园格局一方面体现为园所发展的规模，园所数和班级数决定了所能提供的学前教育公共服务资源数量与规模；另一方面，办园格局也体现在公办园与民办园的比例上，即学前教育基本公共服务资源的覆盖面。本研究主要从近年来新疆幼儿园园所总数与双语幼儿园总数、班级总数与班均规模，公办与民办园数量及其比例，以及公办与民办园在园幼儿数的发展变化考察新疆学前教育办园格局发展趋势。

（1）新疆幼儿园总数、双语幼儿园总数

从图 5-6 可以看出，新疆幼儿园总数、双语幼儿园总数均呈现出持续增长的发展趋势。首先，新疆幼儿园总数从 2003 年的 909 所发展至 2012 年的 3710 所，增长了 4 倍。其次，新疆双语幼儿园总数从 2003 年的 18 所发展至 2012 年 2066 所，增长了 115 倍。由此可以看出，自 2003 年以来新疆幼儿园园所数量呈现不断增长趋势，说明新疆学前教育基本公共服务资源正在不断扩大。

从图 5-6 我们还可以看出，新疆双语幼儿园数增长率要高于新疆幼儿园总数的增长率，这足以说明近十年来新疆学前教育基本公共服务资源的迅速扩大，特别在 2005—2006 年之间增长率最高，达到了 664%，这与新疆 2005 年正式实施学前双语教育政策紧密相关，说明此项政策对新疆扩大学前教育基本公共服务资源产生了明显的效应。

（2）新疆幼儿园班级总数与班均规模

从图 5-7 可以看出，随着新疆幼儿园总数的不断增长，新疆幼儿园班级数量也呈现不断扩大的趋势，其中有两个增长高峰，一是 2005 年增长率达 14%，二是 2009 年增长率达 26%，2009 年以后增长速度逐步减慢。

① 刘占兰等：《中国学前教育发展报告 2012》，教育科学出版社 2013 年版，第 24 页。

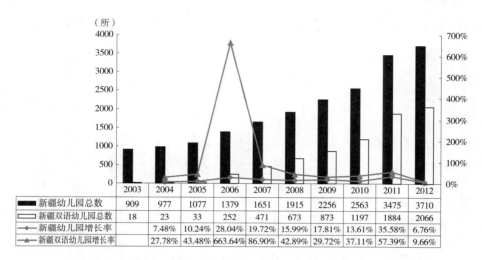

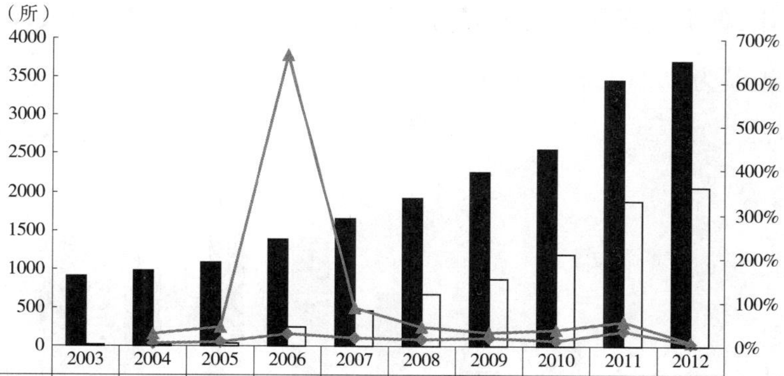

	2003	2004	2005	2006	2007	2008	2009	2010	2011	2012
新疆幼儿园总数	909	977	1077	1379	1651	1915	2256	2563	3475	3710
新疆双语幼儿园总数	18	23	33	252	471	673	873	1197	1884	2066
新疆幼儿园增长率		7.48%	10.24%	28.04%	19.72%	15.99%	17.81%	13.61%	35.58%	6.76%
新疆双语幼儿园增长率		27.78%	43.48%	663.64%	86.90%	42.89%	29.72%	37.11%	57.39%	9.66%

图 5-6　2003—2012 年新疆幼儿园、新疆双语幼儿园数量及其增长率

数据来源：新疆维吾尔自治区教育厅编：《新疆维吾尔自治区教育统计资料/年鉴》，2003—2012 年。

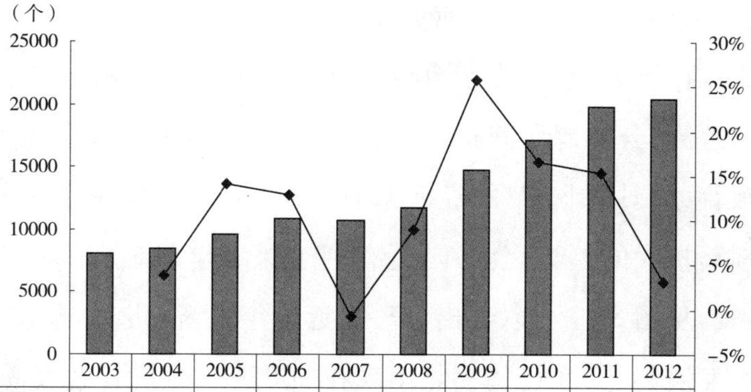

	2003	2004	2005	2006	2007	2008	2009	2010	2011	2012
新疆幼儿园班级总数	8120	8433	9621	10858	10775	11744	14764	17218	19846	20452
新疆幼儿园班级总数增长率		3.85%	14.09%	12.86%	-0.76%	8.99%	25.72%	16.62%	15.26%	3.05%

图 5-7　2003—2012 年新疆幼儿园班级数量及其增长率

数据来源：新疆维吾尔自治区教育厅编：《新疆维吾尔自治区教育统计资料/年鉴》，2003—2012 年。

从图 5-8 可以看出，新疆幼儿园班均规模基本在 30—34 人上下变化，近年来有略微增长的趋势，这直接反映了近年来新疆学前教育普及率快速提升与学前教育基本公共服务学位资源有限的典型矛盾。与全国相比，近十年新疆幼儿园班均规模始终高于全国 3 人左右，2012 全国班均规模为 29.10，新疆为 33.95。①

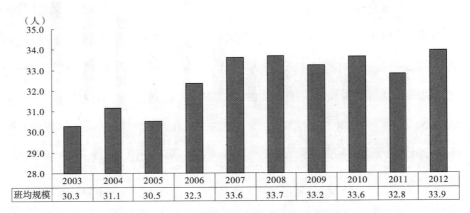

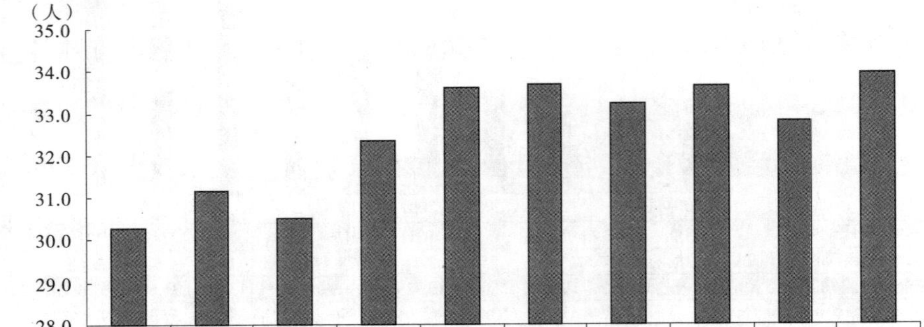

	2003	2004	2005	2006	2007	2008	2009	2010	2011	2012
班均规模	30.3	31.1	30.5	32.3	33.6	33.7	33.2	33.6	32.8	33.9

图 5-8　2003—2012 年新疆学前教育班均规模

数据来源：新疆维吾尔自治区教育厅编：《新疆维吾尔自治区教育统计资料/年鉴》，2003—2012 年。

（3）公办园与民办园数量及其比例

在我国，通常公办园与民办园所能够获得的公共服务资源存在较大差异，公办园所获得的公共服务资源相对更多。从世界各国的学前教育办园体制改革的经验来看，增加公办园反映了学前教育公共资源不断扩大的趋势，公办园更有利于保障学前教育的机会公平和质量公平。从图 5-9 可以看出，第一，近十年来新疆公办园数量呈现先减后增的发展趋势，变化的拐点出现在 2005 年，这同样也反映了 2005 年新疆学前双语教育政策实施后产生的效应。第二，2005 年以后，新疆公办园稳步、快速提升，发展最迅速的时期是 2010—2011 年，增长率达到 57%（见图 5-9）。

从图 5-9、图 5-10 可以看出，第一，从数量规模上看，2003—2010 年

① 根据《中国教育统计年鉴》计算得出。

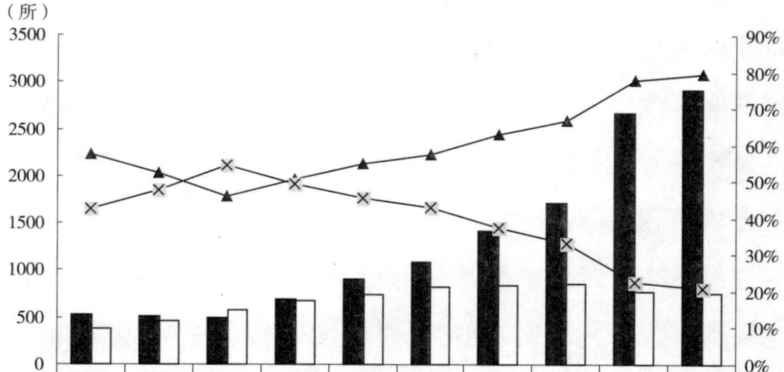

	2003	2004	2005	2006	2007	2008	2009	2010	2011	2012
新疆公办园总数	522	512	493	697	902	1096	1416	1711	2678	2919
新疆民办园总数	387	465	584	682	749	819	840	852	773	763
新疆公办园比例	57.43%	52.41%	45.78%	50.54%	54.63%	57.23%	62.77%	66.76%	77.60%	79.28%
新疆民办园比例	42.57%	47.59%	54.22%	49.46%	45.37%	42.77%	37.23%	33.24%	22.40%	20.72%

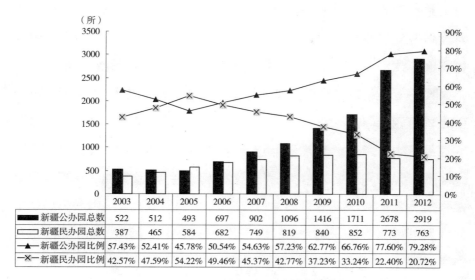

图 5-9　2003—2012 年新疆公办与民办幼儿园数及其比例

注：本研究中公办园主要统计了教育部门办、政府机关办、事业单位办、部队办和其他部门办园数。
数据来源：新疆维吾尔自治区教育厅编：《新疆维吾尔自治区教育统计资料/年鉴》，2003—2012 年。

新疆民办园同样也呈现出稳定增长的趋势，2010 年以后出现略微下降的态势。第二，从增长率来看，2003—2005 年之间新疆公办与民办园的增长率恰好相反，民办园增速加快，而公办园出现负增长。但 2005 年之后，新疆公办与民办园出现同步增长的趋势，增长最快的时期在 2005—2006 年，2006—2008 年增速逐步减缓，2009 年略有增加，2010—2011 年又大幅增加。第三，总体上看，2005—2010 年之间民办园增长率高于公办园；相反，2010—2011 年公办园增速快于民办园，2011—2012 年公办与民办园增速都急剧下降，民办园出现负增长趋势。

（4）公办与民办园在园幼儿数及其增长率

从图 5-11 可以看出，第一，2003—2012 年新疆公办园在园幼儿数持续稳步攀升，并且公办园在园幼儿数始终高于民办园。第二，2006 年和 2009 年新疆公办园在园幼儿人数增长率出现了两个高峰值，意味着这两

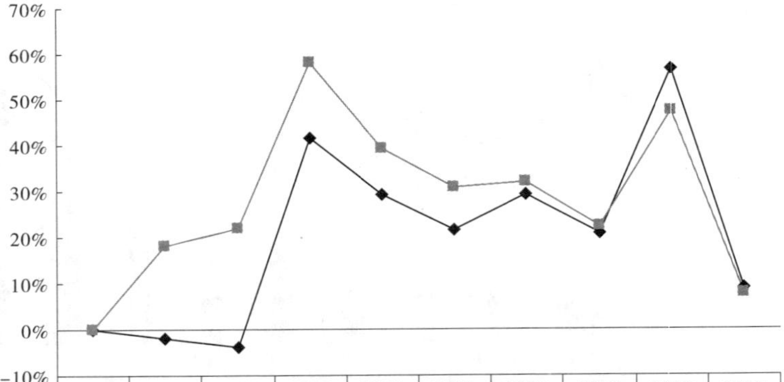

	2003	2004	2005	2006	2007	2008	2009	2010	2011	2012
新疆民办园增长率		20.16%	25.59%	16.78%	9.82%	9.35%	2.56%	1.43%	-9.27%	-1.29%
新疆公办园增长率		-1.92%	-3.71%	41.38%	29.41%	21.51%	29.20%	20.83%	56.52%	9.00%

图 5-10　2003—2012 年新疆公办与民办园增长率

数据来源：新疆维吾尔自治区教育厅编：《新疆维吾尔自治区教育统计资料/年鉴》，2003—2012 年。

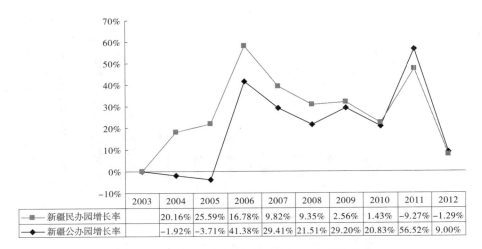

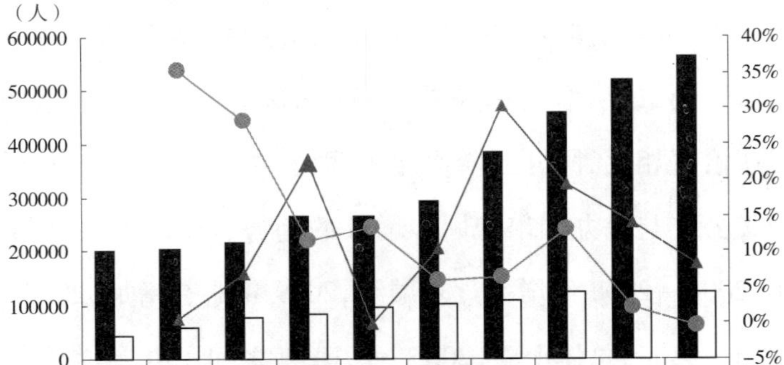

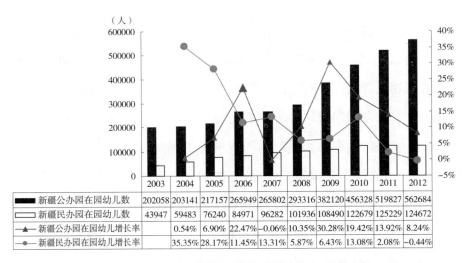

	2003	2004	2005	2006	2007	2008	2009	2010	2011	2012
新疆公办园在园幼儿数	202058	203141	217157	265949	265802	293316	382120	456328	519827	562684
新疆民办园在园幼儿数	43947	59483	76240	84971	96282	101936	108490	122679	125229	124672
新疆公办园在园幼儿增长率		0.54%	6.90%	22.47%	-0.06%	10.35%	30.28%	19.42%	13.92%	8.24%
新疆民办园在园幼儿增长率		35.35%	28.17%	11.45%	13.31%	5.87%	6.43%	13.08%	2.08%	-0.44%

图 5-11　2003—2012 年新疆公办与民办园在园幼儿数及其增长率

数据来源：新疆维吾尔自治区教育厅编：《新疆维吾尔自治区教育统计资料/年鉴》，2003—2012 年。

年新疆公办幼儿园幼儿人数增长速度最快，这在一定程度上反映了新疆2005 年学前双语教育政策和 2009 年中央对新疆学前双语教育加大扶持和政策倾斜所产生的效应。第三，新疆民办园在园幼儿人数也呈现增长的趋势，但增速比较缓慢，2011 年后出现负增长。

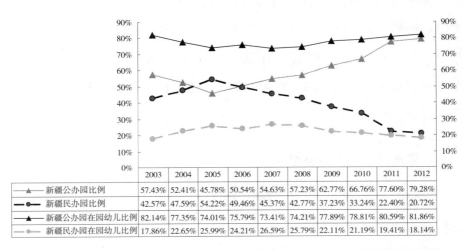

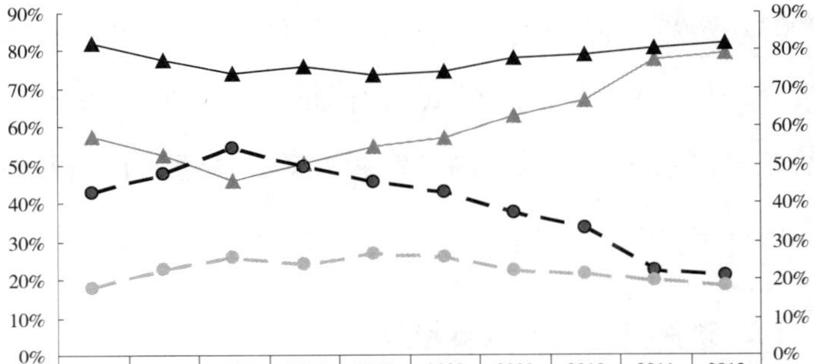

	2003	2004	2005	2006	2007	2008	2009	2010	2011	2012
新疆公办园比例	57.43%	52.41%	45.78%	50.54%	54.63%	57.23%	62.77%	66.76%	77.60%	79.28%
新疆民办园比例	42.57%	47.59%	54.22%	49.46%	45.37%	42.77%	37.23%	33.24%	22.40%	20.72%
新疆公办园在园幼儿比例	82.14%	77.35%	74.01%	75.79%	73.41%	74.21%	77.89%	78.81%	80.59%	81.86%
新疆民办园在园幼儿比例	17.86%	22.65%	25.99%	24.21%	26.59%	25.79%	22.11%	21.19%	19.41%	18.14%

图 5-12　2003—2012 年新疆公办与民办园比例、公办与民办园在园幼儿数比例

数据来源：新疆维吾尔自治区教育厅编：《新疆维吾尔自治区教育统计资料/年鉴》，2003—2012 年。

从图 5-9、图 5-10、图 5-11、图 5-12 综合来看，第一，尽管新疆公办与民办园数、公办与民办园幼儿数绝对值平稳上升，从其比例来看，总体上新疆公办园比例始终高于民办园，且 2003—2009 年公办与民办园比例构成均在五成与四成左右浮动，2009 年后公办园比例快速提升，2012 年达至近八成，民办园逐步减少至两成。

第二，无论公办园与民办园格局如何发展，2003—2012 年公办园在园幼儿数始终高于民办园在园幼儿数，公办园在园幼儿比例始终在八成左右浮动，民办园在园幼儿比例始终在两成左右浮动。

第三，从图 5-12 可以看出，2003—2012 年新疆公办园比例与公办园在园幼儿比例发展趋势基本一致。2003—2005 年随着公办园比例下降，公办园在园幼儿数也呈现下降趋势；2005—2012 年随着公办园比例的持续快速增长，公办园在园幼儿数也呈现快速攀升趋势，公办园幼儿人数增长速度快于公办园园所增长速度。

第四，新疆民办园比例与民办园在园幼儿比例发展趋势略有不同，2003—2005 年随着民办园比例平稳上升，民办园在园幼儿数也呈现持续攀升趋势；2005 年以后至 2012 年随着民办园比例持续下降，民办园在园幼儿比例总体平稳增长中有略微波动。这说明在民办园在比例下降的发展进程中，仍然承担了大量幼儿的学前教育公共服务责任。

2. 硬件资源配置总体趋势

本研究主要从生均建筑面积、生均活动室面积、生均图书量三个方面分析学前教育硬件资源。

（1）生均建筑面积、生均活动室面积总趋势

从图 5-13 可以看出，2003—2012 年新疆幼儿园的生均建筑面积、生均活动室面积变化趋势基本一致：2011 年以前新疆幼儿园的生均建筑面积、生均活动室面积分别在 4. 5m^2 和 1. 5m^2 上下略微变动。2011 年、2012 年两年增幅较大，2012 年生均建筑面积、生均活动室面积分别达到了 5. 91m^2、2. 06m^2，比 2010 年分别增长了 1. 54m^2 和 0. 6m^2。与全国相比，2011—2012 年新疆幼儿园生均建筑面积、生均活动室面积明显高于全国平均水平，2012 年全国幼儿园生均建筑面积、生均活动室面积分别为 4. 66m^2、1. 90m^2。①

（2）生均图书量总趋势

从图 5-14 可以看出，新疆幼儿园生均图书量总体上呈现逐渐增长的趋势，2012 年增长最多，达到生均 2. 7 册。这反映了随着新疆学前教育普及规模不断扩大、幼儿入园人数不断增加，图书资源也在不断丰富和

① 根据《中国教育统计年鉴》计算得出。

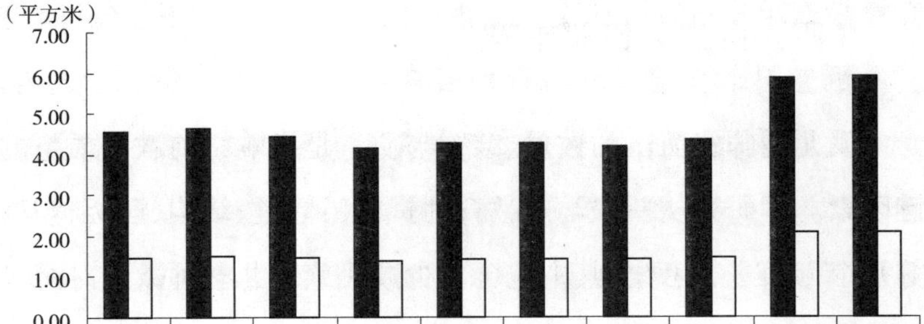

	2003	2004	2005	2006	2007	2008	2009	2010	2011	2012
■ 生均建筑面积	4.55	4.65	4.42	4.14	4.28	4.28	4.18	4.37	5.86	5.91
□ 生均活动室面积	1.48	1.51	1.45	1.37	1.42	1.43	1.43	1.46	2.06	2.06

图 5-13　2003—2012 年新疆学前教育生均建筑面积、生均活动室面积

数据来源：新疆维吾尔自治区教育厅编：《新疆维吾尔自治区教育统计资料/年鉴》，2003—2012 年。

同步扩大。但与全国相比，生均占有图书资源量还是比较有限，全国 2004 年生均图书量就已达到 2.95 册，2012 年已达到 4.94 册。①

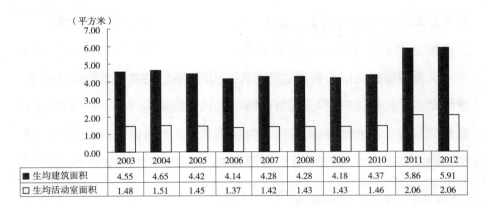

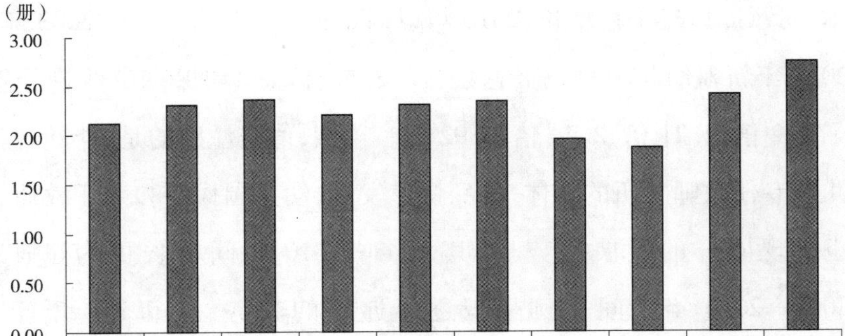

	2003	2004	2005	2006	2007	2008	2009	2010	2011	2012
■ 生均图书量	2.12	2.31	2.36	2.20	2.31	2.34	1.96	1.87	2.41	2.74

图 5-14　2003—2012 年新疆学前教育生均图书量

数据来源：新疆维吾尔自治区教育厅编：《新疆维吾尔自治区教育统计资料/年鉴》，2003—2012 年。

① 根据《中国教育统计年鉴》计算得出。

（四）师资队伍总趋势

幼儿园师资队伍的数量、结构与质量是影响学前教育质量的直接、关键因素。本研究从新疆学前教育师资队伍数量、结构、学历、职称、生师比等几个方面进行考察，其中包含了少数民族幼儿教师数量、比例以及少数民族幼儿生师比等反映新疆学前教育师资队伍特殊性的指标。

1. 师资队伍发展总趋势

（1）师资队伍总量及构成

从图5-15来看，第一，近十年来新疆幼儿园教职工队伍总人数呈现逐年平稳增长的态势，尤其是2010年以后增幅加大，增速加快。第二，新疆幼儿园园长、专任教师、保育员队伍的数量增长趋势与总体趋势保持基本一致，即逐年平稳增长，2010年以后增速加快。第三，与2003年相比，2012年新疆幼儿园教职工总数、园长、专任教师和保育员数量分别增长了2.2倍、2.21倍、2.74倍、3.92倍。第四，值得注意的是，伴随着新疆幼儿园专任教师队伍的整体平稳、快速发展，幼儿园代课和兼任教师的数量也呈现同样的发展态势，尤其2008—2010年间增长更为迅速，且在2003—2010年之间比例呈现逐年递增的趋势，从5.15%增至23%；2011—2012年分别下降至16%和11.16%。

（2）民族构成变化趋势

相关统计资料显示，新疆幼儿园教师队伍主要由汉、维、哈、蒙、回、柯族构成。

从图5-16来看，第一，2003—2012年汉族始终是新疆幼儿园教师队伍的主要民族成分，一直占据50%以上；第二，2003年以来，随着各民族

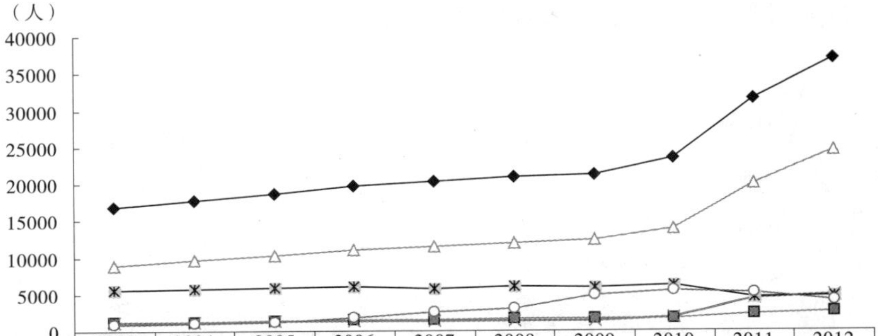

	2003	2004	2005	2006	2007	2008	2009	2010	2011	2012
教职工总数	16793	17767	18623	19701	20257	20902	21234	23485	31552	36952
园长	1129	1210	1327	1464	1564	1596	1607	1719	2188	2493
专任教师	8927	9612	10185	10912	11495	11938	12322	13899	19948	24486
保育员	1224	1271	1301	1332	1412	1398	1427	1731	4376	4796
其他人员	5513	5674	5801	5993	5766	5970	5878	6136	4502	4685
代课和兼任教师	865	1088	1189	1768	2589	3077	4781	5401	5047	4122

图 5-15　2003—2012 年新疆学前教育教职工数量及构成

数据来源：新疆维吾尔自治区教育厅编：《新疆维吾尔自治区教育统计资料/年鉴》，2003—2012 年。

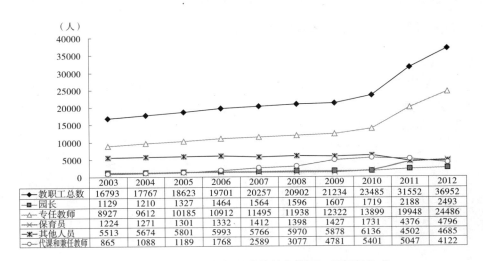

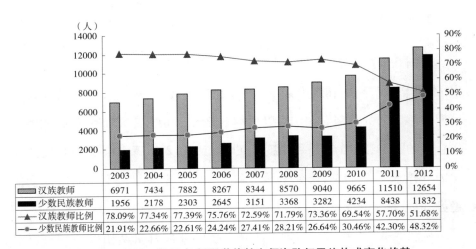

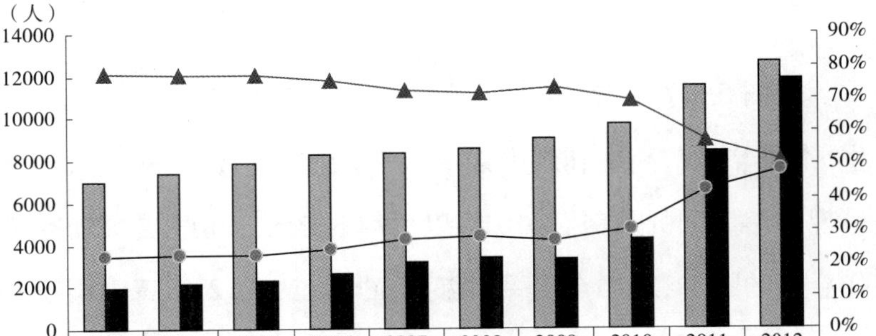

	2003	2004	2005	2006	2007	2008	2009	2010	2011	2012
汉族教师	6971	7434	7882	8267	8344	8570	9040	9665	11510	12654
少数民族教师	1956	2178	2303	2645	3151	3368	3282	4234	8438	11832
汉族教师比例	78.09%	77.34%	77.39%	75.76%	72.59%	71.79%	73.36%	69.54%	57.70%	51.68%
少数民族教师比例	21.91%	22.66%	22.61%	24.24%	27.41%	28.21%	26.64%	30.46%	42.30%	48.32%

图 5-16　2003—2012 年新疆学前教育师资队伍民族构成变化趋势

数据来源：新疆维吾尔自治区教育厅编：《新疆维吾尔自治区教育统计资料/年鉴》，2003—2012 年。

幼儿入园率的逐年提升，汉族幼儿园教师比例逐年下降，从 2003 年的 78.09%降至 2012 年的 51.68%，十年间下降了 26 个百分点；与此同时，少数民族幼儿园教师比例逐年上升，从 2003 年的 21.91%上升至 2012 年的 48.32%，十年间提升了 26 个百分点。

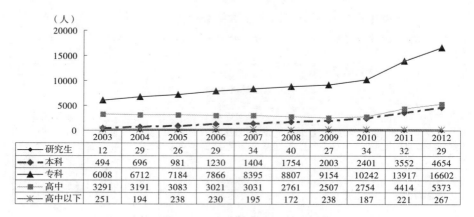

	2003	2004	2005	2006	2007	2008	2009	2010	2011	2012
研究生	12	29	26	29	34	40	27	34	32	29
本科	494	696	981	1230	1404	1754	2003	2401	3552	4654
专科	6008	6712	7184	7866	8395	8807	9154	10242	13917	16602
高中	3291	3191	3083	3021	3031	2761	2507	2754	4414	5373
高中以下	251	194	238	230	195	172	238	187	221	267

图 5-17　2003—2012 年新疆学前教育师资队伍学历变化趋势

数据来源：新疆维吾尔自治区教育厅编：《新疆维吾尔自治区教育统计资料/年鉴》，2003—2012 年。

2. 学历变化总趋势

从图 5-17 来看，近十年来新疆幼儿园师资队伍学历主要分为研究生、本科、专科、高中和高中以下五个层次；专科、本科层次幼儿教师人数呈现逐年增加的趋势，2010 年以后增长较快；高中层次幼儿教师呈现先降后升的趋势，2010 年是一个变化的拐点，2012 年高中层次幼儿教师比 2010 年增长了 95.1%；研究生学历和高中以下学历呈现上下略微变动的趋势，但数量变化不大。

从图 5-18 来看，第一，近十年来新疆幼儿园师资队伍学历一直以专科学历为主，基本保持在 60%—65%，且呈现逐年增加的趋势，2010 年以后略有下降。第二，本科层次幼儿园教师比重逐年增加，从 2003 年的 4.91%发展到 2012 年的 17.29%，虽然增长了 12.38 个百分点，但所占比例仍然较低。第三，高中层次幼儿教师比重逐年下降，2010 年以后略有

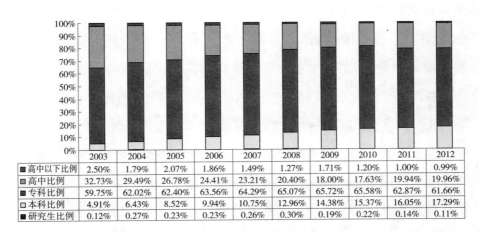

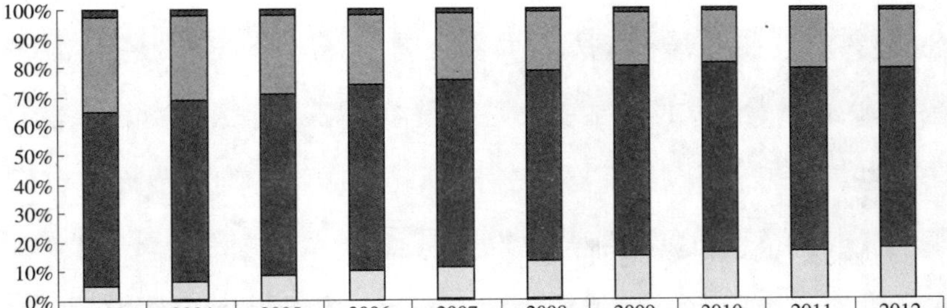

	2003	2004	2005	2006	2007	2008	2009	2010	2011	2012
■高中以下比例	2.50%	1.79%	2.07%	1.86%	1.49%	1.27%	1.71%	1.20%	1.00%	0.99%
■高中比例	32.73%	29.49%	26.78%	24.41%	23.21%	20.40%	18.00%	17.63%	19.94%	19.96%
■专科比例	59.75%	62.02%	62.40%	63.56%	64.29%	65.07%	65.72%	65.58%	62.87%	61.66%
□本科比例	4.91%	6.43%	8.52%	9.94%	10.75%	12.96%	14.38%	15.37%	16.05%	17.29%
■研究生比例	0.12%	0.27%	0.23%	0.23%	0.26%	0.30%	0.19%	0.22%	0.14%	0.11%

图 5-18　2003—2012 年新疆学前教育师资队伍学历结构变化趋势

数据来源:新疆维吾尔自治区教育厅编:《新疆维吾尔自治区教育统计资料/年鉴》,2003—2012 年。

抬升,2012 年仍然约占 20%。第四,高中以下幼儿教师比例呈逐年下降趋势。第五,研究生层次幼儿教师比重仍然非常低,2003—2008 年之间呈现逐年上升趋势,2010 年以后快速下降。

3. 职称变化总趋势

职称晋升通道是否畅通是影响幼儿园教师职业生涯发展、调动其专业发展自觉意识和积极性的重要因素。从图 5-19 来看,第一,近十年新疆幼儿园师资队伍各级职称人数基本保持稳定并有缓慢增加的趋势;第二,未评职称教师人数呈现急剧增加趋势,特别是 2010 年以后增长十分迅速。与 2003 年相比,2012 年未评职称幼儿园教师增长了约 5 倍。

从图 5-20 可以看出,2003—2012 年之间未评职称教师在幼儿园教师群体中所占的比例逐年加大,从 2003 年的 38. 16%增加到 2012 年的 69. 71%。这一趋势与幼儿园教师总量变化趋势基本一致,说明随着教师队伍数量的逐年增加,新教师职称评审问题还未引起相关部门的重视,存

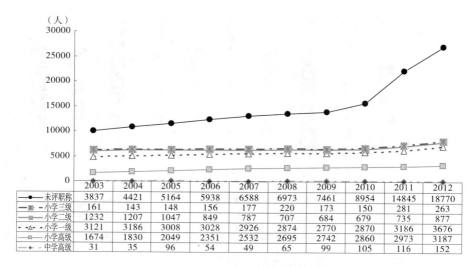

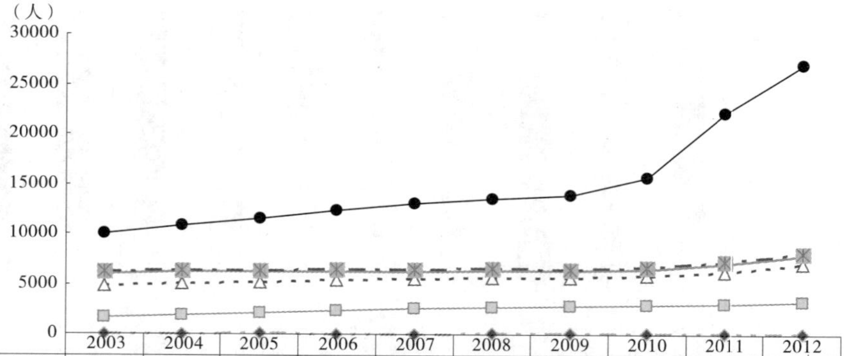

	2003	2004	2005	2006	2007	2008	2009	2010	2011	2012
未评职称	3837	4421	5164	5938	6588	6973	7461	8954	14845	18770
小学三级	161	143	148	156	177	220	173	150	281	263
小学二级	1232	1207	1047	849	787	707	684	679	735	877
小学一级	3121	3186	3008	3028	2926	2874	2770	2870	3186	3676
小学高级	1674	1830	2049	2351	2532	2695	2742	2860	2973	3187
中学高级	31	35	96	54	49	65	99	105	116	152

图 5-19　2003—2012 年新疆学前教育师资队伍职称变化趋势

数据来源：新疆维吾尔自治区教育厅编：《新疆维吾尔自治区教育统计资料/年鉴》，2003—2012 年。

在幼儿园新教师职称评审不规范或者没有机会参加职称晋升的严重问题。职称评定如果不能发挥教师组织内部专业约束和激励杠杆的功能，将不利于激发幼儿园新教师专业成长的内在动机。

4. 生师比变化总趋势

本研究中"生师比"是指幼儿与幼儿园教师的比率。生师比是影响幼儿园教育质量的重要因素，许多研究都将"生师比"纳入衡量幼儿园质量公平的一个十分关键的指标。

从图 5-21 可以看出，第一，新疆幼儿园总体生师比呈现逐年扩大的趋势，从 2003 年的 18. 43 增长到 2012 年的 28. 36。第二，新疆幼儿园汉族幼儿与汉族幼儿园教师的比例呈现相对比较稳定的趋势，2003 年至 2012 年始终保持在 18—20 之间。第三，少数民族幼儿与少数民族幼儿教师比例变化则较大，2003—2010 年处于持续扩大的趋势，2003 年至

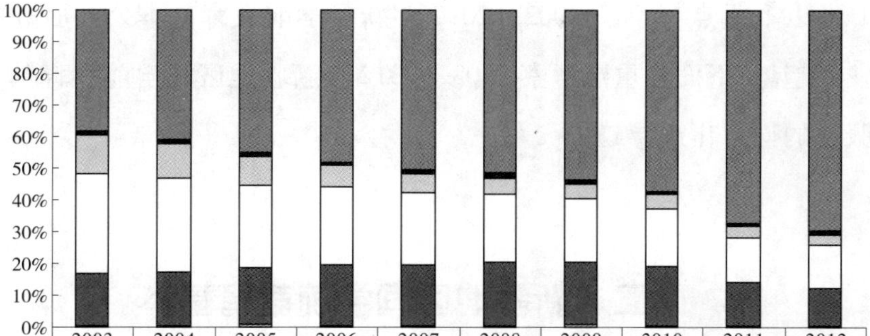

	2003	2004	2005	2006	2007	2008	2009	2010	2011	2012
未评职称比例	38.16%	40.85%	44.86%	47.98%	50.45%	51.52%	53.56%	57.33%	67.06%	69.71%
小学三级比例	1.60%	1.32%	1.29%	1.26%	1.36%	1.63%	1.24%	0.96%	1.27%	0.98%
小学二级比例	12.25%	11.15%	9.09%	6.86%	6.03%	5.22%	4.91%	4.35%	3.32%	3.26%
小学一级比例	31.04%	29.44%	26.13%	24.47%	22.41%	21.24%	19.89%	18.38%	14.39%	13.65%
小学高级比例	16.65%	16.91%	17.80%	19.00%	19.39%	19.91%	19.69%	18.31%	13.43%	11.84%
中学高级比例	0.31%	0.32%	0.83%	0.44%	0.38%	0.48%	0.71%	0.67%	0.52%	0.56%

图 5-20　2003—2012 年新疆学前教育师资队伍职称结构变化趋势

数据来源:新疆维吾尔自治区教育厅编:《新疆维吾尔自治区教育统计资料/年鉴》,2003—2012 年。

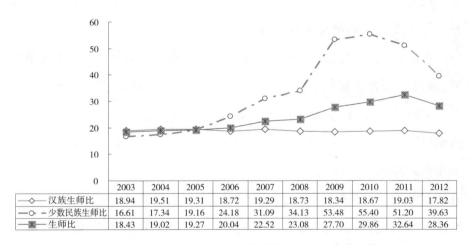

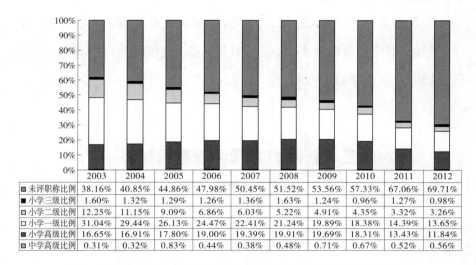

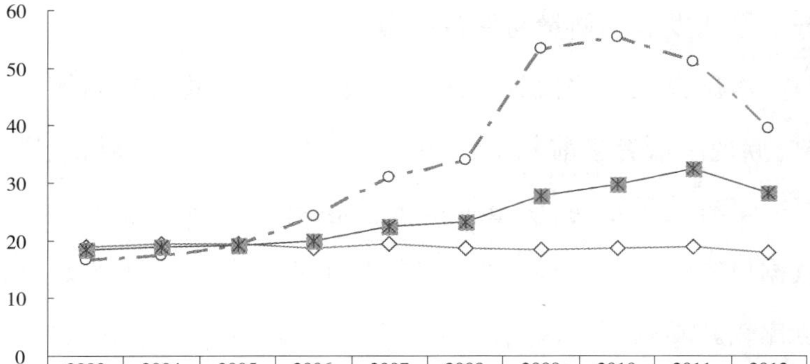

	2003	2004	2005	2006	2007	2008	2009	2010	2011	2012
汉族生师比	18.94	19.51	19.31	18.72	19.29	18.73	18.34	18.67	19.03	17.82
少数民族生师比	16.61	17.34	19.16	24.18	31.09	34.13	53.48	55.40	51.20	39.63
生师比	18.43	19.02	19.27	20.04	22.52	23.08	27.70	29.86	32.64	28.36

图 5-21　2003—2012 年新疆学前教育生师比变化趋势

数据来源:新疆维吾尔自治区教育厅编:《新疆维吾尔自治区教育统计资料/年鉴》,2003—2012 年。

2010 年之间增长最快,从 2003 年的 16.61 逐年扩大至 2010 年的 55.4,扩大了 3 倍多;2011 年以后略有下降,但少数民族幼儿生师比仍然远远高于新疆幼儿园总体生师比和汉族幼儿生师比。

以上重点考察了2003—2012年新疆学前教育基本公共服务的总体发展趋势，下面将重点考察2003—2012年新疆地区间学前教育基本公共服务的均等化差异趋势。

二、新疆地区间学前教育基本公共服务的差异分析

促进我国民族地区学前教育基本公共服务均等化发展是缩小民族地区教育差距，实现社会公平的重要手段与途径，它包括对民族地区各民族学前儿童教育机会与权利的保障和学前教育资源的均衡配置。目前，对我国民族地区的典型代表新疆其内部各行政区域间学前教育基本公共服务均等化发展的衡量与评价尚属空白。

本研究认为，"民族地区学前教育基本公共服务均等化"的内涵是指"民族地区所有学前儿童，不因地区、城乡、民族、阶层、性别、身体等差异都应享有数量相同、质量标准大致相同的学前教育"。由于研究精力和数据可得性所限，加之"地区"反映了不同民族聚居的情况，本研究将重点比较新疆内部地区间差异，即比较新疆14个行政区域间学前教育基本公共服务的差异系数在时间序列上的总体变化趋势，以及两个一级指标维度"学前教育入园机会（A1）""学前教育资源配置（A2）"，四个二级指标维度"入园机会（B1）、教育经费（B2）、办园条件（B3）、师资队伍（B4）"的差异系数分别的变化趋势。

本研究在借鉴国内外相关研究以及当前国家义务教育均衡发展测评方法基础上，构建了我国民族地区学前教育基本公共服务均等化发展的

评价指标体系和测算方法，与此同时结合《新疆维吾尔自治区统计年鉴》《新疆维吾尔自治区教育统计资料/年鉴》《新疆维吾尔自治区教育经费统计》中收集的相关数据，计算出新疆 14 个地州市间学前教育基本公共服务的总体差异系数以及各一级、二级指标的差异系数。

（一）总体差异分析

以前期文献研究为基础，首先初步构建了我国民族地区学前教育基本公共服务均等化水平评价指标体系；其次，向学前教育学、民族教育学、教育政策、教育经济、公共政策等多个学科领域的专家学者征询意见、不断反馈、修改完善，最终形成了"我国民族地区学前教育基本公共服务均等化水平"评价指标体系框架（详见表 4-2），该指标体系涵盖了学前教育入园机会（A1）、学前教育资源配置（A2）2 个一级指标，入园机会（B1）、教育经费（B2）、办园条件（B3）、师资队伍（B4）4 个二级指标，学前一年毛入园率（C1）、少数民族幼儿学一年毛入园率（C2）、学前教育经费占教育总经费的比例（C3）、财政预算内学前教育经费占学前教育经费的比例（C4）、幼儿生均公用经费（C5）、幼儿生均预算内公用经费（C6）、师均经费（C7）、公办园比例（C8）、班均规模（C9）、生均建筑面积（C10）、生均活动室面积（C11）、生均图书量（C12）、幼儿园生师比（C13）、幼儿园少数民族生师比（C14）、专任幼儿教师比例（C15）、专科及以上幼儿教师比例（C16）、中级及以上职称幼儿教师比例（C17）17 个三级指标，期望通过测评能够比较科学、全面、客观、真实地反映我国民族地区学前教育基本公共服务的差异水平或均等化程度。

依据研究所建构的评价指标体系，从《新疆维吾尔自治区统计年鉴》《新疆维吾尔自治区教育统计资料/年鉴》《新疆维吾尔自治区教育经费统计》分别查找了2003—2012年期间各年度、各地州与各项指标的相关数据，进而通过计算得出了各年度、各地州在各项指标上的原始数值、平均值、标准差和差异系数。表5-1、图5-22直观呈现了2003—2012年十年新疆地区间学前教育基本公共服务的总体差异系数及其变化趋势。

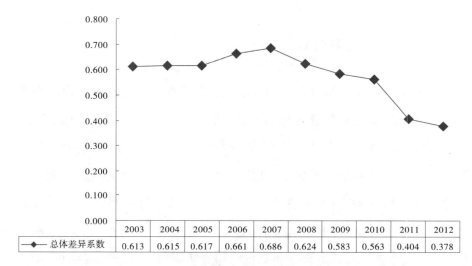

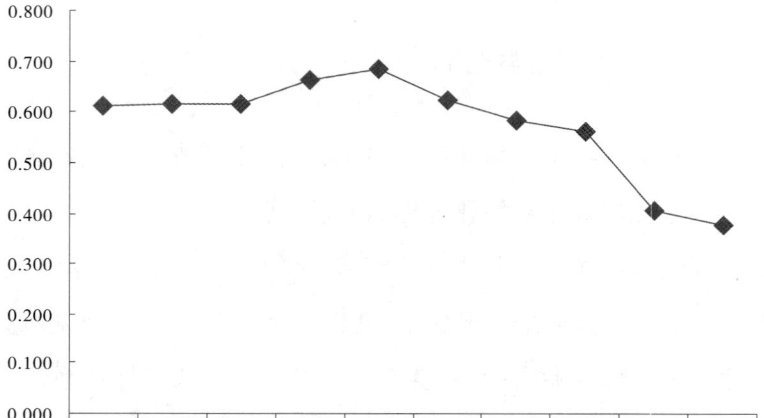

	2003	2004	2005	2006	2007	2008	2009	2010	2011	2012
—◆— 总体差异系数	0.613	0.615	0.617	0.661	0.686	0.624	0.583	0.563	0.404	0.378

图5-22　2003—2012年新疆地区间学前教育基本公共服务的总体差异系数

数据来源：依据《新疆维吾尔自治区统计年鉴》《新疆维吾尔自治区教育统计资料/年鉴》《新疆维吾尔自治区教育经费统计》2003—2012年相关统计数据计算得出，具体参见表5-1“2003—2012年新疆地区间学前教育基本公共服务的总体差异系数表”。

首先，近十年新疆地区间学前教育基本公共服务经历了从不均等向逐步均等发展的趋势。具体来看，2003年至2012年新疆14个地州市间学前教育基本公共服务的总体差异系数呈现“先逐步上升后逐步下降”的变化趋势，即2003—2007年差异系数从0.613逐步上升至0.686，上升幅度为11.9%；2008—2012年差异系数从0.624逐步下降至0.378，下降幅度为39.4%，降幅十分明显。

其次，近十年新疆学前教育基本公共服务的差异系数变化的时间拐点出现在2008年，即2008年以前新疆学前教育基本公共服务的差异程

表 5-1　2003—2012 年新疆地区间学前教育基本公共服务的总体差异系数表
（14 个地/州/市）

年度	测度指标	评价指标																
		学前一年毛入园率（C1）	少数民族幼儿学前一年毛入园率（C2）	学前教育经费占教育总经费的比例（C3）	财政性学前教育经费占学前教育经费的比例（C4）	幼儿生均公用经费（千元）（C5）	幼儿生均预算内公用经费（千元）（C6）	师均经费（千元）（C7）	公办园比例（C8）	班均规模（人）（C9）	生均建筑面积（平方米）（C10）	生均活动室面积（平方米）（C11）	生均图书量（册）（C12）	幼儿园生师比（C13）	幼儿园少数民族生师比（C14）	专任幼儿教师比例（C15）	专科及以上幼儿教师比例（C16）	中级及以上职称幼儿教师比例（C17）	总体差异系数
2003	平均值	0.20	0.11	0.03	0.57	0.62	0.09	16.67	0.54	29.70	3.99	1.31	1.47	33.34	16.04	0.57	0.63	0.19	
	差异系数	0.894	0.942	1.104	0.234	0.748	1.854	0.536	0.613	0.199	0.744	0.530	0.820	0.321	0.269	0.149	0.161	0.307	0.613
2004	平均值	0.23	0.13	0.03	0.61	0.52	0.14	16.77	0.48	30.78	4.02	1.30	1.81	33.59	17.72	0.57	0.66	0.20	
	差异系数	0.784	0.810	0.857	0.243	0.681	2.469	0.521	0.605	0.217	0.677	0.510	0.859	0.403	0.335	0.153	0.152	0.181	0.615
2005	平均值	0.26	0.12	0.03	0.57	0.63	0.23	18.98	0.49	29.50	4.20	1.11	2.33	35.38	18.54	0.70	0.57	0.21	
	差异系数	0.745	0.607	0.795	0.248	0.760	2.165	0.701	0.563	0.182	0.725	0.578	1.037	0.410	0.367	0.166	0.157	0.287	0.617
2006	平均值	0.26	0.11	0.03	0.59	0.84	0.49	26.31	0.43	31.87	4.16	1.26	2.34	20.23	19.28	0.57	0.72	0.23	
	差异系数	0.728	0.630	0.878	0.221	1.231	2.250	0.553	0.596	0.117	0.810	0.643	1.212	0.399	0.364	0.151	0.137	0.321	0.661

续表

年度	测度指标	评价指标																	
		学前一年毛入园率（C1）	少数民族幼儿学前一年毛入园率（C2）	学前教育经费占教育总经费的比例（C3）	财政性学前教育经费占学前教育经费的比例（C4）	幼儿生均公用经费（千元）（C5）	幼儿生均预算内公用经费（千元）（C6）	师均经费（千元）（C7）	公办园比例（C8）	班均规模（人）（C9）	生均建筑面积（平方米）（C10）	生均活动室面积（平方米）（C11）	生均图书量（册）（C12）	幼儿园生师比（C13）	幼儿园少数民族生师比（C14）	专任幼儿教师比例（C15）	专科及以上幼儿教师比例（C16）	中级及以上职称幼儿教师比例（C17）	总体差异系数
2007	平均值	0.28	0.17	0.03	0.61	0.77	0.36	21.77	0.14	31.82	4.80	1.47	2.49	22.73	26.25	0.60	0.75	0.25	
	差异系数	0.651	0.574	0.627	0.215	1.152	1.931	0.766	1.426	0.126	0.695	0.584	1.245	0.439	0.637	0.135	0.130	0.325	0.686
2008	平均值	0.32	0.19	0.04	0.71	2.11	0.59	21.81	0.50	32.40	4.56	1.44	2.84	44.40	28.39	0.60	0.77	0.21	
	差异系数	0.636	0.488	0.541	0.241	1.543	1.151	0.786	0.660	0.095	0.634	0.532	1.111	0.753	0.620	0.152	0.115	0.543	0.624
2009	平均值	0.39	0.26	0.06	0.78	1.55	0.58	27.70	0.56	31.92	4.41	1.46	2.40	59.09	49.75	0.60	0.79	0.24	
	差异系数	0.536	0.459	0.554	0.193	0.973	1.107	0.642	0.636	0.078	0.630	0.499	1.198	0.837	1.049	0.128	0.078	0.322	0.583
2010	平均值	0.45	0.33	0.09	0.81	2.40	1.93	29.11	0.56	32.38	4.58	1.48	2.42	56.46	49.85	0.61	0.80	0.25	
	差异系数	0.425	0.392	0.438	0.234	1.017	1.245	0.442	0.593	0.080	0.582	0.502	1.229	0.789	0.845	0.107	0.073	0.570	0.563
2011	平均值	0.82	0.76	0.06	0.75	1.16	0.53	27.77	0.67	31.54	5.93	2.02	3.31	32.96	45.33	0.65	0.79	0.16	
	差异系数	0.200	0.253	0.312	0.249	0.515	0.995	0.492	0.408	0.110	0.350	0.260	1.188	0.360	0.440	0.157	0.088	0.493	0.404

续表

年度	测度指标	评价指标																	
		学前一年毛入园率（C1）	少数民族幼儿学前一年毛入园率（C2）	学前教育经费占教育总经费的比例（C3）	财政性学前教育经费占学前教育经费的比例（C4）	幼儿生均公用经费（千元）（C5）	幼儿生均预算内公用经费（千元）（C6）	师均经费（千元）（C7）	公办园比例（C8）	班均规模（人）（C9）	生均建筑面积（平方米）（C10）	生均活动室面积（平方米）（C11）	生均图书量（册）（C12）	幼儿园生师比（C13）	幼儿园少数民族生师比（C14）	专任幼儿教师比例（C15）	专科及以上幼儿教师比例（C16）	中级及以上职称幼儿教师比例（C17）	总体差异系数
2012	平均值	0. 94	0. 90	0. 06	0. 80	1. 76	1. 29	34. 63	0. 69	33. 14	5. 99	2. 03	3. 45	30. 12	38. 57	0. 67	0. 80	0. 16	
	差异系数	0. 178	0. 224	0. 243	0. 197	0. 646	0. 722	0. 464	0. 389	0. 090	0. 346	0. 229	1. 135	0. 351	0. 313	0. 183	0. 107	0. 609	0. 378

注：

1.“14 个地/州/市”：根据新疆 2012 年行政区划分布，全区所辖 14 个地州市包括 5 个自治州、7 个地区和 2 个地级市，详见图 2-3。

2.“平均值”是根据《新疆维吾尔自治区统计年鉴》《新疆维吾尔自治区教育统计资料/年鉴》《新疆维吾尔自治区教育经费统计》中相关数据计算得出该指标该年度的平均值。

3.“差异系数”是根据《新疆维吾尔自治区统计年鉴》《新疆维吾尔自治区教育统计资料/年鉴》《新疆维吾尔自治区教育经费统计》中相关数据计算得出该指标该年度的平均值、标准差，在此基础上计算标准差与平均值之比，即为差异系数。差异系数越大表明均等化程度越低，反之，差异系数越小表明均等化程度越高。“综合差异系数”是根据各年度各项指标差异系数总和后求平均数而得出。

4.“学前一年毛入园率（C1）”“少数民族幼儿学前一年毛入园率（C2）”新疆维吾尔自治区及各地州均未做专门统计，相关统计数据中有各地州学前一年、少数民族幼儿入园人数，但因当年学前教育适龄儿童人数在相关统计中无法获得准确数据，故此 2 项指标本研究用估算值代替，即“学前一年毛入园率（C1）”用当年幼儿园毕业生数占小学一年级招生数的比例代替；“少数民族幼儿学前一年毛入园率（C2）”用当年幼儿园毕业生中少数民族幼儿数占小学一年级招生中少数民族学生数的比例代替。

度经历了逐步扩大的趋势,2008 年以后新疆学前教育基本公共服务的差异程度则呈现逐步缩小的趋势。

本研究假设 2008 年新疆学前教育基本公共服务差异系数出现的转折点,及其后续 5 年差异系数连续、明显下降的趋势,与 2008 年以后我国政府对新疆学前教育基本公共服务财政投入加大,尤其是中央政府 2008 年以后对新疆学前(双语)教育强力的政策倾斜与强大的公共财政支持密切相关。研究将在下一章专题讨论和分析政府对新疆学前教育基本公共服务的财政投入以及中央政府财政转移支付与自治区政府财政投入对促进新疆学前教育基本公共服务均等化所产生的影响。

(二) 入园机会差异分析

从图 5-23 反映的发展趋势看,2003—2012 年十年间新疆地区间学前教育基本公共服务入园机会的差异系数变化趋势与总体变化趋势略有不同,总体上新疆地区间学前教育基本公共服务入园机会均等化水平随时序变化逐步趋向于均衡发展的态势,其差异系数从 2003 年的 0.92 逐年下降至 2012 年的 0.20,降幅为 78.3%,下降十分明显。这充分说明自 2003 年以来,随着新疆学前教育公共服务资源的覆盖面日益扩大、各民族学前教育普及率的逐步提升,区域内不同民族、不同地区之间学前教育基本公共服务入园机会差距已明显缩小。

由图 5-24 可以看出,近十年来新疆少数民族学前教育基本公共服务入园机会均等化水平与新疆学前教育基本公共服务入园机会均等化水平基本一致,甚至在 2005—2010 年少数民族学前教育基本公共服务入园机会均等化程度要略高于新疆学前教育基本公共服务入园机会均等化程度。

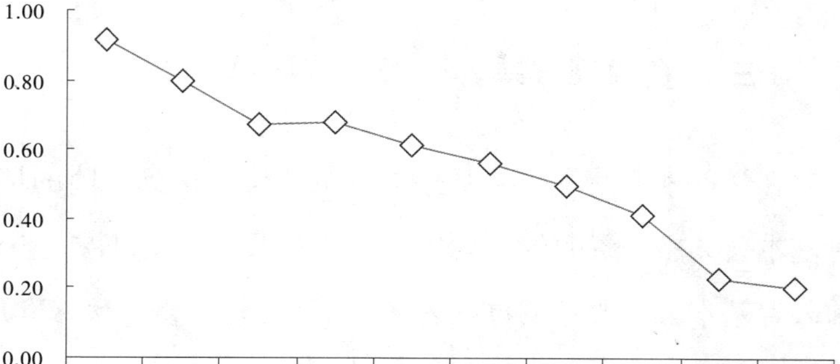

	2003	2004	2005	2006	2007	2008	2009	2010	2011	2012
入园机会(A1)	0.92	0.80	0.68	0.68	0.61	0.56	0.50	0.41	0.23	0.20

图 5-23　2003—2012 年新疆地区间学前教育基本公共服务入园机会的差异系数

数据来源:依据《新疆维吾尔自治区统计年鉴》《新疆维吾尔自治区教育统计资料/年鉴》《新疆维吾尔自治区教育经费统计》2003—2012 年相关统计数据计算得出,具体参见表 5-1“2003—2012 年新疆地区间学前教育基本公共服务的总体差异系数表”,分别将 C1、C2 两项指标求平均值。

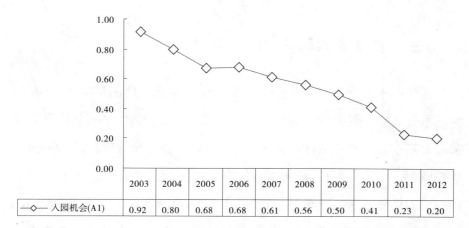

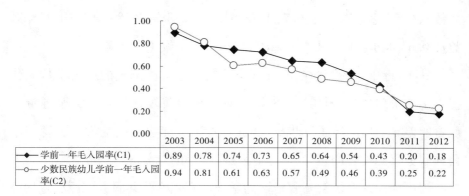

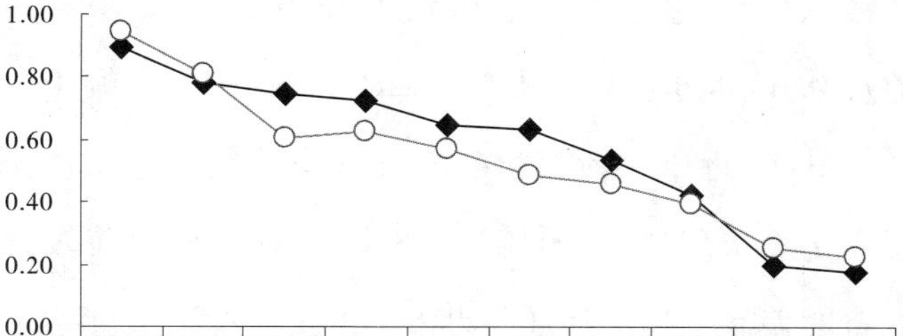

	2003	2004	2005	2006	2007	2008	2009	2010	2011	2012
学前一年毛入园率(C1)	0.89	0.78	0.74	0.73	0.65	0.64	0.54	0.43	0.20	0.18
少数民族幼儿学前一年毛入园率(C2)	0.94	0.81	0.61	0.63	0.57	0.49	0.46	0.39	0.25	0.22

图 5-24　2003—2012 年新疆地区间少数民族学前教育基本公共服务入园机会的差异系数

数据来源:依据《新疆维吾尔自治区统计年鉴》《新疆维吾尔自治区教育统计资料/年鉴》《新疆维吾尔自治区教育经费统计》2003—2012 年相关统计数据计算得出,具体参见表 5-1“2003—2012 年新疆地区间学前教育基本公共服务的总体差异系数表”中 C1、C2 两项指标。

（三）资源配置差异分析

在学前教育基本公共服务入园机会均等得到保障的情况下，学前教育基本公共服务资源配置均等化水平就显得尤为重要，它直接关系到学前教育基本公共服务的过程公平与质量公平。从图5-25反映的发展趋势看，首先，2003—2012年十年间新疆地区间学前教育基本公共服务资源配置的差异系数变化趋势与新疆地区间学前教育基本公共服务的总体差异系数趋势基本一致，即近十年新疆地区间学前教育基本公共服务资源配置均等化水平经历了从不均等向逐步均等发展的趋势。具体来看2003年至2012年新疆14个地州市间学前教育基本公共服务资源配置的差异系数呈现“先逐步上升后逐步下降”的趋势，即2003—2007年差异系数从0.57逐步上升至0.7，上升幅度为22.8%；2008—2012年差异系数从0.63逐步下降至0.40，降幅为36.5%，降幅十分明显。

其次，近十年新疆学前教育基本公共服务资源配置的差异系数变化拐点仍然出现在2008年，2008年以前新疆学前教育基本公共服务资源配置的差异程度经历了逐步扩大的趋势，2008年以后新疆学前教育基本公共服务资源配置的差异程度则呈逐步缩小的趋势。

为更加深入地了解新疆地区间学前教育基本公共服务资源配置均等化的发展趋势，下面对教育经费（B2）、办园条件（B3）、师资队伍（B4）3个二级指标的差异系数进一步展开描述。

1. 经费配置差异分析

人、财、物是教育资源的重要构成要素，其中教育经费是教育资源十分重要的组成部分，它影响和制约着教育机会公平与质量公平。从图

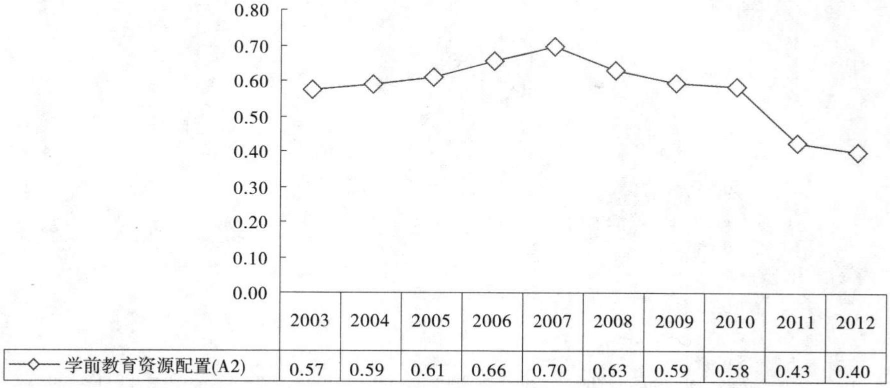

图 5-25　2003—2012 年新疆地区间学前教育基本公共服务资源配置的差异系数

数据来源：依据《新疆维吾尔自治区统计年鉴》《新疆维吾尔自治区教育统计资料/年鉴》《新疆维吾尔自治区教育经费统计》2003—2012 年相关统计数据计算得出，具体参见表 5-1“2003—2012 年新疆地区间学前教育基本公共服务的总体差异系数表”，分别将各年度 C3—C17 十五项指标求平均值。

5-26 可以看出，2003—2012 年新疆学前教育基本公共服务经费配置的差异水平呈波浪式下降趋势，总体来看新疆学前教育基本公共服务经费资源配置的差距在逐步缩小。具体来看经历了两个阶段，一是 2008 年以前新疆学前教育基本公共服务经费差异系数基本在 0.9 上下浮动，差异程度十分大；二是 2008 年以后经费差异系数逐步从 0.85 下降至 2012 年的 0.45，降幅为 46.7%。

2. 办园条件差异分析

办园条件是学前教育基本公共服务物质资源配置的重要体现，从图 5-27 可以看出，2003—2012 年新疆地区间学前教育基本公共服务办园条件均等化水平与新疆学前教育基本公共服务均等化的总体差异系数变化趋势基本一致，即经历了 2003 年至 2007 年差异系数逐步上升，2008 年以后差异系数逐步下降的态势。这也充分说明，2008 年以后新疆地区间学

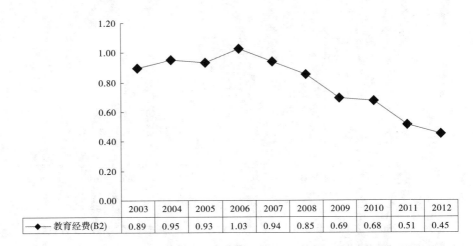

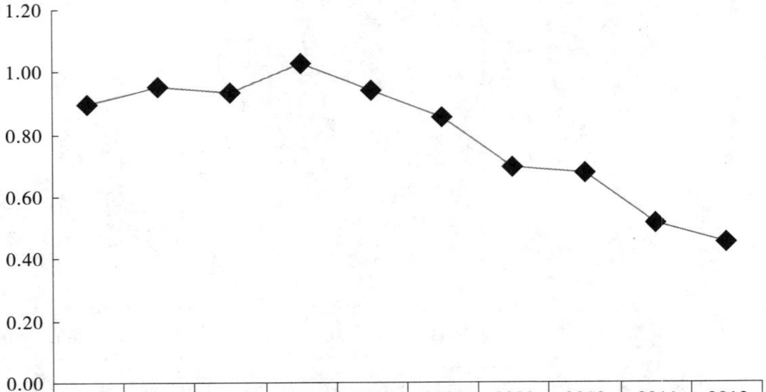

	2003	2004	2005	2006	2007	2008	2009	2010	2011	2012
—◆— 教育经费(B2)	0.89	0.95	0.93	1.03	0.94	0.85	0.69	0.68	0.51	0.45

图 5-26　2003—2012 年新疆地区间学前教育基本公共服务教育经费的差异系数

数据来源：依据《新疆维吾尔自治区统计年鉴》《新疆维吾尔自治区教育统计资料/年鉴》《新疆维吾尔自治区教育经费统计》2003—2012 年相关统计数据计算得出，具体参见表 5-1“2003—2012 年新疆地区间学前教育基本公共服务的总体差异系数表”，分别将各年度 C3—C7 五项指标求平均值。

前教育基本公共服务物力资源配置差距逐步缩小，均等化水平逐步提高。

3. 师资队伍差异分析

人力资源是教育资源中最重要、最宝贵的资源，这种资源的获得通常需要较长周期的培养、开发、建设，因其所耗费的时间、精力、成本相当可观，因此往往容易成为稀缺资源。师资队伍是学前教育基本公共服务人力资源的重要组成部分，从图 5-28 可以看出，2003—2012 年新疆地区间学前教育基本公共服务师资队伍均等化水平与新疆学前教育基本公共服务均等化的总体变化趋势略有不同，总体来看近十年新疆地区间学前教育基本公共服务师资队伍的差异系数呈现先逐步上升后略有下降的发展态势，即 2003—2010 年新疆地区间学前教育基本公共服务师资队伍配置的差距逐步扩大，2011—2012 年新疆学前教育基本公共服务师资队伍配置的差异程度逐步缩小，但差异程度仍然高于 2007 年以前。

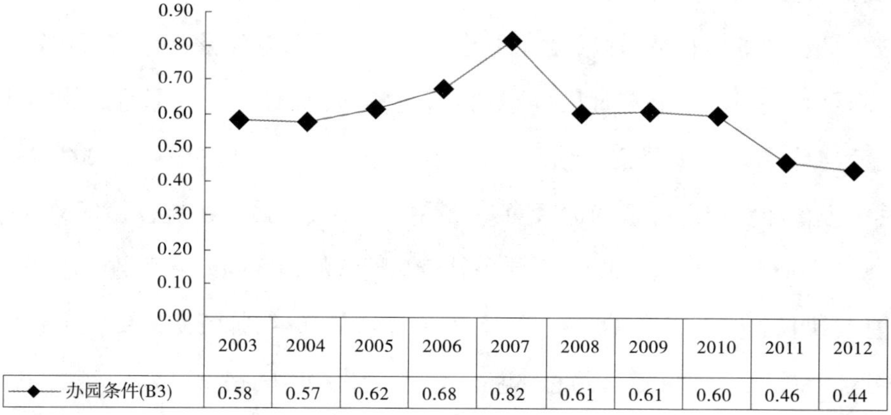

	2003	2004	2005	2006	2007	2008	2009	2010	2011	2012
办园条件(B3)	0.58	0.57	0.62	0.68	0.82	0.61	0.61	0.60	0.46	0.44

图 5-27　2003—2012 年新疆地区间学前教育基本公共服务办园条件的差异系数

数据来源:依据《新疆维吾尔自治区统计年鉴》《新疆维吾尔自治区教育统计资料/年鉴》《新疆维吾尔自治区教育经费统计》2003—2012 年相关统计数据计算得出,具体参见表 5-1“2003—2012 年新疆地区间学前教育基本公共服务的总体差异系数表”,分别将各年度 C8—C12 五项指标求平均值。

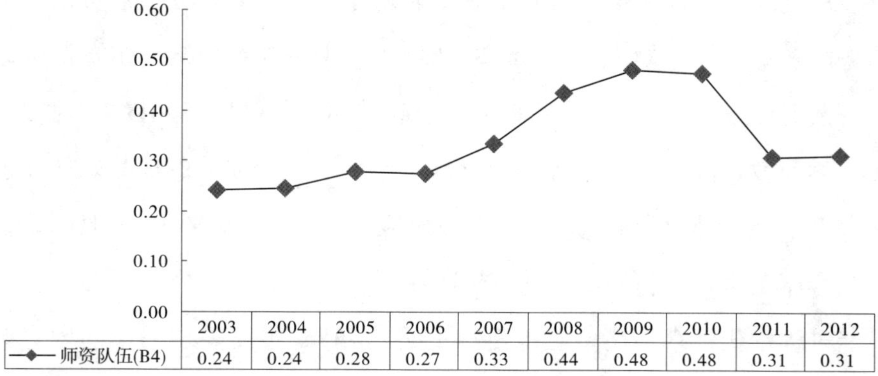

	2003	2004	2005	2006	2007	2008	2009	2010	2011	2012
师资队伍(B4)	0.24	0.24	0.28	0.27	0.33	0.44	0.48	0.48	0.31	0.31

图 5-28　2003—2012 年新疆地区间学前教育基本公共服务师资队伍的差异系数

数据来源:依据《新疆维吾尔自治区统计年鉴》《新疆维吾尔自治区教育统计资料/年鉴》《新疆维吾尔自治区教育经费统计》2003—2012 年相关统计数据计算得出,具体参见表 5-1“2003—2012 年新疆地区间学前教育基本公共服务的总体差异系数表”,分别将各年度 C13—C17 五项指标求平均值。

综上,通过测评我们发现:首先,总体上 2003—2012 年新疆地区间学前教育基本公共服务的均等化发展经历了从差异逐步扩大到差异逐步缩小的态势,变化的时间拐点在2008年。其次,新疆地区间学前教育基本公共服务机会均等化水平最高,近十年地区间差异系数连续逐年下降,2012年已降至0.2。第三,新疆地区间学前教育基本公共服务资源配置的均等化程度与总体一致,即先逐步扩大后逐步缩小,变化的时间拐点在2008年。其中教育经费资源配置的地区间差异系数缩小程度最为明显,从2008年的0.85下降至2012年的0.45;办园条件资源配置的地区间差异系数缩小程度也比较明显,从2008年的0.61下降至2012年的0.44;师资队伍资源配置的地区间差异系数变化趋势与总体略有不同,变化的时间拐点在2011年。

三、新疆学前教育基本公共服务均等化面临的问题

从上述宏观面板数据分析反映的新疆学前教育基本公共服务的总体趋势以及地区间差异来看,随着2008年以来中央与新疆维吾尔自治区政府公共财政投入逐年加大,尤其中央财政转移支付制度建立以来,对促进新疆学前教育基本公共服务均等化水平产生了十分显著的成效。然而宏观数据仅能反映总体趋势,进一步深入地州、市、县、乡、村的实地调研以及结合相关报道分析我们发现,当前新疆学前教育基本公共服务在科学发展进程中仍然存在诸多亟待解决的突出问题,主要表现为学前教育基本公共服务政策保障覆盖面仍然有限,城乡间、区域间发展不均衡,质量与规模发展不同步,软件与硬件投入不协调。

(一)政策保障范围仍然有限

新疆普惠性学前教育资源总量仍显不足,政策保障范围仍然有限。

尽管新疆实施学前双语教育两年免费政策以来,随着中央与新疆维吾尔自治区政府近年不断加大对新疆学前教育基本公共服务的投入力度,随着双语幼儿园的新建,新疆学前教育基本公共服务机会均等化水平不断提升,广大农村少数民族群众普遍将自己的孩子积极自觉地送入双语幼儿园,对学前双语教育的需求十分迫切和强烈。但随着新疆学前双语教育的迅速发展,仍然有一些地区的少数民族幼儿不能享有政策保障。从宏观数据来看,新疆学前三年、新疆少数民族学前三年的毛入园率分别为70.28%、64.61%,仍然有30%的民汉幼儿、35.4%的少数民族幼儿没有享受到学前教育基本公共服务。

2008年国家下达的双语幼儿园建设计划,只包含南北疆七地州及九县市共65个县市672个乡镇7318个村1411.66万人、34.91万名少数学前双语幼儿。尚有30个县180个乡镇1493个村746.97万人、8.91万名少数民族幼儿未享受这一政策。这些未享受政策的县市学前双语教育普及面仍然较低。据统计,2010年这些县学前双语在园幼儿3.5万人,占自治区在园幼儿总数9.5%。此外,一些国营农牧场由于体制原因未纳入乡镇管理范畴,其学前双语教育政策覆盖也相应成为"盲点"。2010年自治区实施了"安居兴牧""富民安居"工程,新建一批牧民定居点,但这些定居点双语幼儿园建设并未纳入国家扶持的2237所双语幼儿园建设规划。① 这些农牧场、定居点的双语幼儿园建设仅靠当地财政难以完成,需要国家予以扶持,否则将直接影响新疆学前双语教育政策目标的实现。

① 《关于新疆双语教育工作的调研报告》,新疆维吾尔自治区关心下一代工作委员会,2011年6月。

（二）城乡间、区域间发展不均衡

1. 城乡间发展不均衡

农村与城市分别存在普惠性学前教育资源短缺的问题。据伊犁州直教育局双语办主任介绍，“伊犁州有些项目是2—3个村合建一所幼儿园，每所项目园按5个班150人标准建设，伊宁县温亚尔乡上、下伊地里于孜村5—6岁幼儿326人，只有一所双语幼儿园，其中175名幼儿在园就读，其余151名幼儿只能在三公里外的小学幼儿班就读；伊宁县吐鲁番于孜乡中心双语幼儿园辐射上吐鲁番于孜、中吐鲁番于孜和下吐鲁番于孜三个村，5—6岁幼儿367人，其中213名幼儿在该园就读（5个班），其余的154名幼儿只能在村小幼儿班就读；霍城县清水河镇清水村辖区仅6岁幼儿174名，幼儿园班额限制只能招收辖区内6周岁儿童，致使辖区内5周岁幼儿无法入园；萨尔布拉克镇双语幼儿园，现有5—6岁幼儿390名，也只能招收6周岁幼儿。”（伊犁州直教育局双语办L主任，2014年3月3日）喀什地区同样存在偏远、居住分散、人口数3000人以下的相当部分村未覆盖幼儿园。家长都希望孩子能够就近在本村接受学前教育。

不仅农村资源不足，城市普惠性学前教育资源也面临不足、不均等问题。随着近年来新疆新型城镇化进程的加快推进，农业人口向城镇大量转移，城乡学前教育基本公共服务一体化协调发展问题日益突显。以喀什市为例，有关负责人在访谈中介绍，“自2006年国家、自治区在喀什地区实施学前双语教育资助政策以来，喀什地区农民负担大大减轻，农民送孩子入园积极性空前高涨，农村幼儿园得到了蓬勃发展，农村5—6岁幼儿基本上实现了学前两年免费教育，但喀什市学前双语教育发展呈现城乡倒挂现象，喀什市城镇低保人员子女接受学前教育存在诸多困难。据统计，喀什市低保家庭4—5岁幼儿1062人，其中未入园的4—5岁幼儿906人，占85%。”（喀什地区教育局W副局长，2014年3月10日）喀什地区行政管理者谈到，“由于城镇幼儿园孩子不享受农村学前双语教育经费保障政策，城市幼儿园收费导致很多低保家庭送不起孩子入园，这直接影响到了喀什地区学前教育普及率。更为严重的是，这些低保家庭幼儿父母既无地又无业，加之孩子入园难，成为影响喀什市城镇稳定与经济发展的一个十分不利的因素。”（喀什地区行政管理者L主任，2014年3月10日）

2. 区域间发展不均衡

以财政性学前教育经费投入和生均学前教育公用经费为例。首先，从图5-29来看，一是总量上克拉玛依市作为新疆经济发达城市，其财政性学前教育投入始终处于最高；二是近五年随着中央与自治区专项财政支持，新疆地区间财政性学前教育经费资源配置总体上向和田、喀什、克孜勒苏柯尔克孜自治州、阿克苏等南疆四地州以及伊犁州直、塔城、阿勒泰、吐鲁番、哈密等经济贫困的少数民族地区给予明显地倾斜性投入。其次，尽管上述地区财政投入逐年增加，但随着各地州学前儿童入园机会逐年扩大，其生均学前教育公用经费支出额并未相应增加。如图5-30，2012年生均学前教育公用经费支出排序后五位的仍然是和田、哈密、喀什、伊犁哈萨克自治州（直属）、塔城、阿克苏等少数民族集中的经济贫困地区。最后，排位最后的和田地区与排位第一的昌吉州生均学前教育公用经费支出相差10倍。

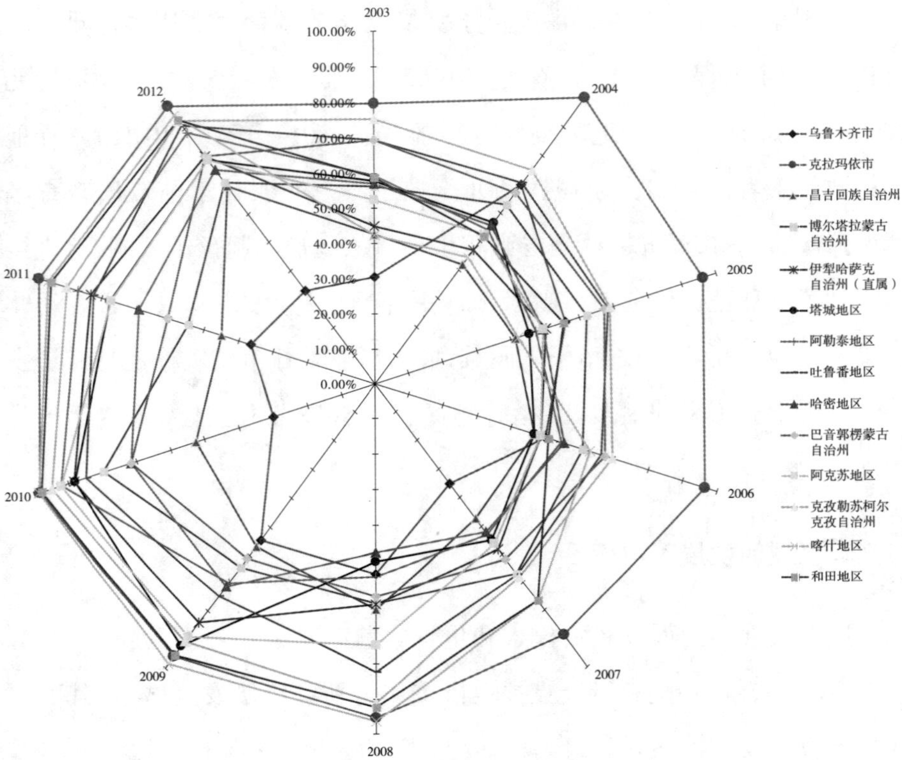

图 5-29　2003—2012 年新疆各地州财政性学前教育经费占学前教育经费的比例

数据来源:新疆维吾尔自治区教育厅编:《新疆维吾尔自治区教育经费统计》,2003—2012 年。

（三）质量与规模发展不同步

总体来看,新疆学前双语教育政策目标侧重于幼儿园规模扩张以及普及率的快速提升,学前双语教育质量与内涵建设相对滞后,这严重影响了新疆学前双语教育事业的科学、长远、可持续发展。新疆实施学前双语教育政策以来,政策目标重点主要在新建、改扩建双语幼儿园,扩大园所规模和增加农村少数民族幼儿入园机会,为其提供学前两年免费双语教育。从政策执行效果来看,2012 年新疆学前两年双语教育普及率为

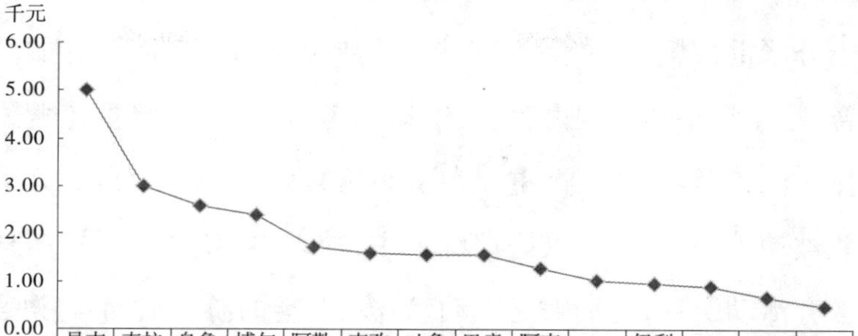

	昌吉回族自治区	克拉玛依市	乌鲁木齐市	博尔塔拉蒙古	阿勒泰地区	克孜勒苏柯尔	吐鲁番地区	巴音郭楞蒙古	阿克苏地区	塔城地区	伊犁哈萨克自治区	喀什地区	哈密地区	和田地区
生均学前教育公用经费	5.00	2.99	2.58	2.38	1.74	1.60	1.58	1.56	1.27	1.02	0.96	0.88	0.67	0.49

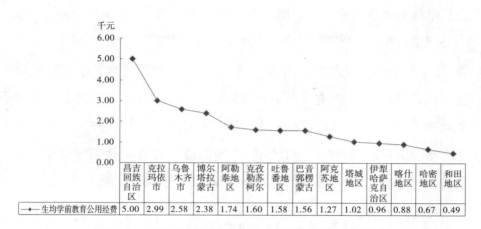

图 5-30　2012 年新疆各地州生均学前教育公用经费支出

数据来源：新疆维吾尔自治区教育厅编：《新疆维吾尔自治区教育经费统计》，2012 年。

92.03%，已提前实现了自治区学前双语教育 2012 年达到 85%的规划目标。

尽管近些年来自治区在双语幼儿园工程建设的同时，也十分重视农村双语幼儿园的课程建设与学前双语教育质量提升，制定并颁发《新疆维吾尔自治区农村“双语”幼儿园（学前班）教育指导纲要》（新教双[2009]10 号）、《新疆维吾尔自治区农村“双语”幼儿园（学前班）课程设置方案》（新教双[2009]11 号）、《关于印发〈农村“双语”幼儿园评估指标体系（试行）〉的通知》（新教双[2010]6 号）、《关于进一步提高幼儿园双语教育质量的意见》（新教双[2012]18 号）等，但从实地考察和访谈的情况来看，一些边远贫困的少数民族聚居区、农牧区、乡、村仅仅实现了基本的入园机会公平，且入园机会公平是以严重的大班额现象为代价，个别幼儿园甚至出现 60—70 人/班的情况，幼儿园基本处于“看管式”托儿所，学前双语教育质量发展仍然缓慢、滞后，缺乏符合基本质量标准的学前双语课程、专业合格的学前双语教师。由于农村双语幼儿园缺乏科学的学前双语教育理念作指导，存在教育目标片面、教育内容混乱、教学方法与形式单一等突出问题。部分地区农村学前双语教育“小学化”倾向仍然十分严重，以上课为主，而不是以游戏活动为主，甚至有的幼儿园开设拼音、写字等小学课程内容，组织幼儿考试，这些都严重违背了学前教育规律和语言学习规律，严重损害了幼儿的身心健康；教学活动方式方法以幼儿被动灌输式学习、汉语训练为主，缺乏内容丰富、形式多样的五大领域教育活动课程，更加缺乏生动、活泼、有趣的游戏活动，将语言教育与教育语言自然融合、科学设计、有效实施的学前双语课程十分匮乏。

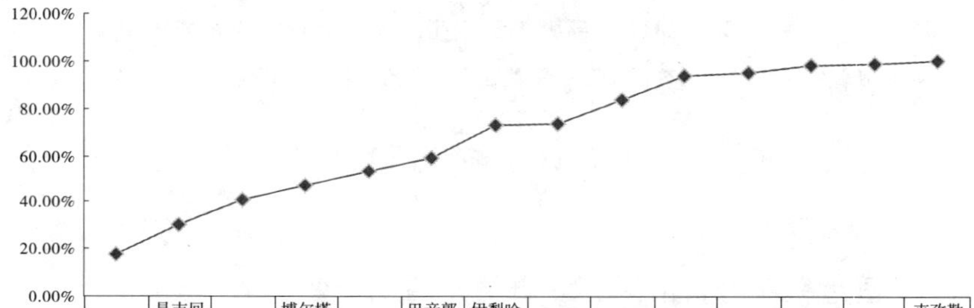

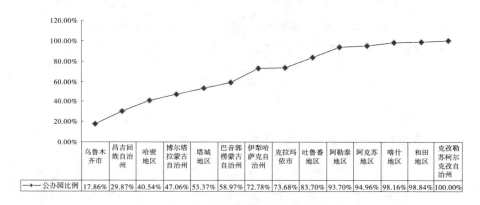

	乌鲁木齐市	昌吉回族自治州	哈密地区	博尔塔拉蒙古自治州	塔城地区	巴音郭楞蒙古自治州	伊犁哈萨克自治州	克拉玛依市	吐鲁番地区	阿勒泰地区	阿克苏地区	喀什地区	和田地区	克孜勒苏柯尔克孜自治州
—◆— 公办园比例	17.86%	29.87%	40.54%	47.06%	53.37%	58.97%	72.78%	73.68%	83.70%	93.70%	94.96%	98.16%	98.84%	100.00%

图 5-31　2012 年新疆各地州公办园比例

数据来源：新疆维吾尔自治区教育厅编：《新疆维吾尔自治区教育统计资料/年鉴》，2012 年。

（四）软件与硬件投入不协调

随着“新疆双语幼儿园建设工程”计划的 2237 所双语幼儿园逐步建成，各地州公办园比例快速增加，从图 5-31 来看，2012 年新疆公办园比例排位靠前的五个地州是南疆的克孜勒苏柯尔克孜自治州、和田、喀什、阿克苏和北疆的阿勒泰地区，这些也是中央与自治区财政专项扶持的重点地州。但从 5-32 来看，新疆幼儿园生师比存在较大差异，排位最后的吐鲁番地区生师比达到 61∶1,其余靠后的地区依次是南疆的阿克苏地区(40∶1)、克孜勒苏柯尔克孜自治州(33∶1)、巴音郭楞蒙古自治州(33∶1)、和田地区(33∶1)、阿勒泰地区(31∶1)、伊犁哈萨克自治州(31∶1)、喀什地区(31∶1);而乌鲁木齐市、哈密地区、克拉玛依市、博尔塔拉州和昌吉州等北疆地区的生师比基本在 20∶1—22∶1 之间。由此可以看出,尽管南疆的克州、和田、喀什、阿克苏和北疆的阿勒泰地区、伊犁州等地州公办园比例快速提升,但幼儿园教师队伍建设并未相应跟上。因此,可以说新疆学前双语教育政策重双语幼儿园兴建和硬件基础设施的标准化建设,对学前双语教师队伍建设的软件投入力度不够,具体体现在学前双语教师数量不足与质量不高两个方面。

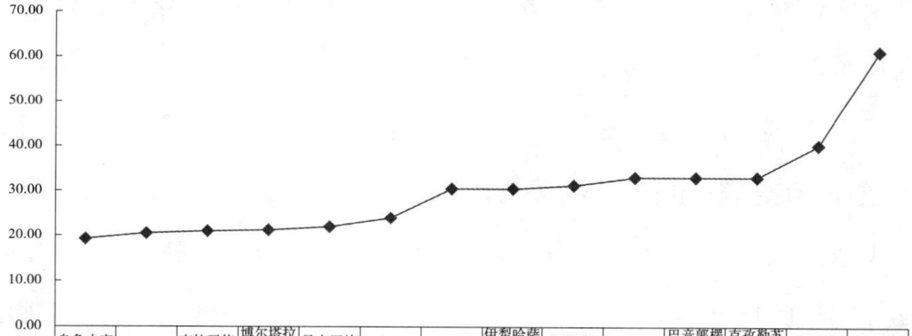

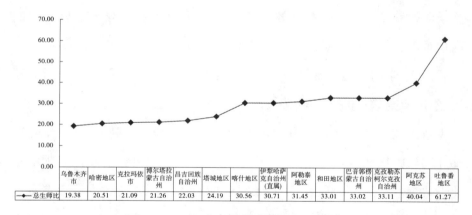

	乌鲁木齐市	哈密地区	克拉玛依市	博尔塔拉蒙古自治州	昌吉回族自治州	塔城地区	喀什地区	伊犁哈萨克自治州(直属)	阿勒泰地区	和田地区	巴音郭楞蒙古自治州	克孜勒苏柯尔克孜自治州	阿克苏地区	吐鲁番地区
—◆—总生师比	19.38	20.51	21.09	21.26	22.03	24.19	30.56	30.71	31.45	33.01	33.02	33.11	40.04	61.27

图 5-32　2012 年新疆各地州幼儿园生师比

数据来源:新疆维吾尔自治区教育厅编:《新疆维吾尔自治区教育统计资料/年鉴》,2012 年。

首先,学前双语教师数量不足。截至 2012 年新疆学前双语教师 1.36 万人,新疆学前双语教师数量距 2012 年自治区的规划目标 1.53 万人还差 1700 多人,距 2015 年的规划目标 2.19 万人还缺额 8300 多人。[①] 随着

① 新疆维吾尔自治区人民政府:《新疆维吾尔自治区少数民族学前和中小学双语教育发展规划(2010—2020 年)》(新政发[2011]30 号),2011 年 3 月 31 日。

双语幼儿园兴建，新疆学前双语教育普及率快速提升，目前自治区储备的学前双语教师数量严重不足，学前双语教育生师比虽然从2008年的37∶1下降到2012年的31∶1，但其生师比仍然较高，远远未达到自治区制定的21∶1的学前双语教师编制配备标准①，距离国家规定的9∶1的全日制幼儿园保教人员与幼儿配备标准更相差极远。② “2008年以前许多县镇建设的公办双语幼儿园20多年没有核过编制，由于县级公共教育财政不堪重负，大部分教师无编制，为幼儿园自聘教师，远远不能满足乡村双语幼儿园‘两教一保’的正常运转需要。”（喀什地区教育局W副局长，2014年3月10日）事实上，学前双语教师培养培训需要付出比普通幼儿园教师培养培训更多的经费成本和时间成本，而自治区储备的已接受学前教育专业的少数民族教师非常少，母语为汉语的学前教师短时间内也难以通过集中培训成长为学前双语教师。

其次，学前双语教师质量不高、结构不合理。一是不懂学前教育、双语、学前双语教育的非专业、无资质教师多。二是生师比、少数民族幼儿与少数民族教师比过高（2012年分别为30∶1、39∶1，高于2012年全国幼儿园生师比25∶1③），教师工作任务重。三是农村学前双语教师队伍建设成为亟待解决的艰巨任务，农村学前双语教师队伍建设滞后严重制约了新疆学前双语教育的科学发展与质量提升。如和田、喀什、伊犁等南北疆少数民族聚居区的学前双语教育发展仍然较为缓慢，突出表现为农村双语幼儿园语言环境单一封闭、学前双语教师工作和生活条件艰苦、招聘和稳定学前双语教师困难。“很多乡、村双语幼儿园普遍缺少懂学前

① 新疆电视台：《新疆29万少数民族幼儿受惠学前“双语教育”》，2010年7月26日，http://tv.people.com.cn/GB/150716/156859/157038/12255437.html。

② 《教育部关于印发〈幼儿园教职工配备标准（暂行）〉的通知》（教师［2013］1号）。

③ 根据教育部2012年教育统计数据计算得出。

教育专业的双语教师，仅仅能应付幼儿园简单的保育工作，缺乏有效设计与组织实施符合学前双语教育规律的幼儿园教育活动能力，这在很大程度上制约了新疆学前双语教育的质量提升和科学发展。一大批新招聘的学前双语教师、小学转岗教师汉语水平与专业素质都非常低。一方面汉语发音不标准、表达有困难；另一方面多属于非学前教育专业，尽管自治区采取先培训、再考核、后上岗的举措，但有限的集中培训根本不足以补缺学前教育专业理念、专业知识、专业技能。学前双语教师数量不足导致了少数民族幼儿与教师比过大，学前双语教师质量不高、专业能力差导致了双语幼儿园小学化教学倾向十分严重。”（伊犁州巩留县教育局 L 书记，2014 年 3 月 5 日）由于农牧区缺少懂双语的学前教育专业教师，存在以小学转岗教师解决农牧区学前双语教师数量不足的政策倾向，学前双语教育小学化倾向十分明显，严重影响其质量。

软件投入除了表现为学前双语教师队伍建设投入不足外，也突出表现在包括保育员、门卫保安、炊事员、保健医在内的工勤人员投入不足。“由于双语幼儿园人员配备不足，加剧了学前双语教师的工作量及队伍的不稳定性。”（伊犁地区县乡幼儿园园长座谈，2014 年 3 月 4 日；喀什地区县乡园长座谈，2014 年 3 月 11 日）

第六章 新疆学前教育基本公共服务均等化的体制分析

从第五章的分析来看,总体上新疆学前教育基本公共服务呈现快速发展的态势,新疆学前教育基本公共服务的均等化水平也经历了“逐渐扩大向逐渐缩小”的发展趋势。本部分期望了解导致新疆学前教育基本公共服务均等化效应的体制原因,其中重点探讨:第一,从横向体制上看,政府干预、政策支持以及与其相关的公共财政制度安排对新疆学前教育基本公共服务均等化水平产生了什么影响?第二,从纵向体制上看,中央和地方各级政府间关于新疆学前教育基本公共服务是如何分担责任并作出相应制度安排的?这些制度安排对新疆学前教育基本公共服务均等化效果产生了什么影响?研究遵循公共政策评估的思路,在第五章分析的基础上,进一步深入考察制度安排及政策执行后产生的实际效果及其体制归因、目前存在的问题及其体制障碍、地方体制改革经验。

一、新疆学前教育基本公共服务的体制变迁

体制是一个根本性问题,建立公平、高效的体制有利于推进各项事业的顺利改革,有利于实现社会效用最大化,有利于保障社会公平和政治稳

定。如前所述,本研究中的“体制”特指学前教育基本公共服务体制,是指为维护和实现公共利益,对学前教育基本公共服务供给主体(政府、市场、社会)间关系及其责任分担的一系列制度安排。制度安排是体制的核心内容,政府与市场、社会的横向关系,中央与地方政府的纵向关系是学前教育基本公共服务体制的两个关键维度。本研究将对近年来新疆学前教育基本公共服务的体制变迁历程及其特征进行概括和梳理。

研究收集并分析了近年来与新疆学前教育基本公共服务体制相关的政策文本,发现新疆学前教育基本公共服务始终以“学前双语教育”作为核心主线,以“农村学前双语教育”作为公共财政支持重点;新疆学前教育基本公共服务体制变迁始终以政府主导、强力推进为主要路径,不同历史时期和发展阶段中央与地方各级政府承担的职责分工各不相同。

(一)纵向体制:中央保障、省级配套、地县分担

2005年以前新疆学前教育普及率极低,2004年新疆学前教育三年毛入园率仅25.3%。[①] 新疆少数民族学前教育普及率则更低,乡、村两级几乎没有幼儿园,政府对新疆学前教育基本公共服务的干预、保障和提供非常有限。应当说,新疆学前教育基本公共服务体制改革的历史与新疆学前双语教育的发展及其政策演变历史是紧密联系在一起的。2005年新疆维吾尔自治区印发了《关于加强少数民族学前“双语”教育的意见》(新党办[2005]28号)。自此之后,新疆开启并初步建立了以“学前双语教育”为重心的学前教育基本公共服务体制。将2005年作为起点,研究将新疆学前教育基本公共服务纵向体制变迁划分为两个阶段。

① 毕嵘、张雁、任春红:《新疆幼儿教育的现状与发展策略》,《学前教育研究》2007年第4期。

1. 酝酿与形成期(2005—2007 年):以省为主、专项扶持

(1)形成背景

严格来说,一直到 20 世纪末期,新疆少数民族学前双语教育尚未得到政府足够重视,但随着新疆民族双语教育政策整体大环境的不断变迁,为新疆制定和实施少数民族学前双语教育政策创造了十分必要的基础性条件。随着新疆推行双语教育政策重心下移的趋势,学前阶段实施双语教育的重要性和可行性逐步凸显出来。2001 年自治区向全疆各地区下发《关于进一步加强我区幼儿教育工作的若干意见》(新教基[2001]1 号)明确提出,要大力发展农牧区幼儿教育,提高少数民族幼儿教育,各地要大力提倡民汉合园。至此,新疆学前双语教育还主要停留于提倡、宣传的层次,处于政策的酝酿和准备时期。

2004 年 3 月自治区下发《关于大力推进"双语"教学工作的决定》,要求不断扩大"双语"教学范围和规模,提高少数民族学生的汉语水平。继此之后,2005 年 7 月自治区印发《关于加强少数民族学前"双语"教育的意见》(新党办[2005]28 号)(以下简称《意见》),要求在学前教育阶段大力推广双语教学,把加强少数民族学前双语教育作为当前学前教育体制改革的核心内容,把少数民族学前双语教育纳入自治区整个少数民族双语教育体系之中。《意见》的颁发确立了新疆双语教育立足学前教育阶段的基本思路,同时也进一步确立了新疆基本公共教育服务"优先发展和保障学前双语教育"的战略目标定位。该政策实施以来,得到了各级党委与政府的高度重视,自治区层面集中加大对新疆边远、贫困、少数民族聚居区学前双语教育的财政专项扶持力度,使新疆学前双语教育迈入了快速发展的轨道,逐步明确将学前双语教育纳入新疆学前教育基本公共服务体系。

（2）省级财政专项支持

《意见》明确指出“自治区重点扶持边远贫困地区农村学前双语教育发展，县、乡人民政府要加强对学前双语教育的统筹管理和督查评估”，“各级政府要加大对少数民族学前双语教育的投入，通过提供幼儿伙食补助、教师生活补贴以及建设村级学前教育场所等措施，推进学前双语教育工作”。为有效贯彻落实《意见》精神，2005 年由自治区教育厅和财政厅共同编制了《自治区扶持七地州农牧区学前“双语”教育工作经费使用方案》（以下简称《方案》）并作为《意见》附件同时公布。《方案》明确自治区重点扶持阿克苏、喀什、克州、和田地区和伊犁州直县市、塔城、阿勒泰地区共七个地州农牧区幼儿的伙食补助费、农村幼儿汉语教师工资补贴、村级学前教育机构建设基建补助和教材补助（详见表 6-1）。

表 6-1　自治区扶持七地州农牧区学前“双语”教育工作经费使用方案

补助项目	补助标准	备注
基建补助	自治区扶持七地州村办农村学前教育机构建设，每年基建补助 1000 万元	所列经费（除读本、音像资料编写费）按每年递增 20%，分五年逐步到位
伙食补助费	自治区重点扶持七地州农牧区幼儿进入学前 2 年的伙食补助费，按照每人每日 1.5 元，每年按 200 天的标准补助，每年应为：25.2 万人×1.5 元×200 天=7560 万元	
教材补助	1. 汉语读本（含教师用书）及音像资料的编写、审查、出版费用一次性投入约 50 万元 2. 免费提供读本费，以每生每年 20 元的标准，需要 504 万元	
农牧区聘用幼儿汉语教师工资补助	按每 40 名学生配备一名汉语教师，约需 6300 名教师，每名教师由自治区每月补助 400 元标准计算，每年需要自治区投入：6300 名教师×400 元×10 月=2520 万元	

可以说，《意见》在新疆学前教育基本公共服务体制的历史演进中具有“里程碑”的标志意义，《意见》的实施不仅标志着新疆少数民族学前双

语教育政策的基本框架、新疆从学前教育至高等教育全面铺开的少数民族双语教育格局初步形成，而且《意见》首次从制度上保障了自治区省级政府对新疆边远贫困的少数民族聚居区学前双语教育的专项投入及其标准，这标志着新疆“政府主导、以省为主、专项扶持”的学前教育基本公共教育服务体制初步确立。

2. 完善与创新期（2008 年至今）：中央保障、省级配套、地县分担

2008 年以来随着国家对新疆学前双语教育重要价值的认识日益深化，中央对新疆学前双语教育的政策倾斜和财政支持力度之大，可以说在新疆学前教育史上乃至全国学前教育史上前所未有。上述体制改革历程充分彰显了国家对新疆学前教育基本公共服务重要性的高度重视，同时也充分体现了省级政府在推动本地区学前教育基本公共服务均等化建设进程中发挥着十分重要的能动作用。

（1）2008—2009 年：自治区制定规划、主动争取中央财政保障

2008 年 7 月自治区向国家发展和改革委员会、财政部和教育部报送了《新疆维吾尔自治区少数民族学前双语教育五年发展规划》（新政函[2008]113 号）。2009 年根据中央新疆工作协调小组第九次会议要求，自治区拟定了《新疆少数民族学前双语教育发展规划调整方案》（以下简称《调整方案》），《调整方案》明确自 2008 年起由国家启动“新疆少数民族双语幼儿园建设工程”与“新疆少数民族学前双语发展保障工程”，确立了 2008—2012 年新疆少数民族学前双语教育事业发展的五年战略目标。首先，学前双语教育办学条件有较大改善，质量和效益有明显提高；城镇和乡村基本普及学前两年双语教育。到 2012 年，全区 95 个县市区、852 个乡镇、8881 个村少数民族学前两年双语教育基本普及，少数民族学前双语在园幼儿数达到 43.82 万人，学前双语教师达到 20449 人。其次，

国家和自治区重点扶持少数民族较为聚集、边远贫困、经济发展相对滞后的南北疆七地州九县市①的少数民族学前双语教育，到2012年七地州九县市共65个县市、672个乡镇、7318个村少数民族学前两年双语教育基本普及，少数民族学前双语在园幼儿数达到34.91万人，学前双语教师达到16291人。

2009年12月国家财政部正式批复《自治区少数民族学前“双语”教育发展保障规划》，计划到2012年中央和自治区共投入50.69亿元用于新疆七地州及九县市学前双语教育发展，其中20.95亿元用于新建和改扩建双语幼儿园，其余用于少数民族幼儿伙食补助、公用经费、免费教材、配套设备、临聘学前双语教师工资等。②

（2）2010—2012年：建立中央保障、省级配套、地县分担的公共财政体制

为规范新疆学前双语教育发展保障经费的使用范围，确保财政资金专款专用，提高资金的使用效益，2010年5月自治区财政厅和教育厅共同制定了《新疆学前“双语”教育发展保障经费管理暂行办法》（新财教［2010］118号）（以下简称《暂行办法》）。《暂行办法》明确了新疆学前双语教育发展保障经费由中央财政、自治区本级财政和地（州、市）、县（市、区）财政分项目、按比例、分级负担。适用范围为：喀什地区、和田地区等七地州所属县市以及托克逊县、吐鲁番市、伊吾县等九县市。学前双语教育保障经费包括双语幼儿园公用经费、幼儿伙食补助经费、幼儿免费读本

① 《自治区少数民族学前“双语”教育发展保障规划》中国家和自治区重点扶持少数民族学前“双语”教育的地区为：喀什地区、和田地区、克孜勒苏柯尔克孜自治州、阿克苏地区、伊犁哈萨克自治州、塔城地区、阿勒泰地区等7个地州所属县市以及托克逊县、吐鲁番市、伊吾县、巴里坤哈萨克自治县、木垒哈萨克自治县、温泉县、若羌县、尉犁县、和静县等9个县市。

② 蒋夫尔：《国家和自治区50亿财政投入发展新疆“双语”教育》，《中国教育报》2009年12月4日，http://www.jyb.cn/china/gnxw/200912/t20091204_327836.html。

经费、教学资源库建设经费、幼儿园教学、生活辅助及活动设施经费、幼儿园聘用教师生活补助。保障经费具体使用范围、标准与原则详见表6-2。

表6-2 新疆学前双语教育保障经费的资金使用范围、原则及标准①

范围	标准与原则
双语幼儿园公用经费	由中央财政按每生每年300元标准全额负担。开支范围包括水电暖费、交通差旅费、邮电费、图书资料费、园舍仪器设备的日常维护费、炊具更新、购买低值易耗品、教师培训费等。不得用于基本建设投资和偿还债务,不得用于人员经费和接待费支出。教师培训费支出不低于公用经费预算总额的5%,主要用于教师参加培训所需的差旅费、伙食补助费、资料费和住宿费等补助
学前双语幼儿伙食补助经费	按每位幼儿每年1000元的标准安排。其中喀什地区、和田地区、克州三地州所需资金由中央财政全额承担,其余四地州及九县市由中央财政与自治区本级财政按6∶4比例分担
学前双语幼儿免费读本经费	按每生每年90元标准安排。其中中央财政每生每年补助70元,自治区本级财政每生每年补助20元
学前“双语”教育资源库建设经费	用于重点制作汉、维、哈、柯、蒙五个语种的幼儿教育资源,由自治区统一制作、直播、配发,此项资金不拨付各地
少数民族“双语”幼儿园教学、生活辅助及活动设施经费	按照每所幼儿园15.6万元补助。主要用于七地州及九县市新建“双语”幼儿园设施购置,开支范围包括每所幼儿园配备教学及活动器材,图书资料及影像制品,生活设施等(含床、桌、椅、厨房用具),为每班配备一台电视机和一台DVD播放机。由自治区本级采购、向各地配发
学前“双语”幼儿园聘用教师生活补助	按每人每月1028元、每年12个月发放,克州、喀什地区、和田地区和阿克苏地区柯坪县、乌什县学前双语教师的生活补助资金全部由自治区本级财政解决;伊犁州、阿勒泰地区、塔城地区和阿克苏地区的其他县市学前双语教师生活补助资金由自治区本级财政和地县财政按1∶1的比例共同承担

(3)2013年:建立农村学前双语教育经费保障机制

2008年国家财政部批复的《新疆维吾尔自治区少数民族学前“双语”教育发展保障规划》中就已经明确,从2013年起比照农村义务教育经费

① 《新疆学前“双语”教育发展保障经费管理暂行办法》(新财教[2010]118号),见http://wenku.baidu.com/view/5f20ecf1f61fb7360b4c65e9.html。

保障机制,由中央财政支持新疆建立学前“双语”教育经费保障长效机制,中央和新疆地方政府分项目、按比例共同承担所需经费,其中包括公用经费、幼儿伙食补助、幼儿课本费以及未来已建成园舍的维修改造费。① 2013 年自治区实行新的学前双语教育经费保障机制后,受益范围由 2012 年 7 个地州 9 个县市扩大到全疆农村各民族幼儿,保障幼儿免费接受学前两年教育,幼儿园的公用经费标准也由每名幼儿每年 300 元提高到 600 元,除每名幼儿每年 1000 元的伙食补助和 90 元的幼儿读本补助外,2013 年还新增每名幼儿 120 元的取暖补助。2013 年自治区实行新的学前双语教育经费保障机制后,国家投入资金 5 亿元、自治区投入资金 3 亿元,而 2012 年国家和自治区对该项目的投入分别是 3. 2 亿元和 1. 5 亿元,2013 年比 2012 年总投入增加了 3. 3 亿元,受益幼儿从 2012 年的 36 万名增加到了 45 万名。②

(4)2016 年:率先面向南疆四地州实施学前三年双语教育免费政策

近年来,特别是中央新疆经济工作座谈会之后,中央与自治区不断加大对南疆四地州的政策倾斜力度,整体上新疆南北疆区域间的发展差距正在逐步缩小。但由于南疆四地州自然、历史因素长期累积,国际国内政治因素相互交织,与全疆其他地区相比,总体上南疆四地州的经济社会发展还相对缓慢、语言文化环境相对单一、教育基础相对薄弱。国际人力资本投资相关研究表明,学前教育投资不仅有利儿童个体的全面、健康与终身可持续发展,而且有利于打破贫困的代际循环,更有利于实现社会和谐

① 蒋夫尔:《国家和自治区 50 亿财政投入发展新疆“双语”教育》,《中国教育报》2009 年 12 月 4 日;《〈新疆维吾尔自治区少数民族学前“双语”教育发展保障规划〉批复》,《光明日报》2009 年 12 月 9 日,http://www.hprc.org.cn/gsgl/zggk/zhgwh/6666_7_1/200912/t20091209_37901.html。

② 蒋夫尔:《新疆建农村学前双语教育经费保障机制》,《中国教育报》2014 年 1 月 26 日第 1 版。

与国家政治稳定。如果家庭无法为幼儿的学习提供必要的条件,政府则应该及早介入,因为只有这样才能避免对下一阶段教育投入回报率的消极影响,从而获得最好的人力资本投入效益。① 由此可见,由政府主导在民族地区提供学前双语教育基本公共服务是促进民族地区和谐、可持续发展与国家长治久安、社会公平正义的战略需要,更是维护民族团结、国家统一、构建和谐社会的平衡器、稳定器。2016 年新疆维吾尔自治区党委和政府恰恰是从人力资源扶贫开发、学前双语教育精准扶贫的高度,率先在南疆四地州实现农村学前三年免费双语教育的战略决策。

2016 年 9 月,新疆维吾尔自治区党委书记陈全国针对"教育惠民"作出了"四个优先"的重要批示,提出要优先发展学前教育、双语教育,优先扶持南疆地区和贫困群体,自治区党委随后作出了率先在南疆四地州实现农村学前三年免费双语教育的战略决策②。自治区党委和政府作出此项重要的战略决策对南疆四地州的基础教育质量提升、人力资源扶贫开发以及地区经济社会长远发展,乃至新疆长治久安与社会和谐稳定具有重要的现实意义。

首先,南疆四地州占新疆区域总面积三成多。南疆四地州即为新疆和田地区、喀什地区、克孜勒苏柯尔克孜自治州(简称克州)和阿克苏地区,位于新疆维吾尔自治区西南部、塔克拉玛干沙漠西南边缘,周边与 6 国接壤。南疆四地州下辖 33 个县(市),378 个乡镇,5061 个行政村,区划面积 58.63 万平方公里,占全疆总面积的 35.2%③。

---

① Carneiro, P.M.& Heckman, J.J.(2003). *Humman capital policy. Working Paper* 9495. http://www.nber.org/papers/w9495.pdf.

② 周雷刚、徐蒙:《南疆四地州农村双语幼儿园建设工作推进会举行》,见 http://xj.people.com.cn/n2/2016/1111/c188514-29294201.html。

③ 马延亮:《新疆南疆四地州区域经济竞争力分析》,见 http://xjyj.xjdrc.gov.cn/content.jsp? urltype=news.NewsContentUrl&wbtreeid=1024&wbnewsid=3918。

其二,南疆四地州人口占全疆总人口四成多,其中少数民族人口占南疆四地州总人口近九成。从南疆四地州人口分布来看,2015 年新疆统计年鉴数据显示,南疆四地州总人口 987.33 万人,占全疆总人口的 42.5%,其中少数民族人口 897.34 万人,占四地州总人口的 90.9%,全疆少数民族人口比例位于前四位的恰恰是南疆四地州,南疆四地州少数民族人口比例由高至低分别为和田地区(96.5%)、喀什地区(93.4%)、克孜勒苏柯尔克孜自治州(92.7%)、阿克苏地区(81.1%),因此南疆四地州是新疆少数民族最为集中的聚居区①。

其三,南疆四地州农村扶贫对象占全疆扶贫人口的八成多。从南疆四地州农村扶贫对象来看,南疆四地州农村扶贫对象 217.24 万人,占全疆扶贫对象人口 256.03 万人的 84.8%②。其中和田地区、喀什地区、克州(以下简称"南疆三地州")是新疆扶贫对象最多、贫困发生率最高、贫困程度最深、扶贫工作难度最大的集中连片特殊困难地区,是国家新十年扶贫纲要确定的全国 14 个集中连片特殊困难地区之一③。

其四,南疆四地州在新疆政治稳定与长治久安战略格局中具有特殊重要地位。南疆四地州是新疆反恐维稳任务最艰巨的区域,在维护祖国统一、反对民族分裂斗争中具有特殊重要的战略地位④。自治区党委与政府率先实现南疆四地州学前三年双语教育免费政策,实质上体现了对南疆四地州"学前双语教育精准扶贫"的战略思路,即从人力资源扶贫的

① 新疆维吾尔自治区统计局网站:《2015 年统计年鉴》,见 http://www.xjtj.gov.cn/sjcx/tjnj_3415/2015xjtjnj/rkyjy_2015/201603/t20160315_492328.html。

② 马延亮:《新疆南疆四地州区域经济竞争力分析》,见 http://xjyj.xjdrc.gov.cn/content.jsp? urltype=news.NewsContentUrl&wbtreeid=1024&wbnewsid=3918。

③ 王新红:《南疆三地州片区区域发展与扶贫攻坚正式启动》,见 http://news.iyaxin.com/content/2013-01/05/content_3763548.htm。

④ 马延亮:《新疆南疆四地州区域经济竞争力分析》,见 http://xjyj.xjdrc.gov.cn/content.jsp? urltype=news.NewsContentUrl&wbtreeid=1024&wbnewsid=3918。

高度根本上帮助南疆四地州人口脱贫、教育与经济发展、社会稳定、长治久安与可持续发展。

综上,2008 年开始实施的《自治区少数民族学前"双语"教育发展保障规划》标志着中央与地方共同分担的"新疆学前教育基本公共服务体制"初步确立,实现了从 2008 年以前"以省为主、专项扶持"向"中央保障、省级配套、地县分担"的重要转变。2010 年《新疆学前"双语"教育发展保障经费管理暂行办法》标志着新疆学前教育基本公共服务体制逐步规范,同时这也意味着国家和自治区已明确将"新疆学前教育基本公共服务"纳入了政府公共财政支出范畴,建立了比较稳定的以"政府投入为主、中央保障、省级配套、地县分担"的公共财政体制。2013 年起建立的"农村学前双语教育经费保障机制"再一次强化了新疆学前教育基本公共服务的重点在农村,通过建立相应的公共财政体制机制保障了新疆学前教育基本公共服务均等化的实现路径。

(二) 横向体制:政府主导、社会参与

总体来看,2005 年以来新疆学前教育基本公共服务"政府主导、社会参与"的横向体制初现端倪,尤其是 2010 年国家《教育规划纲要》、"国十条"颁布实施以后,在全国学前教育基本公共服务体制改革的大背景下,新疆学前教育基本公共服务横向体制也正在进行着创新性探索。下面将新疆学前教育基本公共服务横向体制变迁划分为两个阶段进行分析。

1. 政府鼓励、政策引导(2005—2011 年)

政府鼓励社会力量参与学前教育基本公共服务是扩大学前教育公共资源的重要手段和途径。2005 年《意见》中就明确指出,要积极鼓励社会

力量举办以汉语教育为主、民汉合园的幼儿园。通过民办、民办公助、联办等多种形式，加强园所建设，加快发展学前教育。大中城市住宅开发中要配套建设民汉合园的幼儿园，要不断提高少数民族学前“双语”教育覆盖面以及少数民族幼儿接受学前教育的比例，各地要充分调动各方面积极因素，鼓励各种形式捐资助学，推进教育对口支援工作，争取对学前双语教育的支持。

随着2010年国家《教育规划纲要》、“国十条”的颁布实施以及国家基本公共服务体系建设的深入推进，2011年1月由新疆维吾尔自治区党委和政府公布的《新疆维吾尔自治区中长期教育改革和发展规划纲要（2010—2020年）》首次明确“加快普及学前教育。学前教育实行政府主导、公办为主、社会参与的办学体制……以少数民族学前双语教育为突破口，大力发展公办园，积极扶持民办园，将学前教育逐步纳入基本公共教育服务体系……重点发展农牧区学前教育”。

随后在2011年3月自治区人民政府颁发的《新疆维吾尔自治区少数民族学前和中小学双语教育发展规划（2010—2020年）》中，明确提出“积极发展学前双语教育……积极开展幼儿园办园体制改革，鼓励和支持社会力量举办双语幼儿园，努力形成以公办幼儿园为主、民办幼儿园为补充的学前双语教育（服务）体系”。由此可以鲜明地看出，新疆学前教育基本公共服务的重点区域在农牧区学前（双语）教育，其体系与体制建设在政府主导下积极鼓励社会力量参与举办双语幼儿园。

2. 财政支持、奖补激励（2012年至今）

为不断扩大普惠性学前教育资源，全面提高政府公共服务能力，保障适龄儿童接受基本的、有质量的学前教育，新疆自2012年开始逐步加强普惠性民办幼儿园建设，年底印发了《新疆维吾尔自治区普惠性民办幼儿园认定及管理办法(试行)》(新教基[2012]29号)(以下简称《普惠民办园认定及管理办法》)。《普惠民办园认定及管理办法》中明确了"普惠性民办幼儿园认定标准、应具备的条件、认定程序、支持政策……中央和自治区级财政扶持民办幼儿园发展奖补资金,重点用于对普惠性民办幼儿园工作开展较好的县(市、区)给予适当奖励性补助"。

随后为贯彻落实《国务院关于当前发展学前教育的若干意见》(国发[2010]41号)和《财政部　教育部关于加大财政投入支持学前教育发展的通知》(财教[2011]405号)精神,引导各地积极扶持民办幼儿园健康发展,根据《中华人民共和国民办教育促进法》和《国务院关于鼓励和引导民间投资健康发展的若干意见》(国发[2010]13号),与《普惠民办园认定及管理办法》配套的《自治区财政扶持民办幼儿园发展奖补资金管理暂行办法》(新财教[2012]452号)(以下简称《民办奖补办法》)正式颁布,《民办奖补办法》明确2012年起自治区财政设立"扶持民办园发展奖补资金",扶持普惠性、低收费民办园发展。奖补资金来源为"中央财政和自治区本级财政预算安排"。奖补资金目的是"通过奖补资金引导,促使民办园提供普惠性服务;促进民办园自主采取措施,提高办园质量与水平,从而真正实现公办民办并举的学前教育体制,保障适龄儿童接受基本的、有质量的学前教育"。奖补资金的管理原则是:(1)地方为主。扶持普惠性民办园发展的主要责任在地方政府。(2)激励引导。发挥奖补资金作用,引导地方各级政府积极扶持普惠性民办园健康发展,激励幼儿园举办方采取措施提高质量。(3)中央和自治区奖补。地方政府在扶持普惠性民办幼儿园方面有举措、有投入的,中央和自治区给予奖补。(4)奖补资金的分配,重点考虑各地用于普惠性民办园专项投入额度,同时考虑全区用于普惠性民办园的财政投入额度、扶持民办园发展、促进公办民办并举的政策措施以及财力状况等因素。(5)奖补资金由各地按计划安排使用。奖补资金应全额用于普惠性民办园的发展，重点用于支付园舍租金，补充玩教具、保教和生活设施设备，校舍维修改造，弥补公用经费不足等。①

综上，从新疆学前教育基本公共服务体制变迁来看，政府始终占据主导地位，从纵向体制来看是从“以省为主、专项扶持”逐步发展为“中央保障、省级配套、地县分担”，从横向体制来看则是从“政府鼓励、政策引导”逐步发展为“财政支持、奖补激励”的实操性政策工具。

二、新疆学前教育基本公共服务均等化的体制成效

建立并创新体制是保障财政投入公平性、稳定性、长效性、可持续性的重要基础，更是保障基本公共服务均等化供给的重要前提。已有研究表明，公共财政体制改革是促进基本公共服务均等化的重要前提和保障，而基本公共服务均等化对完善我国公共财政体系建设、促进政府公共财政职能转变也提出了全新挑战。教育公共财政如何彰显政府教育财政职能的“公共性”，如何通过公共财政体制创新促进民族地区学前教育基本公共服务均等化，这是摆在政府面前的一个新课题。

本研究对近十年新疆学前教育基本公共服务均等化动态发展水平作出体制性归因，其中包括政府公共财政投入总量对新疆学前教育基本公共服务均等化差异的影响，中央与自治区财政投入对新疆学前教育基本公共服务均等化差异的影响。

① 《新疆维吾尔自治区财政扶持民办幼儿园发展奖补资金管理暂行办法》（新财教［2012］452号），http://www.xjedu.gov.cn/xjjyt/jyzt/xqjywlxz/ctzc/2013/59630.htm。

（一）政府公共财政总投入对新疆学前教育基本公共服务均等化的影响

已有研究表明,公共财政体制是基本公共服务体制的核心问题,建立公共财政体制是促进基本公共服务均等化的根本要求和有效手段。

1. 新疆学前教育基本公共服务财政投入水平

从图 6-1 来看,第一,总量上 2003—2010 年新疆学前教育基本公共服务总体投入、政府公共财政投入都呈逐年上升趋势,尤其 2008 年以后增幅较大,2011 年略有下降,但 2012 年又升至历史新高;学前教育总投入从 2003 年 2. 096 亿元上升至 2012 年的 25. 883 亿元,十年间新疆学前教育总投入增长了 12 倍。

第二,从新疆学前教育预算内财政投入的绝对值来看,其总量也在不断扩大,从 2003 年的 1. 2 亿增长到 2012 年的 19. 8 亿,十年间新疆学前教育公共财政投入增长了 16. 5 倍。

第三,从新疆学前教育预算内财政投入在新疆学前教育总投入中的相对值来看,其比重也在不断加大,但与总量相比趋势并不一致,呈现此消彼长、动态变化的特点,平均比重在 74%左右。

2. 政府公共财政投入对新疆学前教育基本公共服务均等化的影响

已有相关研究表明,基本公共服务应由政府主导提供,政府公共财政投入是缩小基本公共服务均等化水平的重要手段。从图 6-2 可以看出:第一,尽管 2003—2007 年新疆学前教育公共财政投入处于上升趋势,但由于投入总量相对较少,基本在 1. 2 亿至 2. 9 亿之间浮动,其对缩小新疆

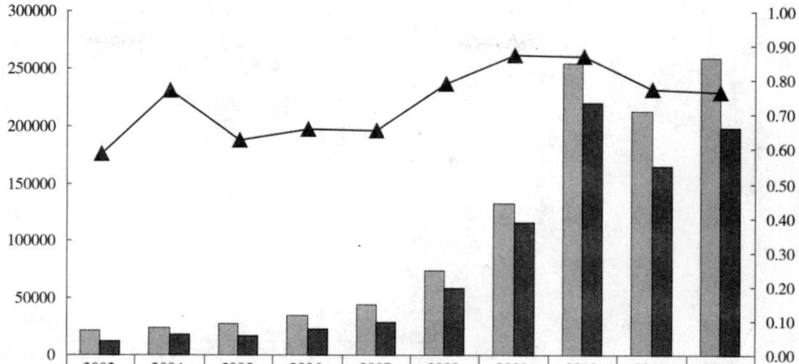

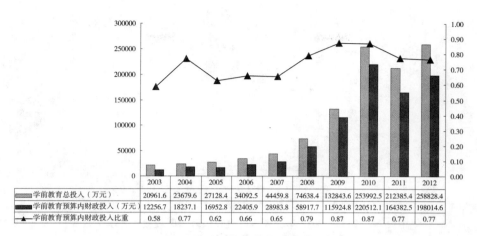

	2003	2004	2005	2006	2007	2008	2009	2010	2011	2012
学前教育总投入（万元）	20961.6	23679.6	27128.4	34092.5	44459.8	74638.4	132843.6	253992.5	212385.4	258828.4
学前教育预算内财政投入（万元）	12256.7	18237.1	16952.8	22405.9	28983.8	58917.7	115924.8	220512.1	164382.5	198014.6
学前教育预算内财政投入比重	0.58	0.77	0.62	0.66	0.65	0.79	0.87	0.87	0.77	0.77

图 6-1　2003—2012 年新疆学前教育基本公共服务总投入、预算内财政性投入及其比重

数据来源:新疆维吾尔自治区教育厅编:《新疆维吾尔自治区教育经费统计》,2003—2012 年。

学前教育基本公共服务均等化差异效果不明显,相反差异系数反而不断扩大。第二,2008—2010 年新疆学前教育财政投入呈快速增长趋势,总量增加,增幅加大,从 2008 年的 5. 9 亿迅速增长到 2010 年的 22. 1 亿,三年增长了 3. 7 倍;同时可以看出这三年间随着公共财政投入总量逐步加大,新疆地区间学前教育基本公共服务的差异系数呈明显逐步缩小趋势。第三,2010 年以后新疆学前教育财政投入总量有所回落,从 2010 年 22. 1 亿降至 2012 年 19. 8 亿,但因其降幅不大,加之受前期投入总量产生的持续影响,因此可能对缩小新疆学前教育基本公共服务的总体差异仍然产生了持续影响。从以上分析来看,加大政府对学前教育公共财政投入的总量有助于整体上缩小新疆区域内学前教育基本公共服务的差距,提升其均等化水平。

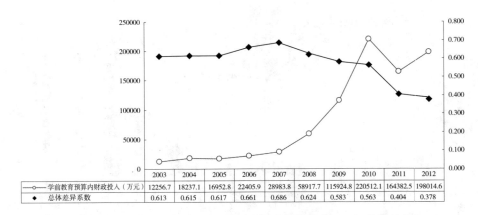

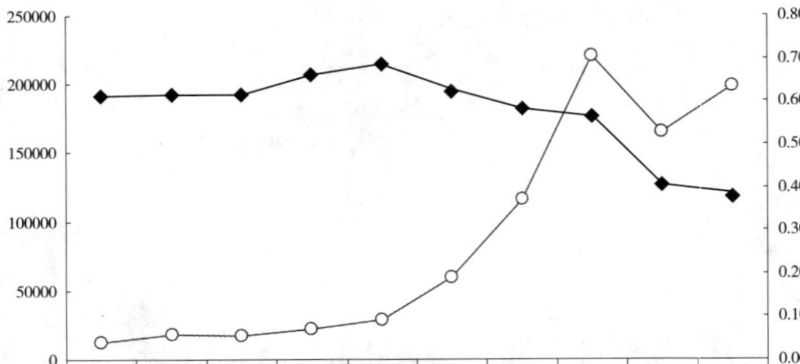

	2003	2004	2005	2006	2007	2008	2009	2010	2011	2012
—○— 学前教育预算内财政投入（万元）	12256.7	18237.1	16952.8	22405.9	28983.8	58917.7	115924.8	220512.1	164382.5	198014.6
◆ 总体差异系数	0.613	0.615	0.617	0.661	0.686	0.624	0.583	0.563	0.404	0.378

图 6-2　2003—2012 年新疆学前教育预算内财政投入与学前教育基本公共服务的总体差异系数

数据来源：新疆维吾尔自治区教育厅编：《新疆维吾尔自治区教育经费统计》，2003—2012 年。

（二）中央政府公共财政投入对新疆学前教育基本公共服务均等化的影响

已有研究发现，中央财政转移支付是影响民族地区基本公共服务均等化的重要因素。从前述体制变迁的分析来看，由于近年来中央政府充分认识到发展新疆学前双语教育既是关系新疆少数民族长远发展的重要民生问题，更是攸关新疆社会稳定与国家长治久安的重大政治问题，因此国家和新疆已鲜明地将新疆学前双语教育优先纳入新疆学前教育基本公共服务体系，并优先作出了制度安排和保障。本部分重点将考察以中央对新疆学前双语教育经费保障为载体的学前教育财政投入政策实施前后，中央专项财政投入对新疆学前教育基本公共服务均等化产生的影响。

近年中央政府高度重视新疆学前双语教育的重要性，2008 年自治区制定的《新疆少数民族学前双语教育发展规划调整方案》获得了国家批准，自当年起由国家启动“新疆少数民族‘双语’幼儿园建设工程”和“新疆少数民族学前‘双语’发展保障工程”。2008 年起国家通过专项政策予以强力干预和财政扶持。2009 年 12 月国家财政部正式批复《自治区少数民族学前“双语”教育发展保障规划》，计划到 2012 年国家和自治区共投入 50.69 亿元，用于新疆七地州九县市学前“双语”教育发展，其中 20.95 亿元用于新建和改扩建双语幼儿园，其余用于少数民族幼儿伙食补助、公用经费、免费教材、配套设备、临聘学前双语教师工资等。① 图 6-3 反映了 2003 年以来中央和自治区政府对新疆学前双语教育的专项投入情况。

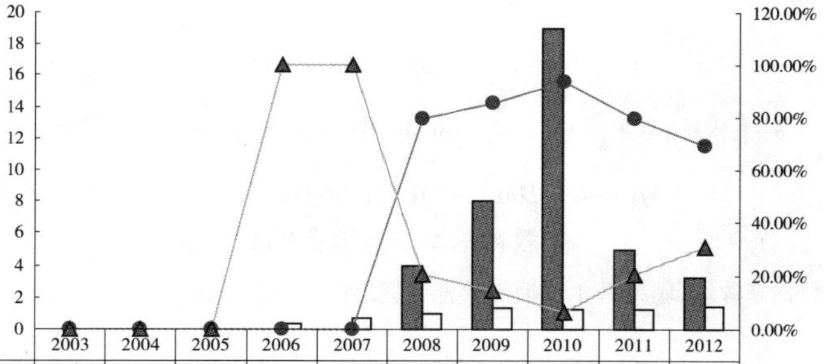

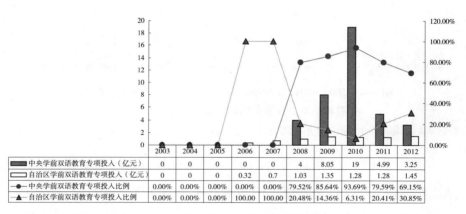

	2003	2004	2005	2006	2007	2008	2009	2010	2011	2012
中央学前双语教育专项投入（亿元）	0	0	0	0	0	4	8.05	19	4.99	3.25
自治区学前双语教育专项投入（亿元）	0	0	0	0.32	0.7	1.03	1.35	1.28	1.28	1.45
中央学前双语教育专项投入比例	0.00%	0.00%	0.00%	0.00%	0.00%	79.52%	85.64%	93.69%	79.59%	69.15%
自治区学前双语教育专项投入比例	0.00%	0.00%	0.00%	100.00	100.00	20.48%	14.36%	6.31%	20.41%	30.85%

图 6-3　2003—2012 年中央与自治区对新疆学前双语教育财政专项投入及其比例

数据来源：新疆维吾尔自治区教育厅提供统计数据。

从图 6-3 可以直观看到近十年中央与自治区两级政府对新疆学前教育基本公共服务的投入总量、各自比重，呈现如下特点：第一，2003—2005 年中央与自治区两级政府对新疆学前教育基本公共服务都没有专项投入，自治区与中央分别自 2006 年、2008 年起对新疆学前教育基本公

① 《中国政府斥巨资支持新疆学前“双语”教育》，http://news.hexun.com/2008-09-21/109028223.html。

共服务实行专项投入。第二,从投入总量来看,2008 年以后投入总量迅速上升,2008—2010 年三年间中央财政累计投入 31.05 亿元,增长幅度达 37.5%;但 2011—2012 年又逐步下降,降幅为 82.9%。第三,从投入比例来看,中央财政投入始终占据重要比重,中央与自治区分担比例基本在 8∶2 或 7∶3 左右,2010 年中央占比最高达 9∶1。

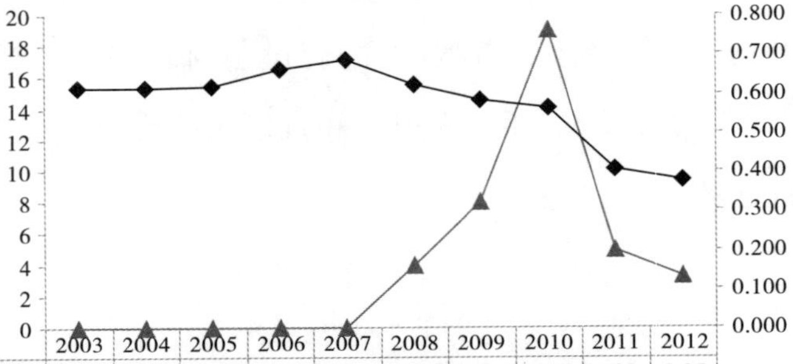

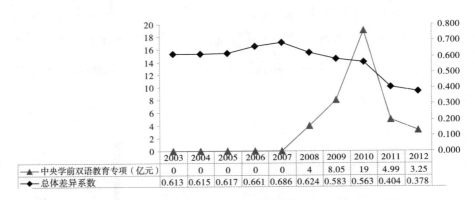

	2003	2004	2005	2006	2007	2008	2009	2010	2011	2012
—▲— 中央学前双语教育专项(亿元)	0	0	0	0	0	4	8.05	19	4.99	3.25
—◆— 总体差异系数	0.613	0.615	0.617	0.661	0.686	0.624	0.583	0.563	0.404	0.378

图 6-4　2003—2012 年中央学前双语教育专项投入与新疆学前教育基本公共服务的总体差异系数

数据来源:新疆维吾尔自治区教育厅提供统计数据;总体差异系数参见表 5-1。

从图 6-4 进一步可以看出,中央学前双语教育财政专项投入对新疆地区间学前教育基本公共服务的均等化水平有显著影响。第一,2003—2007 年中央政府并未对新疆学前教育基本公共服务给予专项投入,新疆地区间学前教育基本公共服务的差距逐步扩大。第二,2008—2010 年随着中央财政专项投入加大,新疆地区间学前教育基本公共服务的差异程度随之相应缩小。第三,2011 年以后中央财政又大幅下降,但因其前 3 年迅速大幅的投入可能对新疆地区间学前教育基本公共服务的总体差异系数仍然产生了持续影响。

（三）自治区政府公共财政投入对新疆学前教育基本公共服务均等化的影响

2005 年新疆维吾尔自治区党委印发《关于加强少数民族学前“双语”教育的意见》，确立了新疆双语教育立足学前教育阶段的基本思路，同时也进一步确立了新疆“优先发展和保障学前双语教育”的基本公共教育服务战略目标定位。该政策实施以来，得到了中央与自治区各级党委与政府的高度重视和大力支持，使新疆学前双语教育迈入了快速发展的轨道。2010 年中央新疆工作座谈会将新疆双语教育提升为国家战略①。2011 年自治区颁发《新疆维吾尔自治区少数民族学前和中小学双语教育发展规划（2010—2020）》，把提高少数民族教育质量，培养德才兼备、民汉兼通人才作为自治区教育工作战略主题。在中央政府公共财政的强力扶持下，自治区公共财政对新疆学前双语教育进行专项经费配套，本部分则重点探讨自治区政府公共财政投入对新疆学前教育基本公共服务均等化水平的影响。

从图 6-4、6-5 可以看出：第一，新疆自 2005 年正式实施学前双语教育政策后先于中央政府于 2006 年开始对新疆学前双语教育进行专项财政投入。第二，2006 年、2007 年两年自治区投入量相对较小，不足 1 亿，连续两年仅由自治区政府进行的小量投入不仅未缩小新疆学前教育基本公共服务的均等化水平，反而这两年差异系数有明显扩大，从 2005 年的 0. 617 扩大至 2007 年 0. 686。第三，2008—2012 年自治区投入量基本稳定在 1 亿左右；但因中央政府自 2008 年后投入总量和比例加大，因此

① 赵西娅：《双语教育编织新疆孩子美好未来》，《新疆日报》2014 年 3 月 28 日，http://xjrb.xjdaily.com/jryw/1040954.shtml。

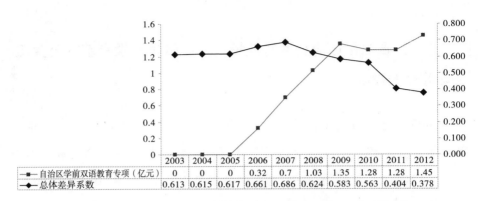

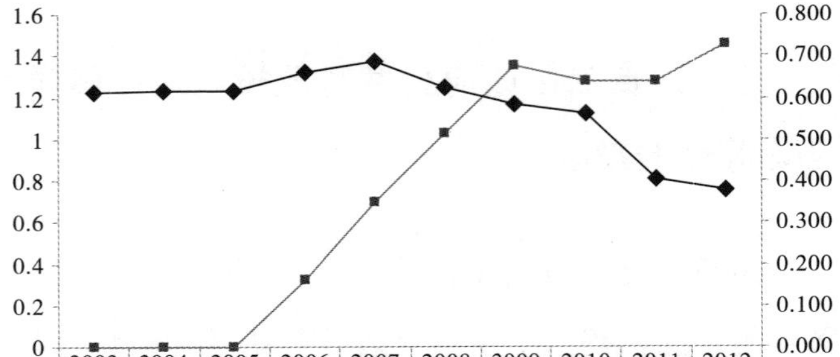

	2003	2004	2005	2006	2007	2008	2009	2010	2011	2012
自治区学前双语教育专项（亿元）	0	0	0	0.32	0.7	1.03	1.35	1.28	1.28	1.45
总体差异系数	0.613	0.615	0.617	0.661	0.686	0.624	0.583	0.563	0.404	0.378

图 6-5　2003—2012 年自治区专项投入与新疆地区间学前教育基本公共服务的总体差异系数

数据来源：新疆维吾尔自治区教育厅提供统计数据；总体差异系数参见表 5-1。

2008 年以后新疆学前教育基本公共服务的差异系数缩小的趋势十分明显。

综上分析可以得出以下结论：

第一，2003—2012 年新疆地区间学前教育基本公共服务均等化程度经历了“差异逐步扩大向差异逐步缩小”的变化趋势，变化的转折点在 2008 年，这与 2008 年以后政府对新疆学前教育基本公共服务财政投入总量增加紧密相关。

第二，中央财政专项投入总量与比例加大对缩小新疆地区间学前教育基本公共服务的差距具有显著影响。从图 6-4 来看，新疆地区间学前教育基本公共服务的差异系数变化拐点出现在 2008 年，即 2008 年以前新疆学前教育基本公共服务差距不断扩大，2008 年以后其差距才不断缩小，而这恰好与中央政府 2008 年以后公共财政强力专项支持新疆学前双语教育的政策安排直接相关。因此，可以说中央政府对新疆维吾尔自治区学前双语教育的专项转移支付制度在缩小新疆地区间学前教育基本公共服务差距的过程中发挥了十分显著的影响作用。

第三,仅仅依靠新疆政府单薄的财政投入水平不足以缩小新疆地区间学前教育基本公共服务的差距水平,而中央财政的强力干预对促进其均等化水平具有十分明显的保障与提升作用。

三、新疆学前教育基本公共服务均等化的体制障碍

在第六章的分析中我们发现近五年新疆学前教育基本公共服务地区间差异系数不断缩小,均等化水平不断提升。但深入地州、市、县、乡、村的实际调研发现,新疆学前教育基本公共服务在科学可持续的发展进程中仍然面临诸多亟待解决的问题和挑战,主要表现为学前教育基本公共服务的政策保障范围仍然有限,城乡间、区域间发展不均衡,质量与规模发展不同步,软件与硬件投入不协调等问题。通过理论分析与实证调查,我们发现这些问题根本上归因于相应的体制建设尚不完善。

(一)县级财政分担不力

尽管《新疆学前“双语”教育发展保障经费管理暂行办法》(新财教[2010]118号)明确了中央财政、自治区本级财政和地(州、市)、县(市、区)财政分项目、按比例分级负担的项目、标准及比例,“中央保障、省级配套、地县分担”的纵向体制已经基本确立,但县级财政分担方面仍然存在突出问题。

1. 上级财政转移支付力度不足增加了县级财政的分担责任

其一,项目园建设资金拨付缺口大,造成县级财政负债运行。国家拨

付的双语幼儿园专项建设资金，由于受建筑材料大幅涨价的影响，大部分项目都存在较大的缺口资金，形成了新的教育负债。以伊犁州为例，“2009—2011 年，国家投资扶持的双语幼儿园建设项目都是按照单方造价 1000 元下拨的，根据各县市的执行和反馈，8 度抗震设防区的双语幼儿园项目，砖混结构单方造价达到 1250 元，框架结构双语幼儿园单方造价达到 1400 余元，每平方米造价超过 250—400 元。伊犁州直各县市抗震抗设防烈度为 7—9 度，按照平均 8 度抗震设防区平均造价差额 300 元计，完成 359 个双语幼儿园项目 338100 平方米建筑面积，造价差额为 10143 万元，平均每县市完成双语幼儿园项目主体建设任务的缺口资金达 1300 万元。”（伊犁州直教育局双语办 L 主任，2014 年 3 月 2 日）

其二，县级财力十分薄弱，加之基层维稳任务重，维稳成本增加加剧了县级财政不堪重负，在纵向体制中明确的由县级财政分担的经费投入难以到位。“中央和自治区扶持的少数民族学前双语幼儿园建设工程只下拨了项目园工程基建资金，不包括附属配套设施资金，即不包括双语幼儿园警卫室、围墙、地面硬化绿化、大门、锅炉房、锅炉等配套设施建设资金，这些依然需由当地政府解决，每个项目配套设施建设资金约需 30 万元。另外，每个项目园需要添置被褥、厨房用具等生活设备约需 10 万元。因此即使项目建成后，地方政府需为每个项目园投入配套资金 40 万元才能使项目投入使用。以伊犁州为例，359 个项目建成后，地方需要投入配套资金 14360 万元，平均每县市需要投入的配套资金约 1700 余万元。依靠县级财政难以完成如此大的资金缺口。”（伊犁州直教育局双语办 L 主任，2014 年 3 月 2 日）

2. 县级财力薄弱导致人员经费支出责任难以落实

纵向体制中明确的人员经费由县级财政分担的部分在实际运行中很

难落实,如门卫(或保安)、保育员、炊事员等工勤人员无编制,工资难以到位,导致招聘困难、人员严重欠缺。“许多幼儿园处于无工勤人员的运转状态,人员不足加剧了原本数量有限的幼儿园教师的工作量。乡、村级幼儿园平均每园5个班,每班平均1.4个教师,全天工作平均11个小时,部分地区甚至长达14个小时。许多乡村级双语幼儿园教师身兼数职,白天除完成教师与保育员工作外,夜间还要承担维稳值班任务,长此以往“白加黑”的工作状态使很多年轻的幼儿园老师产生职业倦怠,影响正常的教育教学工作,更加影响保教质量和队伍稳定。”(伊犁州乡村园长座谈,2014年3月6日;喀什地区乡村园长座谈,2014年3月11日)一些县通过自治区“公益性岗位”政策解决部分保育员工资问题,但这种临时性举措只能短期内解决问题。“由于很多县公益性岗位名额有限,往往很难顾及到保育员岗位。这对双语幼儿园孩子的可持续发展、学前双语教师队伍的稳定而言不是长久之计。”(喀什地区教育局W副局长,2014年3月10日)

(二)质量与规模,城乡间、区域间协调发展的供给体制尚未建立

首先,质量与规模协调发展的供给体制尚未建立。当前新疆学前双语教育政策目标侧重于以“物的分配范式”为价值取向的教育外部公正,忽视以“人的个体发展”为价值取向的教育内部公正,即重园舍规模和硬件设备等基础设施资源配置以及普及率的快速提升,轻学前双语教师队伍建设等影响学前双语教育质量公平的人力资源配置,仅仅保障了少数民族幼儿入园机会公平,对有质量的学前双语教育机会公平关注不够,总体上仍然处于质量低位均等化水平,优质基本公共服务资源不足与不均

衡问题日益突出。

其次,城乡间、区域间学前双语教育资源均衡配置的供给体制尚未建立。尽管当前中央和自治区对新疆学前双语教育给予了大力扶持,2013年起实施农村学前双语教育保障经费制度,但由于新疆学前双语教育起步晚,覆盖面大,目前除国家项目所覆盖的七地州九县市学前双语教育得到保障外,还有相当部分农村地区的少数民族幼儿、双语幼儿园、学前双语教师需要继续得到国家和自治区保障性经费的大力扶持。此外,随着新疆新型城镇化建设的推进,迫切需要建立城乡统筹协调、一体化的学前教育基本公共服务供给体制,将城市低保人群的学前双语教育纳入保障性供给体系。

(三) 学前双语教师队伍建设体制尚不完善

目前国家大量的资金投入主要用于双语幼儿园园舍硬件建设,而大量符合基本质量标准的学前双语教师队伍软件建设极为欠缺。当前学前双语教师数量极为短缺的情况下,自治区采取的主要补充政策,一是通过特岗和转岗教师来补充队伍,二是通过面向社会公开招聘,选拔基本符合标准的教师进入学前双语教师队伍,三是鼓励和吸引职前培养的学前教育专业人才队伍。目前的困境是如何平衡数量与质量间的关系。调研访谈中,基层教育行政管理者、园长等反映,为了满足学前双语教师急缺的现状,在学前双语教师特岗、转岗和面向社会招聘、考核中,所坚持的基本入职标准过低,侧重考察语言能力,对专业能力要求较低,甚至参与考核的专业人员中非学前教育专业背景的人员占比非常大,选拔、操作标准人为因素大,标准过低,这已严重影响民族地区学前双语教育的质量和健康科学发展。如何保障民族地区学前双语教育质量、学前双语教师质量,如何平衡民族地区学前双语教师数量短缺与质量提升之间的关系,这些是摆在民族地区政策决策者、管理者、研究者面前非常现实的挑战与考验,也是民族地区政府必须面对的教育公平问题。教师质量是教育公平的重要保证,如果学前双语教师质量无法保障,就无法保障民族地区学前双语教育的质量,其教育的公正性就要受到质疑。

由于2008年以前自治区学前双语师资储备不足,随着2008年双语幼儿园兴建对学前双语师资需求量快速扩张,学前双语教师的编制、招聘、工资、待遇、培养培训、质量提升等涉及学前双语教师数量补充、队伍稳定、质量提升等一系列相关联、整体性、系统化的制度安排尚不完善,严重影响和制约学前双语教师队伍建设以及学前双语教育质量提升。以喀什地区为例,"当前因学前双语教师人数不足,在岗人员工作相当辛苦,每天工作量大都超过10个小时,而且工作期间80%以上的精力用于保育工作,无法腾出更多的时间用于孩子双语教育学习。并且教师队伍中语言掌握情况整体不高,尤其是汉语发音不准、不规范。虽然这些教师整体较为年轻,可塑性强,但因95%以上为年轻女教师,正处于结婚、怀孕、生育高峰,因工作量大,缺乏时间和精力自我学习提高和接受培训,致使大多数幼儿在大班毕业升入小学一年级后,没有很好地通过语言关尤其是口语关,极大影响了双语教育覆盖率和教育质量。"(伊犁州教育局双语办L主任,2015年3月2日;喀什地区教育局W副局长,2014年3月10日)

1. 学前双语教师队伍补充机制缺乏长远规划

其一,学前双语教师队伍数量补充机制尚不健全。根据新疆农村双语幼儿园教师编制标准,每所双语幼儿园配备7名教师编制①,按每所双

① 《自治区启动2011年面向社会公开招聘学前双语教师工作》,http://www.fzxj.cn/view.asp? id=128621。

语幼儿园5个班计算,平均每班1.4位教师。然而,2013年教育部出台了《幼儿园教职工配备标准(暂行)》,其中明确全日制幼儿园每班配备2名专任教师和1名保育员,或配备3名专任教师①,可见新疆农村双语幼儿园教师编制标准明显不足。从现有的补充机制执行来看,虽然国家和自治区都有相应的编制标准规定,而实际运行中学前双语教师并不能按编如数招满。以伊犁州为例,“2010至今自治区为伊犁哈萨克自治州州直招聘农村学前双语教师1920名,仅占到了项目幼儿园正常开园所需教师的75%左右。”(伊犁州教育局双语办L主任,2014年3月3日)

其二,不仅教师编制不足,保育员等工勤人员也未列入编制。《新疆维吾尔自治区农村双语幼儿园机构编制管理暂行规定》(新机编办[2009]154号)中第八条明确“除专职教师外,农村双语幼儿园的保育员、炊事员、保安人员等均不纳入编制管理,由当地政府根据工作需要自行聘用,所需费用由县乡两级解决”。2010年自治区人民政府印发《新疆维吾尔自治区公益性岗位开发管理试行办法》,将农村双语幼儿园保育员纳入社区公益性岗位管理,并执行公益性岗位相关待遇。② 但由于新疆地域辽阔、区情复杂、县乡财政收入低,公益性岗位非常有限,“保育员等工勤人员自聘费用由县乡两级财政解决存在非常大的困难,有些县乡自聘不足,加剧教师工作量,严重影响教育教学质量。”(伊犁州教育局双语办L主任,2014年3月2日)

其三,学前双语教师队伍补充机制缺乏专业导向。2005年新疆推行学前双语教育以来,学前双语师资补充机制有求数量、轻质量的倾向。

① 《教育部关于印发〈幼儿园教职工配备标准(暂行)〉的通知》(教师[2013]1号),http://www.moe.edu.cn/publicfiles/business/htmlfiles/moe/s7027/201301/147148.html。

② 康丽、刘婷:《学前大发展 我们在行动》,《中国教师报》2012年3月7日;《新疆少数民族双语教育政策解读》,http://xj.ce.cn/gdxw/201301/18/t20130118_766058.shtml。

2010 年以来通过公开招聘获得编制并已上岗的学前双语教师中普遍存在双语水平与专业素养都不高的双重困境。2013 年以前自治区公开招聘无专业限定,因此补充的学前双语新教师中非学前教育专业背景的占相当比例。“伊宁县近三年招聘的 430 名学前双语教师中,187 名为学前专业毕业,243 名教师为非学前教育专业毕业,占 56.5%。”(伊犁州教育局双语办 L 主任,2014 年 3 月 2 日)据自治区公开招聘考核有关评委介绍,在边远贫困的少数民族农村、农牧区,在学前双语教师数量极度匮乏而学前教育专业报考人数有限的情况下,为优先保障“下得去”,不得不先弱化专业背景。令人欣喜的是,2013 年起自治区公开招聘岗位专业要求中明确提出“学前教育专业背景”①,这是一个可喜的变化,但在具体招考面试环节仍然存在考核把关不严的情形。

2. 学前双语教师队伍稳定机制缺乏吸引力

首先,由于编制不足导致学前双语教师队伍稳定性差、吸引力不足。学前双语教师编制不足、配备标准执行不力,工勤人员严重缺编、配备不齐直接影响了学前双语教师队伍稳定性。尤其乡村两级幼园工勤人员均无编制保障,自聘困难,直接导致在岗的学前双语教师工作任务重、压力大,感到无职业前景,离职倾向严重。

其次,学前双语教师待遇保障不力导致队伍流失率大、吸引力差。农村双语幼儿园工作、生活条件艰苦,乡村两级学前双语教师普遍反映工资待遇低、物价高,平均月收入仅 2200 元,仅能满足基本生活。公开招聘上岗的学前双语教师几乎都为外县年轻教师,其住房、交通等生活成本无形增加,结婚后两地分居现象普遍,难以吸引和留住优秀人才,严重影响教

① 《2013 年新疆维吾尔自治区面向社会公开招聘农村双语幼儿园教师简章》,http://www.yingjiesheng.com/job-001-586-652.html。

师工作态度和队伍稳定性。

3. 学前双语教师队伍提升机制缺乏实效性

其一,教师外出培训机会太少,特别是去乌鲁木齐市或内地的培训机会更少,乡村学前双语教师的国培计划名额不足、农村覆盖比例有限。其二,培训课程的专业性不强,培训内容重语言强化,轻专业技能。其三,培训形式单一,大规模的集体授课、理论讲座多,专业实践技能培训少,培训者与参培教师互动机会少,教师缺乏主动性,培训的参与性、针对性、实效性差;观摩远程教育课程效果不理想。其四,培训经费不足。

4. 学前双语教师队伍退出机制难以执行

由于学前双语教师数量严重不足,受上述综合因素所限,加之新疆边远、贫困的少数民族聚居的农牧区、乡、村相对封闭的自然生态环境,“即便有考核合格的学前双语教师,当其深入农牧区、乡村承担学前双语教育工作一段时间后,也面临‘下不去、留不住’的问题。”(喀什市行政管理者 L,2014 年 3 月 10 日)因此,实践中非专业、不合格教师的考核退出机制尚难以落实。

四、新疆学前教育基本公共服务均等化的体制改革:地方探索

(一)顶岗实训、以城带乡:农村学前双语教师培训模式创新——伊犁哈萨克自治州红旗幼儿园的探索

针对县乡村各级农村学前双语教育质量低、学前双语教师专业素质

低等问题,2012 年 3 月在伊犁哈萨克自治州教育局双语办指导下,以州红旗幼儿园、苗苗幼儿园为培训基地,启动了州直双语幼儿园园长、骨干教师以“一学期”为一培训周期的“顶岗实训”培训模式探索创新工作。2013 年底共培训 108 人,根据参训教师自评以及自治区双语办考察,该地区探索创新的“顶岗实训”模式成效显著,有效提高了新建农村双语幼儿园教师教学水平,这种参与式培训模式也有效促进了城乡学前双语师资队伍的均衡发展。

1. 红旗幼儿园基本情况

伊犁哈萨克自治州红旗幼儿园隶属伊犁州教育局,是一所历史悠久的公办示范园,创办于 1955 年,占地面积 11000 平方米,目前在园幼儿上千名,有 23 个教学班,是全州规模最大的一所全日制幼儿园,主要接收州直行政事业干部职工的子女。全园正式教职工编制 92 人,其中专业教师 78 人,研究生学历 1 人,本科及本科在读 28 人,大专及大专在读 69 人,中专及其他 34 人,全部达到国家规定的专业合格学历。该园是州直中、高等师范院校学前教育专业的实(见)习基地和八县一市农村学前双语幼儿园骨干教师的专业实训基地。

红旗幼儿园十分注重研训一体化和教师队伍专业化建设,分别承担了国家级、自治区级、州级多项课题,以研促训,在课题研究中带动和促进本园教师专业成长,培养了一批较为专业的学前双语教师队伍。红旗幼儿园除了帮助本园教师快速成长,在“努力缩小城乡学前教育差距、加快农村学前双语教师队伍建设”方面积极探索,发挥了重要的引领示范作用。2012 年起该园为州直八县一市农村学前教育实现环境设施共享、教科研实力共享、师资培训共享,探索了“顶岗实训”这一农村学前双语教师参与式培训新模式。

2."顶岗实训"模块

红旗幼儿园"顶岗实训"探索了6大模块:建章立制、岗前集训、岗位实训、技巧专训、特别急训、成效反馈。

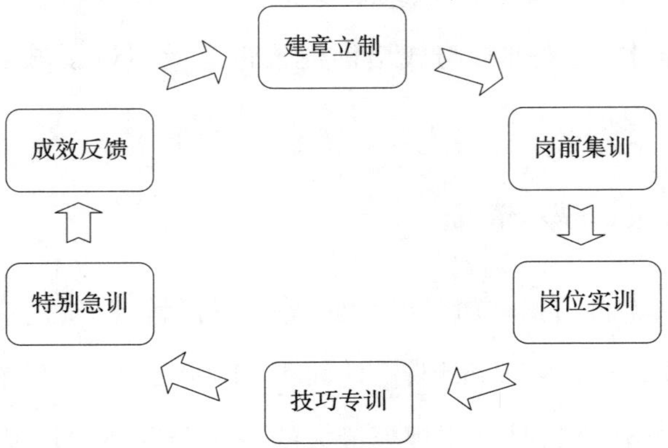

图6-6 伊犁州红旗幼儿园"顶岗实训"模块

(1)建章立制

为确保各县、市双语骨干教师在该园实训期间的安全性、实效性,通过园委会商定,采取班主任主管,班委协管的形式,学习、生活中遵循四个结合原则,即集中培训与分散学习相结合、名师骨干指导与自我提高相结合、理论学习与教学实践相结合、业务指导和品格熏陶相结合。为保障学习效果,形成了"学员培训管理办法""班主任工作及管理办法""班主任岗位职责""带教师傅工作规程及管理办法""学员量化考核办法""学员宿舍管理制度""学员生活管理制度""学员班干部岗位职责""学员晚自习制度"等一系列制度。为使农村教师安心参训,参训教师吃住行全由红旗幼儿园承担,红幼为参训教师提供专门的晚自习活动室、学员宿舍、餐厅、盥洗室、专用洗衣机、电热水器、淋浴器等学习生活保障。

（2）岗前集训

为加强农村学前双语教师的专业培训，丰富和提升专业理念，强化专业理论认识，在培训内容上侧重四大模块内容：幼儿园政策法规解读、红旗幼儿园教工行为规范解读、红旗幼儿园幼儿一日生活常规解读、红旗幼儿园保教工作要求解读。其中国家和自治区现行的学前教育重要政策法规解读包括《幼儿园指导纲要》《幼儿园工作规程》《3—6岁儿童学习与发展指南》《幼儿园教师专业标准》《农村双语幼儿园学前班指导纲要》《农村双语幼儿园课程指导方案》。岗前集训阶段专门安排了“拜师结对”仪式，一对一带教，明确相互责任，共同促进提高。为加强参训教师的安全责任意识，专门签订了安全责任书。

（3）岗位实训

岗位实训期间，参训教师作为班级教师之一，全程参与幼儿一日生活、教育活动各环节。岗位实训强调“保教结合、先保后教”，先观摩学习、后实践操练。重点学习幼儿园一日生活管理、幼儿园教育教学组织实施。幼儿园一日生活管理包括来、离园接待，进餐管理，入厕、洗手、喝水指导，午睡管理，户外活动组织，保健卫生工作，班级家长工作7大块内容。幼儿园教育教学组织实施包括集体教学活动组织、区域游戏活动组织、小组活动组织、班级环境创设。教师在岗位实训中提高很多，转变了理念，强化了幼儿园工作“保教并重”的观念认识。在时间安排上坚持全面性与针对性原则，即面向全体参训教师实行保育/教学岗各2个月的交换式实践性学习，依据参训教师个人能力分层制定个性化培训计划，实现螺旋渐进式实践性学习。

（4）技巧专训与特别急训

针对各县、市农村学前双语教师的实际情况和学员自身需求，在舞蹈、绘画、键盘等幼儿园教育教学中最基本的实用技巧方面迫切需要专门培训，为此红旗幼儿园利用本园教师资源，专门指派有专业特长的业务骨干，利用业余时间给学员们专门培训，指导她们尽快掌握一些业务技巧。另外，红旗幼儿园为参训教师提供与本园教师同样的学习锻炼机会，鼓励参训学员共同参加各类专业活动和社会实践活动，进行专业急训，进一步提升实训学员的各项专业素养。

(5)成效反馈

参训教师完成一个学期的顶岗实训后，有考核、总结、承诺、在岗反馈几个重要的环节。红旗幼儿园要对参训教师的业务素质进行考核，其中包括对参训教师独立承担班级幼儿一日生活管理的考核、专业技能技巧测试、展示一节观摩课。在总结汇报环节，由参训教师总结实训四个月的收获感悟，师徒之间相互评议，发表离园感言、学以致用的承诺。最后一个十分重要的环节，红旗幼儿园持续追踪参训教师返岗后的工作成效，一方面通过参训教师所在园提供反馈，另一方面红幼顶岗实训班主任也定期下基层园了解、指导参训教师的在岗工作，同时对顶岗实训工作进行不断改进与完善。

经过两年多的创新探索，红旗幼儿园的顶岗实训工作赢得了县乡村基层幼儿园教师、园长、家长以及当地教育局的一致好评，教师们普遍感到与大规模的集中讲授、远程培训相比，这种参与式岗位培训模式更加贴近她们的实际需求，对她们的专业成长以及实际教育教学工作能产生更有效的促进作用。红旗幼儿园严格、规范的工作学习生活制度，以人为本的文化理念、培训模式，使参训学员感受到红幼这个温暖和谐的民族团结大家庭多年积淀的文化传统、治园理念、教育追求。一学期的顶岗实训使带训教师与参训教师在相互学习中共同促进了双语能力和专业水平，促进了相互间的情感交流。更重要的是参训教师返回工作岗位，就像一颗颗种子在当地幼儿园生根发芽，将红幼精神、教育理念带回到工作中，很快成长为本园的骨干教师，与本园教师分享红幼从管理到日常保教工作的宝贵经验，切实有效地引领和带动乡村级双语幼儿园教师的共同成长，努力实现着“城乡学前教育专业水平同步提升、师资均衡发展”的红幼顶岗实训模式创新初衷。

（二）民办公助、财政奖补：激励社会力量共办边疆双语幼儿园——喀什地区伽师县政府与友好中心双语幼儿园的探索

从当前政策来看，2012年国家基本公共服务“十二五”规划中已明确提出，“普惠性学前教育要建立政府主导、社会参与、公办民办并举的办园体制，构建覆盖城乡、布局合理的学前教育公共服务体系。鼓励社会力量举办幼儿园，积极扶持民办幼儿园特别是面向大众、收费较低的普惠性民办幼儿园发展，采取政府购买、减免租金、以奖代补、派驻公办教师等方式，引导和支持民办幼儿园提供普惠性服务”。

在访谈中，新疆教育厅基础教育处D处长谈到，“这几年中央和自治区投入学前双语教育专项经费，新建和改扩建公办双语幼儿园，取得了显著的成效。但实际上，从新疆各地州的实践发展来看，一些办园比较规范、有一定历史、面向大众、收费较低的民办园，一定程度上他们也在为政府分担公共责任，政府不应该对他们弃之不管。在当前国家实施普惠性民办园扶持政策的背景下，政府如何支持新疆普惠性民办园的发展同样值得重视。”在对新疆发改委经济研究院专家N研究员的访谈中，她谈到“新疆学前教育基本公共服务的供给体制不一定实行政府全部承担、公办园一刀切的模式，在目前公办园占80%左右的情况下，可以根据地区经济发展水平、社会力量参与办园的历史和现实水平综合考虑。据自治区发改委2015年对新疆普惠性学前教育调研的情况来看，昌吉、阜康等

地区已经开始显现民办公助的供给模式。”（N 研究员，2015 年 3 月 10 日）

伽师县政府与友好中心双语幼儿园“民办公助、财政奖补”的地方改革先行探索对民族地区学前教育基本公共服务横向体制改革具有重要启示，即政府对提供普惠性学前教育，保障各民族学前儿童基本受教育权，有助于促进均等化目标，对维护社会公共利益作出积极贡献的民族地区学前教育基本公共服务的社会力量应给予政策激励、财政支持和督导监管。

1. 伽师县友好中心双语幼儿园基本情况

《中国农村扶贫开发纲要（2011—2020 年）》确定了国家新一轮扶贫攻坚主战场——全国 14 个连片特困地区，其中包括新疆南疆三地州。伽师县少数民族人口高度集聚，气候干旱，降水稀少，既是国家级扶贫开发重点县，也是新疆南疆三地州集中连片特困地区之一，隶属于喀什地区。

伽师县友好中心双语幼儿园是 2006 年山西投资商李义海投资 600 万元在伽师县原县中心幼儿园旧址上兴建而成。该园兴建与伽师县委领导对学前双语教育的重视直接相关。2006 年因伽师县招商引资，山西投资商来伽师县考察铜矿，时任伽师县委书记王勇智得知李义海夫人蔡秀梅在山西运城市盐湖区任教育局副局长，有 14 年英语教学经验和 20 多年基础教育经验，王书记邀请夫妇二人参观了伽师县幼儿园、学校后，介绍引荐其改投资双语幼儿园。蔡秀梅目睹了伽师县基础教育薄弱，人民生活贫困、闭塞、落后，语言交流困难的情形后触动很大，毅然决定随丈夫一同支援边疆少数民族教育，并担任友好中心双语幼儿园园长。

2006 年 9 月友好中心双语幼儿园正式开园，建筑面积 5100 平方米，从最初的 100 个孩子发展到现在 18 个班 1400 个孩子，其中少数民族幼儿占95%,80%为农民的孩子。为了把内地先进的学前教育理念和教学方法引进伽师县,蔡园长大胆从山西大学、山西幼儿师范学校及艺术幼儿师范学校等多家院校陆续招聘了54名品学兼优的学前教育专业的师范毕业生,动员她们来伽师县共同支援边疆少数民族贫困地区的学前双语教育事业,同时又从喀什地区200多人中选拔了一批优秀的专业教师,目前教师共68人。刚开园时,由于运城来的幼儿教师不懂维语,而维吾尔族孩子不懂汉语,师生间沟通成了障碍,家长们也心存顾虑。为帮助汉族教师尽快成长为学前双语教师,友好中心幼儿园进行了探索创新:(1)刚入园的新教师有3个月的维语培训,打基础;(2)每日早晨一句维语,由维吾尔族教师教;(3)跟着幼儿学习;(4)借助微信学习语言。本园有一位维吾尔族副园长,精通民汉两种语言,每天由她发一条汉语(配语音),发一条维语(配语音),由她来完成这一任务。蔡园长不仅重视本园教师的园本培训和队伍建设,还为伽师乡镇幼儿园培训和输送了20余名园长和350余名合格的学前教师,积极引领、带动和辐射伽师县以下的乡、村幼儿园双语教学,在伽师县、喀什地区产生了非常好的影响效果和评价。

为了提高幼儿的汉语水平,全园教师在蔡园长带领下共同研究,在学前双语教学模式上大胆探索、创新,自编了一套适合当地少数民族孩子学习的园本课程和教材,根据季节变化、社会生活等设置相关主题,并通过儿歌、对话等方式融入教学内容,并且渗透民族团结、爱祖国、爱家乡等主题,探索总结出肢体语言教学法、口令教学法、音乐教学法、情景教学法、实物直观教学法、情感交流教学法等20多种学前双语教学法,让幼儿在轻松愉快的游戏玩乐中学习知识技能。

蔡园长坚持以学前双语教育促进全面发展的理念,为了帮助家长转变观念,蔡园长一个月组织一次家长会,让家长明白学前教育不是小学教育,学前双语教育不是单纯的语言教育,而是让孩子在玩中学习认知、体验、感悟、动手能力,让孩子健康快乐地成长。家长从孩子刚入园不会讲一句汉语,见到老师胆怯,性格退缩,不爱说也不敢笑,到幼儿毕业时双语表达能力、生活卫生习惯、行为习惯养成以及精神面貌、自信心的对比,认可了友好中心双语幼儿园的学前双语教育理念和模式。孩子从幼儿园毕业后,家长们普遍反映孩子不仅更加活泼、可爱、自信、讲卫生、懂礼貌了,而且幼儿园为幼儿奠定了非常好的语言基础,帮助幼儿顺利进入双语小学打下了良好的基础。据园长介绍,随着家长对学前双语教育的满意度越来越高,整个社会、家庭、农民的思想观念、教育观念也在发生变化。少数民族家长越来越感受到学前双语教育的益处,越来越理解、认同国家的政策,因为他们切实感到了真正受益,越来越多的家长渴望送孩子进入双语幼儿园。

2. 民办公助、财政奖补

伽师县友好中心双语幼儿园 2006 年领先于国家学前双语教育专项行动计划,在县委县政府的高度重视下,改革先行一步,大胆探索学前双语教育模式、办园模式以及师资队伍建设模式。2008 年后在国家学前双语教育专项行动计划中央财政和自治区财政大力支持下,县级政府对社会力量参与农村学前双语教育,对其提供有质量保障的基本公共服务进行财政奖补激励,大大激发了民办园的积极性,同时也扩大和实现了社会公共利益,造福了更多边疆地区的少数民族幼儿及其家庭。

2008 年国家实施学前双语教育政策后,伽师县积极探索"民办公助"模式。一是由县级政府解决友好中心双语幼儿园教师编制,保障月工资待遇 3000 元;二是探索幼儿园成本分担机制。2011 年家长和政府各负担 130 元;2012 年幼儿享受与农村双语园幼儿一样的待遇,实行全免费。280 元的运行成本费用由政府购买,其中 160 元享受农村学前双语教育政策，即中央与自治区承担的部分，包括 100 元/月的幼儿伙食费（4.5 元/天＊22 天）、60 元/月的幼儿园公用经费（2013 年以前 30 元/月）；其余 120 元由县级财政补贴，通过县教育部门划拨。友好中心双语幼儿园作为一所民办园，其治园理念、办园质量、学前双语教育模式和效果赢得了当地家长、社会、政府的一致认可，其服务广大农村家庭，在当地提供相对规范、优质、普惠的学前双语教育服务，赢得了中央、自治区、县级公共财政的共同支持，同时也使广大农村少数民族幼儿、家长、幼儿园、县级政府以及伽师地区基础教育从中共同受益，更好地实现了学前教育基本公共服务的公共性、公益性目标。

友好中心双语幼儿园的成功取决于县级政府对学前教育及早、高度的重视以及学前教育办园体制先行一步的大胆改革；取决于社会力量支援边疆贫困地区学前教育事业的热情和献身精神；取决于边疆贫困少数民族地区逐步开放、家长主动需求学前双语教育的社会大环境；取决于园长的办园理念和学前双语教育实践创新、学前双语师资队伍建设的模式创新。调研访谈过程中深深感动于王勇智书记切实关心一方百姓民生，从教育根源上、从学前双语教育入手改变地区基础教育发展缓慢、落后局面的魄力和智慧；感动于蔡园长、李总及其她们从山西招聘引进伽师县的学前双语教师扎根、奉献边疆民族地区学前双语教育事业的崇高精神，她们带入了内地学前教育发展的新思想、新理念，她们的努力像可以燎原的“星星之火”，引领、带动、辐射了伽师县、乡、村学前双语教育的发展，也让家长、社会切实感到满意。在这所幼儿园接受了学前双语教育的幼儿，进入小学阶段后对其学业成就也产生了非常积极有效的影响。

正如访谈中喀什地区行署王勇智副专员所说，“国家和民族地区必须将学前双语教育上升到政治战略高度来认识，国家通用语言的学习是不可置疑的，意识形态领域必须宣传正能量。喀什地区经济社会发展面临两难:就业难、招工难,这两难都与语言没过关直接相关。喀什地区长期以来语言环境单一、太封闭,很多少数民族群众获取信息途径有限,思想观念严重滞后,农民变产业工人不能适应。这两难也导致了政治环境的不稳定。语言不过关、政治不稳定都与教育直接相关,更与奠基阶段的学前双语教育紧密相关。各级政府高层领导必须要从国家政治战略高度对推行新疆学前双语教育有深刻认识,突破观念,改革先行,举措有力,让国家政策真正惠及民生、造福社会。”(2014 年 3 月 10 日)

第七章 完善少数民族学前教育基本公共服务的国际政策经验

自赫克曼2003年关于儿童早期教育人力资本投资的研究结论问世以来①,世界各国政府越来越认识到儿童早期教育对个体发展、家庭和睦、社会和谐和国家进步的显著价值,并纷纷实施各类学前教育国家专项行动计划。世界各国在重视早期教育重要价值和战略地位的历史进程中,也日益从社会公平的角度关注政治、经济、种族、文化、语言、教育等方面处于社会边缘地位的处境不利儿童或弱势群体儿童,从人力资源扶贫开发的战略新视角深刻认识为处境不利儿童提供早期教育公共服务的重要价值和意义,日益重视对背景多样化的学前儿童,特别是贫困的、少数民族学前儿童提供针对性的公共服务。②

综观世界多民族国家的少数民族学前儿童所处的家庭与社会环境都具有十分相似的共同特征,即家庭收入低、社会经济地位低、父母受教育程度低及就业率低或失业率高、语言与文化处于社会边缘地位、儿童早期教育机会不均等诸多问题,这些问题又与少数民族地区的经济贫困、生活

① Carneiro, P.M. & Heckman, J.J., *Humman capital policy. Working Paper* 9495, 2003, http://www.nber.org/papers/w9495.pdf.

② 中国发展研究基金会:《反贫困与中国儿童发展》,中国发展出版社2013年版,第20页。

环境恶劣、社会矛盾冲突不断、社会政治环境动荡不安紧密相联。随着公平正义价值理念与社会民主化进程的逐步深入，世界各国充分认识到了贫困、弱势的少数民族群体在社会政治、经济、文化、教育等方面处境边缘化、社会排斥的不利因素，并越来越重视从少数民族儿童早期干预政策和教育补偿政策入手，根本上解决民族地区的经济贫困问题、可持续发展问题、民族融合问题、社会稳定问题和国家政治整合问题。研究世界多民族国家促进少数民族学前教育均衡发展的重要政策及其体制创新经验，将为我国少数民族地区学前教育基本公共服务均等化发展提供重要的借鉴与启示。

一、充分认识少数民族学前教育在国家扶贫开发、促进公平、维护稳定中的重要地位和战略价值，并以国家专项行动计划予以优先扶助

（一）充分认识少数民族学前教育在国家反贫困战略和政治稳定战略中的重要地位和战略价值

美、英、印、韩等国家在推进少数民族等低收入家庭学前教育公平方面产生了有影响力的政策实践。其中美国1965年开创的“开端计划”至今仍持续发挥着重要影响。美国政府研究颁布了一系列法规及政策举措，以弱势群体学前儿童为主要扶助对象建立学前教育机构，同时不断扩展服务对象，其中重点包括从低收入家庭、多元文化移民家庭的儿童；不断降低服务年龄，近年延伸至0—3岁早期儿童。英国1998年建立了“确保开端”计划，其目标旨在实现“2010年前将贫困儿童人数减少一半”。

印度1974年通过公共财政投入以及与国际基金会合作,启动了儿童综合发展服务项目(ICDS)。该项目主要覆盖农村地区,但同时也兼顾城市贫困儿童,项目实施以来使弱势群体学前儿童受益明显,为维护印度社会稳定和民族和谐作出了很大贡献(庞丽娟等,2010①、2013②;刘占兰、陈琴,2011③;王素等,2011④)。

首先,国外通常将少数民族学前儿童纳入贫困人群。目前国际上关于"贫困"的界定来看有狭义与广义两种界定,狭义的定义将贫困界定为收入贫困,通常基于货币收入线的测量;广义的定义倾向于将贫困界定为基础需要贫困,以及由于缺乏能力(包括满足基本生活需要的生存能力、经济能力、语言能力、社会交往能力等)而无法有尊严地生活,进而导致缺乏平等参与社会竞争、获得教育、医疗、社会保险等公共服务的能力,参与社区公共生活的能力,社会融入困难,社会排斥明显。⑤20世纪90年代,伴随着贫困概念的发展变化,人们关于儿童贫困的理解也实现了从一维到多维、从生存到发展、从物质到权利的转变,不再仅仅从收入角度考察儿童的生活状态,而是认为"儿童贫困意味着儿童在成长的过程中不能获得对于他们的福利和潜能发挥重要作用的经济、社会、文化、物质、环境和政治资源"。国外研究表明,种族是影响儿童持续贫困的重要因素。长期贫困还与农村地区、父母受教育水平不高等因素紧

① 庞丽娟、夏靖、孙美红:《世界主要国家和地区弱势儿童学前教育扶助政策研究》,《教育学报》2010年第5期。

② 庞丽娟、夏婧:《国际学前教育发展战略:普及、公平与高质量》,《教育学报》2013年第6期。

③ 刘占兰、陈琴:《论将学前教育纳入基本公共教育服务体系》,转引自袁振国主编:《中国教育政策评论(2011)》,教育科学出版社2011年版,第107—111页。

④ 王素、邹俊伟、孙毓泽、方勇:《公共教育服务的国际比较分析》,转引自袁振国主编:《中国教育政策评论(2011)》,教育科学出版社2011年版,第70—72页。

⑤ 参见柳倩:《国际处境不利学前儿童政策研究》,华东师范大学出版社2012年版,第4—5页。

密相关。① 因此,本研究比较认同国外从广义的视角界定贫困,从这个视角出发,相对来说我们也就更容易理解为何国外将少数民族学前儿童的早期教育干预政策通常纳入国家反贫困战略,理解其背后的深远意义和重大价值。

其次,世界多民族国家越来越深刻认识到面向少数民族学前儿童的早期教育公共服务在国家政治稳定、社会长治久安中的战略地位和长效作用。以美国为例,美国作为一个多民族构成和多元文化融合的国家,战后经济飞速发展,贫富差距日益扩大,种族歧视不断恶化,社会矛盾加剧、危机四伏、动荡不安。20 世纪 60 年代种族隔离和贫困问题成为美国突出的社会政治和经济问题。美国有色人种和少数民族的不满情绪高涨,社会生活出现了抗议、示威、游行、骚动、枪击等一系列严重的暴力活动,这引起了美国政府和社会对种族问题的高度重视。为了根本上应对和解决各种复杂的社会问题,政府希望将早期教育作为调和社会矛盾的重要途径和手段,美国政府于 1963 年开始公开向贫困宣战,联邦政府以国家专项行动计划实施了“学前教育补偿政策”,以前被排斥在学前教育之外的有色人种和少数民族幼儿成为联邦政府关注的对象,使贫困、偏远地区、少数民族家庭的学前儿童在教育方面得到了补偿,促进他们更好地发展。1964 年美国颁布的《民权法案》(*Civil Rights Act*)第六条及其附属条款规定,任何人不得因种族、肤色或国籍而在任何受到联邦财政资助的教育计划中受到歧视。这一法案的颁布意味着美国向人人享受平等的教育机会均等跨越了一大步,以前被排斥在学校之外的有色人种和少数民族儿童在教育上拥有了更多与白人学前儿童相同的待遇。②

① 参见柳倩:《国际处境不利学前儿童政策研究》,华东师范大学出版社 2012 年版,第 12—13 页。

② 参见霍力岩等:《美、英、日、印四国学前教育体制的比较研究》,北京师范大学出版社 2013 年版,第 74—78 页。

最后，国外通常将少数民族早期教育纳入处境不利儿童早期教育干预项目。由于少数民族大多数生活于地理位置比较偏远的贫困地区，在社会经济、政治、文化、教育等方面兼具低收入人群、贫困人群、处境不利人群的共同特征，因此国外通常将少数民族学前儿童早期教育纳入处境不利儿童的早期教育干预项目。2002 年 OECD 一项关于《低收入与少数民族背景的学前教育与保育》的研究报告，专门针对低收入与少数民族背景的学前儿童早期教育干预项目进行了研究，指出这项研究报告的目标人群主要是面向虽然具有正常的发展潜力，但由于所处的社会经济、文化或社会语言环境等因素而导致发展迟缓或面临教育失败风险的儿童。OECD 国家将这一类由于贫困等社会文化因素导致学习困难和发展迟缓者定义为处境不利儿童，许多国家这类儿童占 10%—20%。①

美国将处境不利儿童定义为低社会经济特征儿童（low socio-economic status，简称 low SES），社会经济特征主要包括收入、家庭储蓄和未来的发展前景、住房和邻里、家庭的受教育程度和期望、民族特征或者语言社会（UNICEF，2010）。② 诸多研究表明，少数民族学前儿童大多具有处境不利儿童的特征，他们更容易出现学业困难、辍学、语言与文化适应困难、社会交往障碍、社会融入困难、成人后失业等问题，无法获得基本的尊严和人权，往往成为社会中的弱势人群。对处境不利学前儿童的干预政策不仅可以作为缩小入学前就已存在的学习和发展差距的重要手段之一，而且可以作为解决涉及后续的义务教育效益、阻断贫困的代际恶性循环、族群平等及社会和谐发展等社会政治经济问题的重要手段之一，因

① Leseman, P.P.M：*Early childhood education and care for children from low-income or minority backgrounds*, OECD, 2002，p.12.

② United Nattion Children's Education Fund（UNICEF）：the *child left behind a league table of inepuality in child well-being in the world's rich countries*，2010.

此许多国家都将包括少数民族学前儿童在内的处境不利学前儿童政策纳入国家中长期发展规划。①

（二）以国家大型专项行动计划优先扶持少数民族儿童接受学前教育

关于学前教育的功能，多数国家都把促进儿童个体全面发展、做好入学准备和帮助妇女就业作为其共同的基本功能，并将学前教育作为扶助弱势群体、建立教育公平的重要手段，将其视为反对社会排斥、建立全纳型社会的有效途径。越来越多的国家认识到学前教育具有同时满足个体发展和社会发展的重要价值，倾向于从学前教育对于学前儿童个体、家庭、社会、国家乃至世界的多重作用来认识学前教育的功能，并在相应的法律法规和政策文件中予以明确规定和阐释。②

事实证明，世界各国学前教育普及率提高的最大受益者就是包括少数民族学前儿童在内的弱势群体或处境不利群体儿童，其入园机会得到明显的优先权。③ 世界各国的专项评估研究及长期追踪研究表明，面向边远贫困的少数民族学前儿童早期教育项目已经远远超出了促进少数民族学前儿童个体发展与家庭和谐的民生改善范畴，作为面向少数民族学前儿童的早期教育干预项目已使世界各国深刻认识到少数民族学前教育基本公共服务对有效预防犯罪和构建和谐社会、促进社会公平与阻断贫困的代际传递的重要价值和战略地位。

① 周兢：《国际学前教育政策比较研究》，华东师范大学出版社2012年版，第162页。

② 霍力岩等：《美、英、日、印四国学前教育体制的比较研究》，北京师范大学出版社2013年版，内容提要第2页。

③ 柳倩：《国际处境不利学前儿童政策研究》，华东师范大学出版社2012年版，第216页。

20世纪后半叶以来，许多多民族国家都充分认识到了少数族裔学前儿童发展所面临的家庭经济、政治、社会地位低下、语言文化环境封闭、受教育程度低等处境不利因素，分别以国家大型项目或专项计划干预和支持偏远贫困地区、家庭经济困难的少数族裔学前儿童早期教育，代表性的项目有美国提前开端计划、英国确保开端计划、法国的ZEP计划、印度的儿童综合发展服务项目等（见表7-1），这些项目不仅对扩大少数民族学前儿童的早期教育机会，提高国家学前教育普及程度、义务教育质量和全民综合素质产生了积极影响，更重要的是适宜的、高质量的学前教育对降低违法犯罪、暴力倾向等反社会行为，预防犯罪，构建和谐社会，保障社会安全具有长效、持续的影响。此外，面向边远贫困的少数民族学前儿童早期教育项目为国家的社会公平事业、减贫扶贫事业作出了重要贡献。世界各国逐步将面向少数民族学前儿童及其家庭的人力资本投资的早期教育干预项目作为开发型反贫、减贫的新思路，这对根本上阻断贫困代际传递并最终实现社会公平具有重要价值。①

表7-1　世界主要国家（地区）通过公共投资对少数民族等处境不利儿童早期教育干预的代表性项目

国家（地区）	干预对象	干预政策
法国	波兰移民	教育优先区计划（ZEP）
德国（慕尼黑）	移民	慕尼黑儿童计划
匈牙利	少数民族	少数民族幼儿园
	罗马尼亚移民	Catch-up 计划
爱尔兰	落后地区	Early Start
	游牧社区	Traveler 学前学校

① 霍力岩等：《美、英、日、印四国学前教育体制的比较研究》，北京师范大学出版社2013年版，第7—8页。

续表

国家(地区)	干预对象	干预政策
英国	落后地区	Sure Start
		教育行动区域
荷兰	落后地区	Capabely 计划
澳大利亚	移民、土著居民	儿童保育中心计划
		多功能土著儿童服务
捷克	罗马尼亚人	准备班级体系
印度	落后地区	儿童综合发展服务项目(ICDS)
美国	落后地区	提前开端计划
瑞典	土耳其人	土耳其妇女和孩子干预计划
波兰	落后地区	2006—2008 国家社会融合行动计划
挪威	少数民族、移民	Sami 地区计划
丹麦	移民	丹麦语言计划
中国台湾	低收入家庭	扶持 5 岁弱势幼儿及早期教育计划
新西兰	偏远地区	父母支持和发展项目

资料来源:周兢:《国际学前教育政策比较研究》,华东师范大学出版社 2012 年版,第 168—169 页。

美国:1965 年美国国会通过《经济机会法》,该法案通过联邦政府提供经济援助,对贫困而缺乏良好教育条件的家庭(包括贫穷的黑人、印第安人、爱斯基摩人、外国贫困移民家庭)4—5 岁儿童提供免费教育计划,即提前开端计划(Head Start Program)。该计划是美国历史上第一个由联邦政府创设为低收入家庭 3—5 岁儿童提供学前教育和卫生保健服务的综合性计划,其目的旨在为低收入家庭儿童提供良好开端,做好入学准备,为他们的终身发展奠定坚实基础,从而阻断贫困的代际循环。

提前开端计划提出的背景源于二战后,美国经济快速发展,但新的国内矛盾却日益凸显,"民权运动"和"反贫困运动"愈演愈烈,20 世纪 60 年代美国政府提出"向贫困宣战"的国家战略目标。其中以黑人争取平等地位的民权运动空前高涨，给美国社会生活带来了巨大冲击，民权问题成为美国政府不得不考虑的核心问题之一。教育领域中以往被排斥在学前教育之外的有色人种和少数民族幼儿成为联邦政府关注的对象，"幼儿补偿教育运动"兴起使贫困、偏远地区的少数民族家庭的幼儿在教育方面得到了补偿，促进他们更好地发展。美国联邦政府通过一系列立法，加强了对学前教育的干预强度，有效地促进了学前教育机会均等化，整体上提高了全国的学前教育质量。

根据美国教育统计中心 2012 年的数据，从开端计划的族裔构成来看，参与开端计划从高至低的族裔比例依次是美国印第安/阿拉斯加原住民（31%）、非洲裔（25.1%）、西班牙裔（18.6%）、亚裔（5.5%）、太平洋岛民（5%）。由此可以看出，美国印第安/阿拉斯加原住民和黑人是开端计划的最大受益者。① 近期的评估研究发现，各族裔中非裔儿童的认知能力高于总体平均成绩，此结果说明提前开端计划项目使黑人学前儿童受益更多，帮助其接受更好的入学准备，增强其未来可能的竞争力。② 总之，美国提前开端计划对促进美国学前教育的普及与质量提升，对促进美国学前教育的公平发展产生了极大的推动作用。

美国研究报告指出，学前教育项目不仅促进了儿童各方面的发展，促使更多贫困母亲参加工作，改善了亲子关系，而且促使更多家庭在经济上实现了自给自足，为学前儿童发展创造了更加健康、良好的家庭环境。③ 美国学者罗伯特指出，针对贫困儿童的早期教育项目还可以提高国内生

① U.S. Department of Education, National Center for Education Statistics (2012), *Digest of Education Statistics*, 2011 (*NCES*2012—001), *Chapter* 2 , http://nces.ed.gov/fastfacts/display.asp? id=4.

② Child Outcomes and Classroom Quality in FACES 2009 (2012), http://www.acf.hhs.gov/programs/opre/resource/child-outcomes-and classroom-quality-in-faces-2009.

③ 参见霍力岩、余海军：《从〈国家中长期教育改革和发展规划纲要（2010—2020 年）〉看农村学前教育的发展》，《幼儿教育（教育科学）》2010 年第 10 期。

产总值,改善劳动技能,减少贫困,提升国际竞争力。① 奥巴马指出,接受过早期教育的儿童在阅读和数学方面会取得更好的成绩,有更多的机会上大学,承担工作,收入也更高。投资1美元可获得近10美元的回报,这种高回报率主要体现在福利救济人员减少、卫生保健开支减少、犯罪率降低等方面。② 高瞻-佩里幼儿教育项目对美国贫困黑人儿童的追踪研究表明,40岁时,曾参加过学前教育项目的人群收入更高(年收万美元以上的人群占60%,高出控制组20个百分点),就业率更高,犯罪率更低。③ 因此美国非常重视学前教育的发展,重视为处境不利儿童提供接受学前教育的机会,希望通过学前教育服务维护社会稳定和安定团结,促进本国综合国力提升。

英国:受美国"开端计划"的启发,英国政府于1998年实施了"确保开端计划"。针对儿童贫困率居高的现实,英国政府承诺2010年前实现贫困儿童数减半的目标。该计划是英国政府实施的一项以家庭为切入口、以社区为依托、面向早期儿童及其父母的综合服务计划,旨在通过综合提供早期教育、保育、健康、社会支持等服务,改善儿童及其家庭的健康福利水平,确保每个儿童都有一个最好的人生开端。从1997年开始,英国政府为确保开端计划共投入170亿英镑,至今该计划中心已经达到2914个,为2300万5岁以下儿童及其家庭提供服务。其中为3—4岁儿童提供免费、半天服务和早期教育场所,为处境不利儿童2岁开始提供免

① Robert, G. L., *Exceptional Returns: Economic, Fiscal, and Social Benefits of Investment in Early Childhood Development*, The Economic Policy Institute, 2004, p.21.

② *Remarks by the President to the Hispanic Chamber of Commerce on A Complete and Competitive American Education*, http://www.whitehouse.gov/the_press_office/Remarks-of-the-President-to-the-United-States-Hispanic-Chamber-of-Commerce. 转引自霍力岩等:《美、英、日、印四国学前教育体制的比较研究》,北京师范大学出版社2013年版,第92页。

③ 美国高瞻-佩里幼儿教育项目官方网站,http://www.highscope.org/content.asp? contentid=219。

费的儿童保育。

澳大利亚:2008 年澳大利亚政府签署了 2 项国家合作协议,重点普及原住民儿童早期教育,并为相关项目提供政策支持。首先,2008 年 10 月签署了《原住民幼儿发展国家合作协议》,联邦政府、各州与领地政府配套投入 5.646 亿澳元,以保障原住民学前教育权。其次,2008 年 11 月澳政府又签署了《幼儿教育国家合作协议》,联邦政府投入 9.75 亿澳元,计划 2013 年实现学前教育普及化,同时重点加强 4 年制本科幼教师资培养。①

法国:1981 年法国政府建立了积极的区别处境不利儿童的教育优先区计划(Zone Education Prioritaire,简称 ZEP)。这项政策提供区域的儿童可享受优先进入 2 年学前学校。

丹麦:通过丹麦语言计划对处境不利儿童进行入小学前的双语教育。

匈牙利:1993 年国家和少数民族权利规定,如少数民族父母要求,地区政府应组织一个特别的少数民族班级或学习小组。20000 名儿童进入少数民族幼儿园,占总人数的 5.4%。少数民族幼儿可获得他们的母语教学、匈牙利语教学或者母语加匈牙利语。少数民族地方政府和中央政府建立联合,地方政府积极关注少数民族问题,州罗马尼亚问题秘书设在首相内阁和教育部内部,处境不利的罗马尼亚儿童专员是从罗马尼亚社区中任命的。为使罗马尼亚特殊儿童能够更好地进入幼儿园,2003 年采纳了一个计划,即用额外的规范的来自中央政府的保障金来发展特殊教育和特殊教师。2003 年政府资助在小学设立以罗马尼亚儿童为主的班级,提供发展补偿(Catch-up 计划),将学业技能发展落后的孩子集中起来集中教学。

① 于志涛:《澳大利亚国家幼儿发展计划及其启示》,《教育导刊(下半月)》2010 年第 7 期。

爱尔兰:爱尔兰唯一的游牧社区约有28000—30000人,居住着游牧和非游牧人口,文盲比例非常高。“游牧儿童学前学校项目”是20世纪80年代由游牧儿童父母和其他致力于提高游牧社区教育水平的人们发起,目前是由教育部资助的一个针对3—4岁儿童的干预项目。1999—2000年52所Traveler社区学前学校儿童人数为530人。作为欧洲反贫困策略的缔约国之一,爱尔兰2000年再次强调对于处境不利儿童持续投资教育的观点,将游牧儿童定义为有特殊需要的应该考虑和目标指向集中进行和个别化目标的群体。政府确保这些儿童应该得到有关社会价值观和文化差异方面的教育和支持,所有游牧儿童和其他边缘化人口,能够发展他们的潜能。许多幼儿已经获得一系列重要的学前学习经济和有意义的工作,这些都改变了游牧社区教育落后的现状。

德国(慕尼黑):由州青年福利办公室资助,城市青年福利办公室和职工福利服务部1999年联合起来发起了“Mo.Ki”计划。该计划主要预防0岁开始的儿童贫困,贯穿整个教育阶段,计划建立在多部分合作基础上,包括学校、健康、药品、社会教育、家庭、就业服务等多个部门。该计划的服务目标包括:(1)针对儿童的预防计划(保育和早期促进)。儿童保育中心首先考虑优质的早期儿童保育和教育服务能有效预防贫困,提供安全,促进家庭功能和家长(许多是失业家长)的社会参与。(2)加强父母能力。家庭内部有规律的活动、家庭中良好的氛围,至少一个父母要会德语、没有家庭借款、足够的住房条件,这些有助于儿童的发展。(3)父母咨询和教育。整合地区现有计划,促进和支持新的计划,为移民家庭提供儿童保育服务,尊重多元和家长需要。

印度:印度是一个多人口、多民族、多语言、多宗教的国家,至2001年,印度全国人口达到10亿,少数民族占总人口的7.8%。作为一个农业人口大国,很多人生活在贫困线以下。儿童综合发展服务项目

(Integrated Child Development Services,ICDS)是印度政府自 1974 年启动的以促进贫困地区学前儿童整体发展的一个大型项目。从人口辐射角度来看是印度中央政府设立并主导的全国最大的儿童早期教育项目,主要覆盖农村地区,截至 2002 年受益儿童已达 2700 万。目前受益儿童逐年上升,对维护印度社会的稳定和民族整合作出了很大贡献。①

中国台湾地区:扶持 5 岁弱势幼儿学前一年早期教育计划,为国民教育做好准备。近年来计划干预对象范围逐步放宽,2004 学年度以离岛地区 5 周岁幼儿为干预对象,2005 学年度将 54 个原住民乡镇市的 5 周岁幼儿纳入政策干预对象,2006 学年度将全台湾 5 周岁的经济弱势幼儿(包括低收入户及中低收入户)作为干预对象。②

综上所述,世界多民族国家和地区都充分认识到了少数民族学前教育发展在国家扶贫开发、维护稳定、促进公平中的重要价值和战略地位,逐步将少数民族学前儿童早期教育干预项目作为实现消除贫困、维护平等、促进融合的国家反贫困、反分裂、促稳定、促和谐政治战略目标的重要手段。

二、十分关注少数民族学前教育基本公共服务的特殊需求——学前双语教育

近年来,由于多民族国家对少数民族学前双语教育对于促进儿童个

① 冯晓霞、周兢:《构筑国家财富——联合国教科文组织首届世界幼儿保育和教育大会简介》,《学前教育研究》2011 年第 1 期。

② 台湾"教育部"全球资讯网:《幼儿教育(Education for Preschool Children)》,http://www.taiwan.cn/twzlk/jy/gk/200607/t20060705_275921.htm。

体发展及其家庭对外交流、社区交往、社会融合、国家团结统一的重要作用认识程度日益深化，各国不仅通过制定专门法律以及公共财政保障政策强力支持少数民族学前教育专项计划，而且同时强调尊重本国的多元文化背景因素，在少数民族学前教育扶助政策中充分考虑文化的多样性以及本地区少数民族学前教育的特殊需要——学前双语教育，即一方面重视其本民族语言的母语教育及自身文化认同，同时也非常重视为其进一步接受国家通用语言、做好入学准备提供学前双语教育服务，以增强国家共同文化的认同。

（一）日益重视少数民族学前双语教育对促进个体发展与社会融合的双重价值

双语是一种涉及语言、心理与社会学等多方面的复杂现象。由 Bialystok（2001；see also McLaughlin，1992）研究总结的一些证据表明，良好的社会双语环境是一个有利条件。相反，形成一种平衡的双语能力则意味着认知、语言和元语言意识方面具有优势（双语者能更好地反思语言机制），特别在注意控制力和反应抑制力方面（双语者能够更好地集中精力，以反应之前作出响应）。Cummins（1991）也发现了类似的结论，提出证据表明，高水平的第一语言——L1 有助于第二语言（或学校语言）——L2 的习得，而高水平的第一语言也与学校第二语言的阅读技能背景相关，这进一步发展了平衡的双语能力。①

大量研究表明，双语教育对促进儿童的认知发展、语言能力，增强儿童的人际交往等方面都具有非常重要的意义（Bialystok，1987；Galambos &

① Leseman，P.P.M.，*Early childhood education and care for children from low-income or minority backgrounds*，OECD，2002，p.17.

Hakuta,1988; Baker,1988; Reynolds,1991)。① 从学前阶段开始学习双语不仅不会影响第一语言或母语的学习,而且相反,双语将有助于学前儿童两种语言的相互促进和习得,更重要的是双语教育还有助于促进学前儿童语言、认知、社会性等多方面的发展(Ninio & Snow,1996; Snow,1996)。②

2011年欧盟支持的"早期语言和跨文化习得研究"项目(Early Language and Intercultural Acquisition Studies)进一步证实了少数族裔儿童双语学习的重要性。该项目组对比观察了德国、比利时、瑞典、英国等多个国家的3—5岁少数族裔学龄前儿童的双语学习,这些儿童需要同时学习本民族语言和官方语言。虽然在项目开始前有人有各种顾虑,但结果表明,这些儿童学习第二语言甚至更轻松,因为多文化背景下成长的儿童比单语学校儿童的语言意识更发达,对语言的接受能力更高。项目同时证实,3至5岁的少数族裔儿童已成功学习并掌握不同的跨文化交际策略。从3岁开始学习多种语言,能帮助儿童增进对文化多样性和差异性的理解与尊重,从而提高沟通能力和同情心,更好地认知自我,同时有效推动多种社会文化的互通与融合。由于欧洲少数族裔儿童接受早期教育(特别是语言教育)的比例还相对较低,儿童长大后融入社会的难度仍较高。因此,2009年制定的"欧洲教育和培训战略计划2020"(简称"ET2020")中,欧盟内28个国家的30个教育系统确定合作,共同实践并探讨早期语言教育(Early Language Learning,简称ELL)。同时明确提出,"应该大力鼓励少数族裔儿童尽早学习官方语言,以便促进他们融入社会的速度,改善长大后接受教育的情况"。③

① 陈琴、庞丽娟:《幼儿双语教育问题探析》,《学前教育研究》2006年第5期。

② 教育部基础教育司:《幼儿园教育指导纲要(试行)解读》,江苏教育出版社2002年版,第138—139页。

③ 王晔:《儿童双语学习的国际经验和对新疆双语教学的启示》,《中国发展研究基金会研究参考》第2号(总151号)。

美国著名的双语教育研究者科林·贝克认为,国家之间、民族之间的障碍之一就是语言。语言有时会成为交流和创造友好关系的障碍。双语人在家庭、在社区、在社会上可以起到减少这种障碍的作用。① 恰恰由于双语教育具有促进个体发展与社会融合的重要价值,因此大多数国家都有正式或非正式的语言政策或双语教育政策,意在促进民族语言的统一。如英语作为美国的口头和书面语言已被确立为全国性语言。在美国它将继续作为一种"让你能够拥有更多机会的语言(the language of opportunity)"存在。然而由于全球化的发展,我们正在逐步接受一种多元化的语言政策。如果学生想成为地球村真正的居民,他们应该学习其他族群的语言(Banks et al.,2005)。②

美国、澳大利亚、芬兰、挪威和瑞典等具有多元文化背景的多民族国家,他们对其国内的原住民在幼儿教育与保育政策上一方面保存其原生家庭文化及语言,另一方面帮助他们能进入主流社会,成为社会的一分子,避免因社会隔离造成各种社会问题。③ 德国政府认为德语能力对每位学生顺利参与课程学习与融入社会生活极为重要,是其基本前提,因此促进移民学生语言能力发展是社会融合政策的重点。对此德国政府和学校全力支持,联邦政府从 2011 年至 2014 年共投入 4 亿欧元在全国资助约 4000 所幼儿园,并努力把它们建设成"语言和融合重点幼儿园"。幼儿园可利用这项资金聘用专业的学前双语教师,以提高学前儿童语言水平。④

---

① [英]科林·贝克:《双语与双语教育概论》,翁燕珩等译,中央民族大学出版社 2008 年版,中文版导言。

② James A.Banks:《文化多样性与教育》,荀渊等译,华东师范大学出版社 2010 年版,第 276—277 页。

③ 简楚瑛:《幼儿教育与保育的行政与政策——欧美澳篇》,华东师范大学出版社 2005 年版,第 228 页。

④ 孙进:《德国:不让移民学生输在起跑线上》,《中国教育报》2014 年 4 月 9 日。

菲尔莫尔研究指出(Wong Fillnore,1990),为少数民族儿童制定的早期教育计划,让孩子从小浸入在幼儿园教育机构那些有价值的语言使用方式和学习方式中是十分有益的,这样儿童会更容易过渡到学校的学习中去。但仍然不可忽视家庭在促进儿童社会化方面的作用。[①] 也就是说,对少数民族学前儿童实施学前双语教育既要发挥幼儿园、学校等公共教育机构的作用,帮助其掌握国家公共语言、了解其他族群、主流社会的共同文化,同时仍然要重视家庭在学前儿童母语学习、本民族文化传承、社会化过程中应有的价值和作用。

(二)为少数民族儿童提供学前双语课程服务,以实现学前双语教育政策“多元一体”的双重目标

世界多民族国家十分重视少数民族学前教育公平及其受教育权利保障中的文化考量,既强调尊重与保护原住民、土著居民、少数民族或移民的文化多样性,又重视其作为国家公民的社会融合、国家认同问题。各国均十分强调国家主导的多元文化教育课程以及国家主流价值观、认同感的教育,以实现促进各民族社会融合、维护国家政治稳定的重要目标。因此,从文化融合逐步实现民族融合、国家政治统一是世界多民族国家和地区建立少数民族民学前教育公共服务体制及其公共政策安排的新近趋向。

首先,许多国家立足社会公平、民主、正义,满足少数族群和移民的学前教育特殊需求,从多元文化教育视角改革幼儿园课程内容和模式。如

① Wong Fillmore L.,“Latino families and the schools”,In J. Cabello (Ed.), *California perspectives Vol. I: An anthology from the immigrant students project* (1990: pp. 1-8), San Francisco: California Tomorrow.

美国的开端计划和海伊斯科普课程模式都非常关注多元文化背景的儿童，以“帮助每位儿童做好入学准备”为目标，要求为少数民族学前儿童提供符合其个性化需求、文化多样性、满足社区不同需要的适宜性课程。英国的幼儿园课程十分强调多元文化教育，威尔士等地普遍实施双语教育，同时重视为移民家庭儿童、少数民族儿童及其家庭提供多元文化教育理念指导下的专业支持与帮助。挪威的“幼儿园架构计划”既强调幼儿本族语言的学习以及融入当地的文化价值观，如沙米人社区要求以沙米语言和文化为基础，但同时更强调幼儿园活动要体现国家的核心文化传统。丹麦政府十分重视幼教机构中双语教师的配备，给移民儿童安排讲相同语言的教师或教辅人员，同时还重视学前双语教师的文化、语言及专业培训。新西兰重视幼儿园的多元文化教育课程，关注原住民融合问题，2002 年新西兰政府出台了“幼儿教育 10 年战略规划”，主要强调多元文化和反偏见的教育理念，为毛利人和太平洋岛国儿童提供公平的受教育机会。① 加拿大政府为实现教育公平关注土著儿童的教育，探索融合课程的构建，在每个儿童的教育过程中，注重尊重和欣赏儿童的家庭文化和出生背景，同时提倡英语是儿童必需和值得的学习语言，它是儿童语言的补充而不是第一语言的替代品。②

其次，以学前双语课程为重点，以提升语言能力为核心。由于少数民族家庭的儿童普遍面临主流文化语言能力低下的问题，这是导致学业成败的重要因素，正因如此，目前世界多民族国家和地区专门针对移民家庭、土著居民以及少数民族家庭学前儿童的专项干预补偿计划的课程方

① 邬春芹：《世界发达国家幼儿教育课程改革的五大特点》，《早期教育（教师版）》2009 年第 4 期。

② 何跃萍：《多元文化背景下的加拿大学前教育》，《河南教育学院学报（哲学社会科学版）》2013 年第 1 期。

案(详见表 7-2),提升语言能力是主要课程目标,此外,其他的认知能力也是干预计划的主要内容。课程通常以教师主导的高结构性课程为主,教学方式上以教师主导、鹰架教学为主。为了保障教育补偿的质量,已有一部分干预计划建立了课程标准,如开端计划、确保开端计划、ICDS、Success for All、Even Start 等。开端计划是较早建立标准的项目,1975 年美国联邦政府就颁布了《开端计划实施标准》(Head Start Performance Standard),1996 年又对其进行修订,使实施标准与《开端计划法》(Head Start Act)一起成为保障开端计划地方项目服务质量的强制性法规。①

表 7-2　世界主要国家(地区)少数民族学前教育干预计划的课程方案

国家(地区)	干预计划	课程内容	课程的结构性	教学方式	课程标准
美国	Head Start	语言、认知、社会和个人发展,优先考虑语言和数学	高结构性	教师主导	√
	Early Head Start	语言、认知、社会和个人发展	高结构性	教师主导	√
	Success for All	语言	高结构性	儿童主导/教师主导	
	Even Start	语言	高结构性	教师主导	
英国	Sure Start	语言、认知、社会和个人发展	建构性游戏		√
印度	ICDS	语言、认知、社会和个人发展,优先考虑语言、数学	高结构性	教师主导	√
澳大利亚	多功能土著儿童服务	语言	高结构性	教师主导为主	
匈牙利	Catch-up	匈牙利语	高结构性	教师主导型	
爱尔兰	Traveler 学前学校	侧重语言技能	建构性游戏	教师主导为主	

① 周兢:《国际学前教育政策比较研究》,华东师范大学出版社 2012 年版,第 183 页。

续表

国家（地区）	干预计划	课程内容	课程的结构性	教学方式	课程标准
捷克	准备班级计划	语言和数学等课程，主要是捷克语言	高结构性	教师主导	

资料来源：周兢：《国际学前教育政策比较研究》，华东师范大学出版社 2012 年版，第 181—182 页。

总之，世界多民族国家日益关注少数民族学前儿童发展的现实、特殊需求，同时也日益重视学前双语教育对促进少数民族学前儿童个体全面发展以及社会融合、政治稳定的重要价值和作用，许多国家逐步确立了尊重多元文化与强化国家认同感的双重政策目标，并积极倡导、开发适宜多元文化社会的学前双语教育及课程模式，以通过学前双语课程服务支持有特殊需求的幼儿做好入学准备、回归主流社会。

三、以公平为导向持续加大中央政府对少数民族学前教育的保障性作用及公共财政支出责任

（一）通过立法加强中央政府的刚性保障作用，确保少数民族学前儿童早期教育的基本权利

世界主要多民族国家日益重视少数族裔学前教育的普及与发展，越来越强调政府在少数族裔弱势群体学前教育扶助方面的政策引导和制度保障作用，并通过立法加强中央政府的保障性作用。以美国为例，虽然美国教育行政是地方分权体制，但近年来美国联邦政府在辅助地方管理学前教育的同时逐渐加强介入强度和保障力度，联邦政府主要通过间接方法，如教育援助立法提供法律保障和资金补助，以实现扶助弱势群体学前

教育的目标。美国联邦政府的学前教育政策法案和预算支出责任中重点关注的对象是低收入家庭儿童和有特殊需要的儿童，通过扶助弱势以使全国儿童都能接受高质量的学前教育，促进美国教育公平与社会公平的发展。

1965 年美国"开端计划"是由联邦政府发起并主导的一项国家行动计划。1994 年克林顿总统签署的《提前开端法》对"无歧视原则"作了专门规定："任何相关项目、计划或活动如果对于种族、信仰、肤色、性别、生理缺陷等方面有歧视性的规定，健康与人类服务部将拒绝给予财政援助。"①该法案强调美国学前教育要在早期识别与干预、扶助弱势群体与促进社会公平中发挥重要作用，立法宗旨明确，该法主要目的在于通过为低收入儿童及其家庭提供健康、教育、营养、社会等基本家庭需要的服务，促进儿童的社会性与认知发展，从而提高其入学准备能力。② 2007 年修改后的《提前开端法案》仍旧体现了帮助处境不利儿童及其家庭的宗旨。正如美国向贫困宣战运动的发起者约翰逊总统所言："所有美国儿童都不应该因其出身而被宣判为失败。"提前开端计划的诞生正是美国为实现社会公平所做的努力和尝试的一部分，也是为了通过该计划让那些深陷于贫困的美国公民开始新的生活，回到主流社会之中。③

《2000 年目标：美国教育法》明确美国教育目标之首"保障所有儿童都接受学前教育"，所有美国儿童是指来自各种环境和家庭背景的儿童，包括处境不利儿童，不同种族、民族和不同文化背景的儿童，美国印第安

① 刘小蕊、庞丽娟、沙莉：《美国联邦学前教育投入的特点及其对我国的启示》，《学前教育研究》2007 年第 3 期。

② Biennial Report to Congress, *The Status of Children in Head Start Programs*, 2005, p.1. 参见霍力岩、余海军：《从〈国家中长期教育改革和发展规划纲要（2010—2020 年）〉看农村学前教育的发展》，《幼儿教育（教育科学）》2010 年第 10 期。

③ 转引自霍力岩等：《美、英、日、印四国学前教育体制的比较研究》，北京师范大学出版社 2013 年版，第 90 页。

人、阿拉斯加土著、夏威夷土著儿童或残疾儿童,英语水平差的儿童,辍学的儿童,移民的儿童以及学习上有天资的儿童。①

2001 年小布什政府公布了《不让一个儿童落后法案》(No Child Left Behind Act,简称 NCLB),其中明确提出,在花费上千亿美元投入教育之后,却未能实现教育优异的目标,平民与富人之间,英裔与少数民族(学生)之间的学业成绩差距不仅明显,且在某些情况下还在加大。报告指出联邦政府要转变在教育中的作用,不让一个儿童掉队。学前教育作为基础教育的第一环节,关系到教育起点公平,基于此美国许多相关法律都相继规定了学前教育必须保障弱势群体儿童的基本权利,并为其权利实现提供法律保障。②《不让一个儿童落后法案》非常强调资金投入的公平性,主张每个儿童无论贫富、黑白、城乡,都应获得接受高质量教育的机会。该法案第一章即"促进弱势儿童的学业进步",规定满足多种弱势儿童群体的教育需求,包括英语不熟练的儿童、移民儿童、印第安土著儿童等。③ 2009 年 2 月,奥巴马签署了《美国复苏和再投资法案》(American Recovery and Reinvestment Act of 2009),该法案涉及提高少数民族教育的新政策,投资 50 亿美元用于"0—5 岁早期教育计划",旨在扩展学前教育年龄,给不同民族幼儿提供更多受教育机会,同时提高教育质量。④

可以说,美国联邦政府从法律和实践层面保障了少数族裔和移民儿童接受学前教育的权利,促使他们为入学做好充分准备,促进其学业成

① 转引自霍力岩等:《美、英、日、印四国学前教育体制的比较研究》,北京师范大学出版社 2013 年版,第 87 页。

② 转引自霍力岩等:《美、英、日、印四国学前教育体制的比较研究》,北京师范大学出版社 2013 年版,第 90 页。

③ 刘小蕊、庞丽娟、沙莉:《美国联邦学前教育投入的特点及其对我国的启示》,《学前教育研究》2007 年第 3 期。

④ Education Week:《奥巴马的教育蓝图》,范国睿译,教育科学出版社 2010 年版,第 10 页。

功,相当程度上缩小了他们与同龄儿童的差距。此外,也在一定程度上减轻了这些儿童的家庭压力,为其父母完成自身职业培训与提高创利了条件,使他们获得了更多的工作机会,大大缓和了社会矛盾。更重要的是,这些政策举措响应了美国社会要求教育公平和社会平等的呼声,促进了美国这个文化多元、种族多元国家的发展与融合。①

(二)不断加大中央政府的公共财政支出责任,为少数民族儿童提供免费的学前教育服务

世界主要国家和地区针对低收入家庭学前儿童采取学费资助政策,一定程度上提高了这些家庭的保教费支付能力,扩大了包括少数族群学前儿童在内的这些处境不利学前儿童获得保教服务的机会。但上述政策在推行过程中也遇到了一些挑战:第一,由于补贴有限,随着学前保教费用上升,存在补贴不能满足低收入家庭儿童获得优质学前教育和保育服务的机会,一些包括少数民族幼儿在内的处境不利儿童依然难以获得学前教育机构的保育和教育机会,或只能进入廉价质低的学前保教机构。第二,由于私人机构缺乏在低收入家庭聚居的贫困区投资学前教育和保育的动机,即使低收入家庭获得来自政府的儿童保育与教育补贴优惠政策,依然难以获得所在地区有质量保障的学前保教服务机构和机会,最终只能进入就近低质的学前保教机构。因此,许多国家(地区)政府逐渐认识到通过提高低收入家庭支付儿童保育费间接提供高质量学前教育和保育服务政策存在局限性,各国(地区)政府开始尝试通过公共投资针对处境不利儿童直接提供学前保教机构或干预计划,直接提供高质量的学前

① 刘小蕊、庞丽娟、沙莉:《美国联邦学前教育投入的特点及其对我国的启示》,《学前教育研究》2007 年第 3 期。

教育基本公共服务。①

近年来世界多民族国家联邦政府或中央政府通过立法和公共财政投资,逐步加强对少数民族学前教育的扶持力度,纷纷实施补偿性教育援助计划,促进各族群间学前教育机会均等与质量公平,已产生比较明显的效果。② 如美国"开端计划"自实施开始,联邦政府就承担了80%的费用;20世纪80年代后为保障投入的稳定性,美国政府通过了《开端计划法案》,其中规定由联邦政府对其进行专项拨款,1981年联邦政府拨款10.7亿美元;2005年《入学准备法》再次规定了2006年联邦政府专项拨款68.99亿美元,并保证2007—2011年度达到以上数额的财政拨款。③ 英国"确保开端计划"也主要由中央政府预算予以保障,并通过《拨款法》颁布执行,该计划预算金额逐年增长,2001—2006年各财政年度的预算拨款分别为1.8亿、4.5亿、5.3亿、8.9亿、11.58亿英镑,2007—2008年度高达17.6亿英镑,增幅相当可观。即使与我国国情相似的发展中国家印度,其"儿童发展综合服务计划"的财政投入也纳入了国家财政预算,联邦与地方政府经费分担的比例达9∶1,该计划拨款额度在"八五"期间(1992—1997年)为260.8亿卢,"十五"期间(2002—2007年)达1168.45亿卢比,比"八五"时期增长了348%。④

许多国家和地区通过政策法规明确强调了优先保障包括少数民族幼儿在内的弱势儿童免费接受学前教育的权利,如美、英、韩国和我国台湾

① 周兢:《国际学前教育政策比较研究》,华东师范大学出版社2012年版,第167页。

② 霍力岩等:《美、英、日、印四国学前教育体制的比较研究》,北京师范大学出版社2013年版,内容提要第3页。

③ 刘小蕊、庞丽娟等:《美国联邦学前教育投入的特点及其对我国的启示》,《学前教育研究》2007年第3期。

④ 庞丽娟、孙美红、张芬、夏靖:《世界主要国家学前教育普及行动计划及其特点》,《教育发展研究》2012年第10期。

地区等。美国两个主要面向处境不利学前儿童群体的补偿教育计划——开端计划、早期提前开端计划均由联邦政府主要负责经费投入,符合项目准入资格的3—5岁幼儿均可接受免费教育。① 2001年,美国总统小布什签署的《不让一个孩子落后方案》(No Child Left Behind Act)明确提出,联邦政府能够而且必须加大财政拨款以满足弱势群体儿童的教育需求,以重点帮助白人和少数民族群体间及少数民族群体内部消除学业成就差距。② 韩国《幼儿教育法》规定,受《国民基础生活保障法》保护的幼儿或生活在离岛、边远地区的幼儿,优先享有一年免费学前教育的权利。我国台湾地区在实施免费学前教育政策过程中,具有明显的弱势优先倾向,明确农村、原住民、低收入家庭优先的举措。③

四、始终坚持政府举办公办园为主,同时政府与社会第三部门建立伙伴关系,鼓励多元力量参与少数民族学前教育服务供给

受政治体制与社会政策传统的影响,各国处境不利学前教育公共服务供给方式存在政府支出型和混合型两大类型。政府支出型主要是一些非联邦制或具有中央集权政治传统的国家,这些国家认为政府应该承担处境不利学前儿童教育公共服务的主要供给责任。在混合型国家中,认

① 霍力岩、沙莉、郑艳:《世界部分国家学前教育基本属性的比较研究》,《比较教育研究》2011年第6期。

② 刘天娥、蔡迎旗:《美国促进学前教育公平的措施及启示》,《中国教育学刊》2013年第7期。

③ 庞丽娟、孙美红、夏靖:《世界主要国家和地区政府主导推进学前教育公平的政策及启示》,《学前教育研究》2014年第1期。

为政府和社会都应该承担公共责任，政府在提供必要支出的同时，更鼓励营造社会慈善的文化，鼓励营造一个公益型社会。采用这一政策的国家主要是联邦制政体的国家。近年来，采取政府支出型政策的国家开始在服务供给方式中引入民间力量，主要原因来自两方面：其一，随着"早期教育是一项人力资本投资、社会风险预防的积极社会政策"受到人们的日益推崇，各国所需要的投入也越来越大，在日益拉大的贫富差距社会背景下，政府支出型的供给方式给政府财力带来了巨大压力，反周期的扶贫支出不胜重负，从长远发展来看处境不利儿童学前教育公共服务需要更多的资源加入，以弥补"资金不足、昙花一现"的发展困境。其二，民间资源更贴近服务供给对象的呼声，政府试图与民间资金建立良性的伙伴关系，共同建立多元的资源供应体系。与之相反，采用混合支出型政策的国家由于政府在其中承担的公共责任有限，使处境不利儿童的学前教育公共服务机会十分有限，因此开始逐步加强中央政府的干预力度。① 因此，从世界各国处境不利儿童学前教育公共服务供给方式的变化趋势来看，"政府主导、引导社会力量多元参与"已逐渐成为新近及未来的发展趋势。

（一）始终坚持以政府直接举办公立学前教育机构为主，保障少数民族学前教育公平

世界主要国家和地区政府举办公立学前教育机构的保底与助弱性质十分鲜明，即为有需要的弱势群体学前儿童提供符合基本质量标准

① 柳倩：《国际处境不利学前儿童政策研究》，华东师范大学出版社 2012 年版，第 214—215 页。

的学前教育公共服务。① 为解决经济落后的农村、偏远、贫困、民族地区等弱势地区、弱势人群的学前教育公共服务供给难题，世界许多国家和地区以办园体制改革为重要突破口，确立了以政府举办公立学前教育机构为主导的改革路径。许多国家大力增设公办园，不断强化政府保障包括少数民族学前儿童在内的弱势人群学前教育公平的主导责任。②

如英美两国公立学前教育重点“瞄准”包括少数民族学前儿童在内的低收入家庭，为其提供基本水平的早期保教服务，保证公共资源配置的公平与效率。③ 印度是世界上儿童人口最多的多民族国家，印度政府于1986年在《国家政策及其行动计划》(National Policy and its Action Plan)中对教育平等就作出了规定，明确提出要消除不平等，并把女童、表列种姓、表列部落、少数民族及其他社会弱势群体作为教育公平的重点对象。印度的学前教育由国家、私人和第三部门共同提供，近年来印度政府在办园过程中发挥越来越大的作用，由最初完全由私立机构和志愿机构负责，后来逐渐转向国家出资并提供部分的学前教育公共服务。政府直接举办的公立学前教育机构是主体，主要通过“儿童综合发展服务项目”(ICDS)来实施面向处境不利儿童群体及其家庭提供包括教育、健康、营养等方面的综合性早期教育与保育服务，为印度儿童提供学前教育公共服务，正是这一转变使千千万万处境不利儿童获得了接受学前教育的公平机会。印度 ICDS 为儿童及其家庭提供服务的便

---

① 夏靖:《国际弱势儿童学前教育扶助的政府责任及制度研究:特点、经验及启示》,博士学位论文,北京师范大学,2011 年。

② 庞丽娟、夏靖、孙美红:《世界主要国家和地区弱势儿童学前教育扶助政策研究》,《教育学报》2010 年第 10 期。

③ 曾娅琴:《英美公立幼儿教育的“瞄准”机制设计》,《上海教育科研》2011 年第 4 期。

民网点——安哥瓦迪(印度语为“Anaganwadi”),并且约有一半的儿童综合发展中心分布在少数民族地区。① 我国台湾地区针对原住民地区、山地离岛等偏远地区学前教育机构匮乏的现状,专门在《原住民族教育法》(1998 年)和《教育改革行动方案》中都分别规定对原住民族地区应普设增设公立幼儿园。

公立幼儿园不仅扩大了少数民族学前儿童的受教育机会,更重要的是由政府资助、举办的公立幼儿园项目有助于保障少数民族学前质量公平。2004 年,美国全国早期教育研究所(NIEER)选择具有广泛代表性的五个州——密歇根州、新泽西州、俄克拉荷马州、南卡罗来纳州和西弗吉尼亚州公立幼儿园项目的 5278 个样本(47%白人,25%非裔美国人,21%西班牙裔,3%土著居民,2%亚裔)进行了评估,目的旨在评估公立幼儿园项目对提高幼儿入学准备水平的价值。评估结果表明,参加了公立幼儿园项目的幼儿在语言、读写及数学技能方面有显著优势,即有更高的入学准备水平,政府资助的公立幼儿园项目尤其对来自弱势家庭的少数族裔儿童有更大的效果。② 因此,政府应该大幅增加财政投入,增设公办学前教育机构,切实提高少数民族家庭幼儿的入学准备水平,构筑教育公平的第一道防线。

(二)政府鼓励和引导家庭、社区、非营利组织多方社会力量积极参与少数民族学前教育公共服务供给,以贴近少数民族学前儿童及其家庭的现实需求

世界多民族国家面向少数民族学前儿童的早期教育干预项目日益呈

① 严仲连:《使千百万处境不利儿童受益的印度 ICDS 项目》,《幼儿教育(教育科学版)》2006 年第 11 期。

② 何婷婷、王建梁:《切实提高弱势家庭幼儿入学准备水平:美国公立幼儿园项目及其启示》,《外国教育研究》2009 年第 5 期。

现服务综合化的趋势，即将早期教育、儿童养护、营养健康以及家庭援助等视为一个整体系统，为处境不利幼儿及其家庭提供综合性发展服务，搭建整合性、一体化的学前教育基本公共服务网络体系。在一体化的少数民族学前教育基本公共服务递送过程中，仅仅依靠政府单一的财力、人力、物力投入远远无法实现少数民族学前教育公共服务公平与效率的目标，因此世界各国政府逐步重视家庭、社区等儿童发展的社会生态环境系统的综合影响作用，一方面政府借助于家长志愿者、社区资源全方位支持学前儿童的全面发展，另一方面政府日益重视对参与少数民族学前教育公共服务、维护社会公共利益、承担社会公共责任的非营利组织在人力投入、物质支援、资金融入等方面给予越来越多的激励和引导。

第一，政府鼓励和引导家庭、社区为少数民族学前儿童提供贴近其现实需要的公共服务。

以美国“提前开端计划”和英国“确保开端计划”为代表的学前教育国家行动计划，其有效性与“家长参与”密不可分，以此也确保了处境不利学前儿童的保教结合、健康全面发展。美国开端教育计划坚持“要改善儿童的生活质量，父母的生活环境必须发生相应的改变”这样一种教育哲学信念。因此，为了提高处境不利儿童学前教育质量和公共服务水平，美国开端教育计划强化父母在早期教育干预项目中的参与作用，重视幼儿园与家庭建立伙伴关系，重视家长自身的生涯发展和教育程度提升，对家庭提供教育培训并鼓励就业，提高家长育儿水平与对高质量学前保育与教育服务的支付能力。①

依托社区建立综合性的儿童服务中心是世界发达国家在推进学前教

① 韩寒：《美英学前教育计划的比较研究》，硕士学位论文，曲阜师范大学，2012年。

育公平方面的共同举措。① 开端计划非常重视与社区相关机构及其人员的沟通、合作与信息共享。这些社区机构与家庭又相联系,从而形成了一个完整的学前教育公共服务网络。②

2012 年 8 月由南澳大利亚州儿童发展与教育部(DECD)颁发并牵头实施的学前双语项目(South Australian Preschool Bilingual Program)——南澳洲 PBP 项目,其对象有两类,一类是来自非英语家庭(拥有不同文化和语言背景)的幼儿,另一类是没有英语能力或能力有限的土著家庭幼儿。该项目目标是面向需要帮助的每一个土著家庭和移民家庭,尊重不同文化语言的差异性,尊重幼儿身心发展特点与规律,促进其身心健康发展。此项目十分强调实现目标的有效途径是政府、家庭、幼儿园和社区之间的协作关系。首先,政府部门发挥主导作用,为幼儿创设良好的双语教育环境、促进其身心健康发展投入专项基金,搭建学前双语项目平台,长期提供学习资源,提供专业的学习指导和咨询建议,监管部门负责对项目实施全程监督以充分体现政府的责任心。其次,政府主导建立互动合作的"一体化"环境平台,为需要帮助的幼儿提供不同层次的双语课程服务,协助幼儿园为家庭提供翻译解释服务,从而达到家长参与"协商(共同)教育计划"的目的,为有过心理创伤(缺乏归属感和自我认同感)的幼儿及其家庭提供专门支持,给他们入园提供合理建议。③

总之,世界多民族国家和地区十分重视发挥社会生态环境对少数民族学前儿童发展的整体效应,政府部门日益注重与当地少数民族聚居的

① 李敏谊:《从"开端计划"到"稳健起步计划":国际社会建设和谐教育的不懈努力》,《比较教育研究》2008 年第 4 期。

② 吴琼:《美国开端计划的教育公平取向及其启示》,《幼儿教育》2008 年第 6 期。

③ 胥兴春、杨聃旎:《澳大利亚学前双语教育的特色及启示——基于对南澳大利亚州学前双语项目的分析》,《教育导刊(下半月)》2014 年第 3 期。

社区、家庭建立真诚的合作伙伴关系，特别注重建立政府与社区、幼儿园与少数民族幼儿家庭之间的紧密联系，目的在于依靠社会多方力量，尤其是社区力量，共同努力，使少数民族学前儿童在社会全方位的共同关注下健康成长、全面发展。恰恰是认识到家庭、社区和社会力量在少数民族学前儿童发展中的重要性，因此许多多民族国家的政府都正在加强对父母的就业培训与教育指导，加强对社区资源的协调与整合，加强对社会资金融入的激励和引导，逐步形成政府、社区、家庭、幼儿园共同构筑的少数民族学前教育公共服务网络体系。

第二，政府与社会非营利组织建立积极的伙伴关系，鼓励和规范社会多元力量参与少数民族学前教育公共服务供给。

除了举办公立机构，一些国家和地区政府还通过建立规则和实施多样化的公共财政资助，给予非营利性教育机构倾斜性支持，鼓励政府以外的力量举办服务于弱势儿童的教育机构。这些机构由于分担了政府的弱势扶助责任，在政府介入和支持下而具有了普惠性特征，也成为扩大弱势群体学前教育公共资源的有效来源。在公立机构基础较为薄弱、弱势儿童总量较大的国家和地区，这一经验具有更为重要的借鉴价值。如新西兰为处境不利地区儿童服务的、获得经营许可、质量达到基准的非营利性机构可获得额外的公平资金、偏远地区资助和自由赠款。符合偏远地区资助条件的非营利性机构不必自己提出资助申请，教育部通过查阅偏远地区索引就可以识别哪些地区符合资助条件，并主动与机构联系。①

此外，印度政府也十分重视通过社会第三部门为处境不利学前儿童提供资助服务，即由志愿机构或非政府组织提供，由国家或国际援助机构、信托机构、宗教团体资助的早期儿童教育服务机构，第三部门幼儿教

① 夏靖：《国际弱势儿童学前教育扶助的政府责任及制度研究：特点、经验及启示》，博士学位论文，北京师范大学，2011 年。

育机构对印度社会、经济落后地区学前教育的普及和发展也起到了一定的补充作用,尤其对部落民族、移民劳工等生活较为困难的群体以及受到恶劣自然灾害影响的儿童有重要的作用。由印度妇女儿童发展部(Ministry of Women and Child Development)公布的十一五规划中公开的数据,印度由非政府组织提供的早期儿童保育和教育服务覆盖了 300 万—2000 万之间的儿童,接近同一时期“儿童综合发展服务项目”所提供的公立学前教育覆盖儿童数 2400 万人。① 由此可见,通过政府主导、社会多元力量辅助与补充,即政府与家庭、社区、第三部门的广泛合作和共同服务,更有利于促进和实现少数民族学前儿童的教育公平。

五、多种途径建设跨文化的学前双语教师队伍并重视专业质量提升

(一)通过配备一位教师助手的方式弥补学前双语师资数量不足、质量不高的问题

培养、吸引、补充、增加稳定合格的、具有多元文化意识和跨文化能力的学前双语教师队伍是世界多民族国家面对的共同难题。② 当前许多国家日益重视多种手段加强少数民族学前双语教师队伍建设,为帮助幼儿创设有利的学前双语教育环境和多元文化环境,各国普遍采取配备一位

① 霍力岩等:《美、英、日、印四国学前教育体制的比较研究》,北京师范大学出版社 2013 年版,第 486—487 页。

② 简楚瑛:《幼儿教育与保育的行政与政策——欧美澳篇》,华东师范大学出版社 2005 年版,第 234 页。

教师助手的方式以弥补学前双语师资不足的现况。由于教师对儿童及其家庭文化的熟悉有利于儿童及其家庭对于干预项目建立文化认同，因此许多国家都提出要求班级配备一名教师和一名助手。如挪威幼儿园的工作人员有三类：园长、老师和助理，分别占所有幼儿教育与保育工作人员的12%、19%和52%。其他的工作人员，如为协助少数民族家长与幼儿的双语助理(bilingual assistants)，占2%。① 国际上比较有代表性的多民族国家学前教育专项行动计划对教师配备都提出了一定要求，如开端计划、确保开端计划、ICDS、Early Start、Traveler 学前学校、早期开端计划、关注和教育儿童中心、多功能土著儿童服务项目的对象多以少数民族、移民儿童、土著居民为主，在配备教师与助手的语言背景方面都提出了熟悉当地文化的要求：或者来自当地，或者会说当地语言；在资质方面都要求达到公立学校教师的资格，个别项目要求达到大学学士甚至要求硕士资格。对保育助手要求差异比较大，绝大部分项目对保育助手没有资质要求。②

（二）加强跨文化幼儿教师教育，兼顾数量补充与专业质量提升

许多国家已认识到双语教师掌握第二语言固然重要，但更为重要的是具有理解、尊重、欣赏不同民族和文化的意识和能力，特别是跨文化交际能力。③ 有研究指出，跨文化幼儿教师的特殊素养应体现在以下五个方面：善于从社会历史和当下权力现实的关系中看待他们自己的文化、努

① 简楚瑛：《幼儿教育与保育的行政与政策——欧美澳篇》，华东师范大学出版社2005年版，第8页。

② 周兢：《国际学前教育政策比较研究》，华东师范大学出版社2012年版，第185—186页。

③ 黄志成：《民族融合：且看教育如何担当》，《中国教育报》2014年4月9日。

力让自己的教学风格和课程内容适应儿童发展的需要、善于与自己不同文化背景的人一道参与文化冲突的解决、成为一个文化偏见的批判性思考者、成为一个创造变化世界的积极行动者。① 跨文化幼儿教师教育就是要促进幼儿教师形成各民族文化平等互尊的价值观念,形成尊重、理解并欣赏本民族与他民族文化多样性的意识,并将这种价值观与意识渗透于日常的多元文化幼儿教育中。

美国、加拿大、澳大利亚等多民族国家十分重视跨文化的幼儿教师教育,认为跨文化是多元文化教育时代对教师专业素养的一项要求,跨文化教育意识和能力应成为跨文化幼儿教师所具备的一项特殊专业素养。20世纪六七十年代以来,美国、加拿大等国家逐渐兴起多元文化教育、跨文化教师理解、适应能力及其培训的相关研究,特别是美国的多元文化教师培训已经形成了比较成熟的模式。当今世界,教师跨文化适应能力的培养也已成为西方尤其是美国教师教育研究和改革的一大热点。美国新近出现的"以学区为本"的驻校教师培养模式,要求延长实习时间,将师范生安排到中小学、幼儿园驻校(园)学习一年,以便师范生深入了解学生的文化环境和学习背景,获得多元文化教育的能力。②

2003年,美国一个名为"为变化而教"(Teaching for Change)的教育组织提出了幼儿教育公平倡议(The Early Childhood Equity Initiative,简称ECEI),其目标旨在鼓励教师和学生质疑和重新思考他们课堂内外的世界,重新建立一个更加公平、跨文化的社会,使每个学生成为一个积极的

---

① Prof. Dr. Ute Massler, *Early Language & Intercultural Acquisition Studies. Intercultural Learning in Elementary Schooling*. Magdeburg, 24.1.2009 PH Weingarten, http://bilikita.org/eu/docs/21_Massler_2009_lntercultural_Learning.pdf.; Jessica Ball, *Promoting Equity and Dignity for Aboriginal Children in Canada*, 2008, 14 (7).

② 卢俊勇、陶青:《从教师的文化适应性看教师流动制》,《教育理论与实践》2011年第8期。

全球公民。具体来看,ECEI项目实施目标包括:促进儿童积极的种族和文化认同;促进儿童的双语发展,使参训教师了解儿童具备双语能力以及双语教育的重要性,并保证教师能制定适宜的教学计划以确保儿童在学习英语的同时,掌握其母语。幼儿教师通过该培训项目提供的公平和社会正义课程、反歧视课程、双语教育课程,不仅学会如何使用ECEI的课堂评估工具,而且大大提升了多元文化幼儿教育知识。这些知识包括在日益多元的社会中,儿童积极的种族和文化认同观对他们认识其他种族的背景、生活方式有很大影响;教师教授第二语言的方法对幼儿第二语言习得至关重要;影响幼儿课程及教学的效果与幼儿教师的多元文化态度密切相关。①

在美国社会日益强调多元文化的呼声中,全美早期教育协会(NAEYC,1997)在新版的指南中强调发展适宜性课程知识要充分考虑儿童生活和学习所处的社会文化背景,强调关于儿童生活所处的社会文化背景的知识能够保证儿童的学习经验对儿童本人及其家庭是有意义的、有关联的和受到尊重的(Bredekamp & Copple,1997)。② 从1979年起美国教师教育就开始注意对教师进行"多元文化教育的教育"。美国国家教师教育资格委员会(National Council for Accreditation of Teacher Education,NCATE,1977)针对全美早期教育协会的发展适宜性课程与多元文化教育,为早期儿童的教师教育提出了指导意见,"为早期儿童教育培养教师的方案应对学习和发展运用多种文化和语言的知识,应懂得社会文化和政治背景的重要性,应懂得在家庭、文化和社会文化背景中儿童是最

① 王新俊:《美国多元文化教师教育研究》,硕士学位论文,西北师范大学,2010年。

② Bredekamp, S. & Copple, C., *Developmentally appropriate practice in early childhood program* (rev.ed.).Washington, D.C.: National Association for the Education of Young Children, 1997.

容易被理解的……应展现对早期儿童教育职业的理解,即它的多元历史的、哲学的和社会的功能,以及这些功能如何影响当今的思想和实践”。①

澳大利亚长期的双语教育实践也表明,双语教师的受教育程度、语言能力、教学能力、教学策略、价值观等都深深地影响着学生学业的成败。澳大利亚政府于1993年首次开启了双语师资培训,随后联邦政府提供专项资金聘请专业人员对双语教师进行培训,这在一定程度上缓解了双语师资紧缺的局面,但无法从根本上提高双语师资质量。实践证明,只有规范招聘要求和严格执行教师审核标准才能保证双语师资质量。为了确保南澳州学前双语教育顺利实施,该项目在招募双语工作者时,对其个人工作经验、专业技能以及综合素质等方面均作了明确要求和规定(见表7-3),要求学前双语教师须经过专门培训获得相关综合能力,定期参加考核,拥有政府教育部门颁发的相关资格证书。②

表7-3 南澳州PBP项目工作者招募要求

工作经验	1. 从事过与人同文化、语言背景幼儿有关的工作 2. 拥有幼儿语言教学或幼儿语言项目工作的经验
专业技能	1. 精通一门或几门非英语的语言 2. 理解文化多样性及文化多元价值 3. 掌握幼儿学习及发展的相关专业知识 4. 熟悉幼儿个体发展需要及幼儿能力发展水平 5. 履行多元文化和教育机会均等的原则
综合素质	1. 能够独立完成指定工作 2. 能够在工作中发挥主观能动性 3. 能够切思履行机会平等和社会公正原则 4. 能够很好地进行团队合作 5. 能够有效且亲和地与幼儿、家长、同事及其他组织机构人员进行交流

① National Council for Accreditation of Teacher Education, *Approved curriculum guidelines*, Washington, D.C., 1997, pp.272-284.

② 胥兴春、杨聃旎:《澳大利亚学前双语教育的特色及启示——基于对南澳大利亚州学前双语项目的分析》,《教育导刊(下半月)》2014年第3期。

六、不断加强少数民族学前教育专项计划的动态效果评估研究，基于评估结果完善政策、提升质量

（一）建立科学、完善的专项计划动态评估机构和系统，通过专项经费予以支持

世界多民族国家十分重视对少数民族学前教育专项计划的实施效果进行动态、持续、长效追踪的评估研究。专门的评估机构、专业的评估团队、专项的经费支持是实施科学、有效评估的重要前提。为保障评估系统的科学性、评估结果的实效性，一些国家建立和完善了大型项目的追踪评估研究机构和系统，并提供充足的经费支持。以美、英为例，美国“开端计划”和英国“确保开端计划”都建立了非常完善、严格的学前教育项目评估系统。

1965 年美国“开端计划”实施以来，始终致力于研究和建立一个科学的学前教育质量评估系统。1966 年、1967 年和 1968 年财政预算分别拨款 200 万、800 万、800 万美元，占了整个计划资金的 1%至 2%。[①] 该计划实施之初，约翰逊总统下令对计划收益进行评估，科学家以儿童智商测量代替项目评估的方法对为作出回应，这种方法在计划实施初期始终占统治地位，但后来遭到多方质疑，普遍认为“智商”测量并不能真实、客观、科学、全面地展示该计划对参与项目的不同背景的学前儿童及其家庭、社

① Maris A., Vinovskis, *The Birth of Head Start*, The University of Chicago, 2005.

会所带来的广泛、深远的影响作用。20 世纪 90 年代“开端计划”新的质量监测和评估体系在《开端计划的未来发展蓝图》基础上构建起来，其中尤其强调要考虑儿童及其家庭的个别差异性和所居社区的文化多样性，评估重要成果时应采用多种指标和方法；根据 1994 年法案，每三年对“开端计划”实施情况进行一次评估，主要评估计划是否按照规范实施，是否达到了质量标准；1995 年该计划还资助建立了 4 个质量研究中心共同开展研究工作和完善计划质量的监测系统。① 经过几十年的改革探索，目前开端计划已建立了比较完善的评估系统。

英国的“确保开端计划”开创于 1998 年，“确保开端计划”吸取了美国“开端计划”的经验，在开展之初就建立了相对完善的评估系统，并成立了独立的评估机构——“确保开端计划”国家评估委员会（The National Evaluation of Sure Star，简称 NESS）。该评估机构的独立性一定程度上保证了评估的客观、公正性，并且评估系统与项目计划同时展开。NESS 的评估内容包括：（1）计划的执行情况。由于“确保开端计划”是一个综合性学前儿童服务项目，所以对不同项目有不同的评估方法和标准，方法主要是依据各个研究项目专家设计的调查问卷和个案研究。（2）计划的影响。主要评估学前教育质量，方法是设置实验组和控制组，考察计划能否提高其成绩，同时通过追踪观察来评估计划所带来的长期社会影响。（3）成本和收益。主要评估资金投入的短期收益和长期社会回报。（4）对社区的背景了解。由于社区背景不同将影响计划的实施效果，为有针对性地实施计划，须先深入分析每个社区的背景，使计划达到更好的服务效果。（5）地方政府的支持情况。地方政府的支持是影响计划能否顺利实施的关键因素，长期并不定期地评估地方政府对计划的支持情况，并及

① 韩寒：《美英学前教育计划的比较研究》，硕士学位论文，曲阜师范大学，2012 年。

时向社会公布，有利于对地方政府形成监督。①

（二）建立以结果为导向的问责制，将项目动态评估的实证研究结果作为持续投入和调整政策的重要依据

第一，重视对项目有效性的动态追踪评估，注重收集和使用实践层面的数据与研究成果。世界主要国家通常采用项目试点—项目评估—项目推广—项目评估—项目调整、运行—项目评估这一动态循环的设计，通过政策设计者、执行者、研究者、公众等多种力量合作分析、研究并解决不断出现的新问题，这种实践—评估研究的动态模式成为保证项目科学运行的重要手段。动态评估研究包括对过程与结果的评估，根据评估结果不断对项目过程进行调整与完善，以更适合当地学前儿童的发展。通过评估研究反思项目的根本问题，通过数据收集和实证研究为决策者提供重要参考信息，逐步实现包括少数民族学前儿童在内的处境不利学前儿童早期教育政策从宏观到微观的发展转向。②

许多国家在对少数民族学前教育专项计划有效性进行监控与追踪评估时，十分注重使用实践层面的数据、信息。如澳大利亚作为多元文化背景的国家，非常重视通过研究、运用循证数据表明早期干预计划是解决许多社会问题的长期有效方式；重视通过大量数据、研究成果，建立投资绩效计算，以确保政府投资的科学性，尝试在此基础上建立新的公共管理模式。③

① 韩寒：《美英学前教育计划的比较研究》，硕士学位论文，曲阜师范大学，2012年。

② 柳倩：《国际处境不利学前儿童政策研究》，华东师范大学出版社2012年版，第222页。

③ 柳倩：《国际处境不利学前儿童政策研究》，华东师范大学出版社2012年版，第161页。

澳大利亚政府委员会(Council of Australian Governments,COAG)2009 年签署的《国家幼儿发展战略——儿童早期投入》除了对国家幼儿发展计划进行宏观指导外,另一重要目标即是建设与幼儿发展相关的循证数据库,完善监控、评估、问责制度。①

第二,重视对项目质量的监控与反馈,通过建立项目效果的公共问责制推进项目可持续发展。监控与评估是提高质量的重要保障,完善的质量监控与评估系统将更加有效地促进项目顺利开展,可以及时追踪项目的成效,总结其不足,同时也能及时提出改进意见以不断提高学前服务质量。美国的"开端计划"和英国的"确保开端计划"两个项目高度重视质量监控与反馈,如果某地区经过多次评估发现质量仍不达标,政府就会派人考察并决定后续是否提供资金支持。② 美国"开端计划"的专项评估将项目目标、服务标准、资金投入、质量效益、激励措施有机协调起来,当评估过程中发现政府资金投入方面出现问题时采取积极有效的措施。英国"确保开端"项目非常重视将评估结果公之于众,这不仅可以对项目实施者起到监控作用,而且使学前儿童父母清楚地了解所选机构的学前教育质量。③

建立项目效果的公共问责制是推进项目可持续发展的重要手段,也是提高政府执行力的重大变革。曾担任教育部主管全美中小学教育的部长助理苏姗·纽曼认为,从政府决策的角度看,政府应该通过资助有效教育项目帮助儿童摆脱困境,从而打破贫困的代际传递。值得联邦政府提供拨款的有效项目应该确定优先顺序、聚焦重点,以帮助那些处境不利儿

① 于志涛:《澳大利亚国家幼儿发展计划及其启示》,《教育导刊(下半月)》2010 年第 7 期。
② 韩寒:《美英学前教育计划的比较研究》,硕士学位论文,曲阜师范大学,2012 年。
③ 韩寒:《美英学前教育计划的比较研究》,硕士学位论文,曲阜师范大学,2012 年。

童做好入学准备,并力图为他们构建一个强有力的、全方位的学习环境。而要判断项目是否有效,必须改变仅仅关注投入的评价,应实施以结果为导向的问责制。结果或产出、成效要回答下面三个问题:项目要实现哪些目标?项目如何进行?预期的效果实现了吗?她建议将"入学准备质量、后续的学业成绩"作为重要、直接的结果评价指标,当然同时还要考察项目的长期影响,即项目"对其将来生活质量的影响"。以结果为本的方法有助于将注意力转向若干关键要素,即是否为项目投入了足够的资源(人力、物力、财力)以确保项目取得预期的成效?如果没有,什么资源有可能获得类似的成效?如果项目执行过程中收效甚微或总是不尽如人意,需要考虑终止对项目的财政拨款。通过问责制重建公众对政府的信心,使政府通过合理投资而非一味增加投资来打破贫困的代际传递的怪圈,进而帮助处境不利儿童取得学业成功。①

① 参见[美]苏珊·纽曼(Susan B.Neuman):《学前教育改革与国家反贫困战略——美国的经验》,李敏谊、霍力岩主译,教育科学出版社2011年版,第33—38页。

第八章　新疆学前教育基本公共服务均等化发展：总体思路与政策建议

民族地区学前教育基本公共服务对国家扶贫开发与长治久安具有重要的战略价值，属于我国学前教育基本公共服务的重要组成部分。为全面推进民族地区学前教育基本公共服务均等化建设，扩大其资源覆盖面，建立城乡一体化的供给保障体制，有必要首先探讨我国学前教育基本公共服务均等化建设的总体思路。

一、我国学前教育基本公共服务均等化建设的总体思路

（一）基本原则

1. 动态性与发展性

判断公共服务是基本还是非基本，并非一成不变。国内外研究表明，一个国家或地区的公共服务水平从一个侧面反映了这个国家或地区的经济社

会发展水平,因为公共服务的数量、质量与经济发展状况以及生活质量密切相关,一定历史时期经济和社会发展状况都可以在公共服务这个断面得到集中体现。① 因此,区分学前教育公共服务基本与非基本的标准也具有很强的动态性、阶段性、发展性和相对稳定性特征,它取决于一个国家和地区一定时期的经济发展水平、民众反映强烈的公共需求以及政府的公共服务能力等多重因素。某一阶段未纳入基本公共服务,但随着经济社会发展,民众公共服务需求日趋增强,就有可能转化为迫切需要改善的民生问题,进入政府公共服务议事日程,进而纳入基本公共服务体系。因此,当一个国家或地区的社会经济水平提高时,基本公共服务的范围和内容也会随之扩大。同理,随着公民物质文化生活水平的提高,以及对学前教育公共服务需求层次的不断提高,学前教育基本公共服务也将从注重入园机会均等化的低位水平向注重提供有基本质量标准的服务资源配置均等化水平不断迈进。

2. 基本性与公平性

《世界人权宣言》第26条指出,人人都有受教育的权利,教育应当免费,至少在初级和基本阶段应如此。实现公民教育权是社会经济发展到一定阶段的产物,首先要关注公民教育权的普遍性,尤其是关心弱势群体接受教育的权利保障。② 一个国家对弱势群体的关注程度反映了这个国家的民主与文明程度。在我国社会主义和谐社会建设进程中,社会公平问题集中体现在弱势群体身上。学前教育基本公共服务是保障每一个学前儿童基本受教育权、基本生存权与基本发展权的重要途径和手段,是保

① 参见孙晓莉:《中外公共服务体制比较》,国家行政学院出版社2007年版,第22—23页。

② 宋懿琛:《公共教育服务的形成、内涵与供给机制》,转引自振国主编:《中国教育政策评论(2011)》,教育科学出版社2011年版,第19页。

障社会稳定、促进社会和谐、发展社会文明和推动社会持续发展的基础性教育服务。因此,学前教育基本公共服务首先应面向社会弱势群体学前儿童,它的着眼点是民生,核心是公平,原则是保基本。就国家当前已有政策来看,我国虽然已界定了学前教育基本公共服务的最小范围,即将“家庭经济困难儿童、孤儿和残疾儿童接受学前教育”纳入基本公共教育服务体系,但国家对义务教育、高中教育基本公共服务均提出了最低资助标准,对学前教育基本公共服务却未提出明确的最低资助标准,只提出“具体资助方式和标准由地方确定”“地方政府负责,中央财政适当补助”的资助原则和方式。① 缺乏国家统一制定的学前教育基本公共服务最低参照标准,地方政府在制定地区标准时将会存在很大的主观性与随意性,从根本上难以整体推进国家学前教育基本公共服务均等化目标的实现。虽然新疆目前农村学前双语教育经费保障机制已明确年生均公用经费标准从 300 元提升到 600 元,但整体而言,由于新疆学前教育基本公共服务起步晚,长期底子薄,仍然只是杯水车薪。依据第五章的分析,生均学前教育公用经费支出、生师比等指标在地州之间仍然存在较大差距。

(二) 标准体系

最近 OECD 国家的研究发现,质量与机会同样重要。PISA 研究表明高质量的儿童早期教育和护理(ECEC)会带来以后人生阶段的更好成果。但其有益的效果很大程度上取决于 ECEC 服务的质量。如果没有给予 ECEC 服务质量应有的重视,那么即使提供参与率(入园率或普及率)也不足以确保其获得良好的个人成果和社会效益。更重要的发现是,影

① 《国务院关于印发国家基本公共服务体系“十二五”规划的通知》(国发[2012]29号),http://www.gov.cn/zwgk/2012-07/20/content_2187242.htm。

响 ECEC 质量的指示性指标包括儿童—教师比、项目的持续性，以及学前儿童生均公用经费（OECD，2010）①。此外，根据国际经验，建立质量标准有五方面的共识：环境设备质量、课程标准质量、教学观念质量、师幼互动质量以及社区参与质量。在此背景下，我国学者也提出了需要中央政府主导建立适应不同层面需要的质量监控体系（冯晓霞、周兢，2010）②。刘占兰谈到《教育规划纲要》中“基本普及学前教育”的内涵与措施时，明确提出“学前教育的普及必须兼顾质量的提高”，基本普及学前教育的核心内涵是提高入园率和提高保教质量并重③。

首先，明确“覆盖范围与重点”，其意义在于保障学前教育基本公共服务的可获得性，即入园机会公平；其次，研究制定并严格执行城乡统一的园舍建设基本标准、生均经费标准与生均财政拨款基本标准、保教队伍基本标准，其意义在于保障人、财、物等资源在城乡学前教育基本公共服务中的均衡配置，保障学前教育基本公共服务的可支付性、基本服务标准的可享有性；最后，研究制定保教质量基本标准，最终保障学前教育的过程公平、质量公平和结果公平。

1. 明确学前教育基本公共服务的覆盖范围、重点区域与对象

我国学前教育基本公共服务标准中，首先应明确“服务范围”应覆盖城乡所有学前儿童，使其不受其家庭经济条件、民族、性别、身体条件、父母身份、职业、阶层、居住区域等因素限制，均能享有公平的学前教育入园机会；为

① OECD, *How do early childhood education and care (ECEC) policies, systems and quality vary across OECD countries? Education Indicators in Focus*, 2013/02, http://www.oecd.org/edu/EDIF11.pdf.

② 冯晓霞、周兢：《世界学前教育大会情况汇报》，http://www.cnsece.com:8090/article/6652.html。

③ 刘占兰：《学前教育的普及必须兼顾质量的提高——谈〈规划纲要〉中基本普及学前教育的内涵与措施》，《学前教育研究》2010 年第 10 期。

保障权利与机会的公平、可及,应优先保障农村、边远、贫困和民族地区,城市郊区、城乡结合部等经济困难区域,重点识别和保障经济困难的弱势群体,包括农村家庭、少数民族家庭、进城务工农民家庭、城市低保家庭等处境不利学前儿童,为其享有学前教育基本公共服务的权利提供底线标准的保障。

2. 建立园舍建设基本标准

包括建设规模、布局选址(应综合考虑地方学前教育发展规划,结合人口密度、人口增长趋势、城乡建设规划、交通、环境等因素,合理布点,独立设置)、园舍占地面积(活动室、生活用房、办公及辅助用房等)、生均占地面积、生均绿地面积等最低标准,园舍建筑设备必须达到国家安全与质检标准,保障幼儿园教育环境安全;园所选址距离适度,保障幼儿就近入园;控制规模和班额,保障学位资源充足。

《教育规划纲要》实施以来,一些省市积极研究出台了"办园条件基本标准",如山东、山西、江西、安徽、四川、河南、黑龙江等地。一些地方还专门制定了"农村幼儿园办园标准"。如山东省于2010年制定了《山东省幼儿园基本办园条件标准(试行)》,其中针对城市、乡镇中心、农村幼儿园分别制定了相应的办园条件标准;甘肃省、江西省、广东省、江苏省制定了"农村幼儿园基本办园标准(试行)";江西省、辽宁省还制定了"乡镇中心幼儿园基本办园条件标准"。①

---

① 《山东省幼儿园基本办园条件标准(试行)》,http://www.whedu21.com/xueqianjihua/ShowArticle.asp? ArticleID=35341;《甘肃省教育厅关于印发〈甘肃省农村幼儿园基本办园标准(试行)〉的通知》,http://www.gsedu.gov.cn/Article/Article_28500.aspx;《江西省乡镇中心幼儿园基本办园条件标准》,http://jyj.dean.gov.cn/web/News_View.asp? NewsID=1774;《广东省教育厅关于规范化农村幼儿园的办园标准(试行)》,http://qxrs.gdqx.gov.cn/info/43196;《江苏省农村合格幼儿园办学条件基本要求(试行)》,http://www.taizhou.gov.cn/art/2011/12/30/art_704_132388.html;《江西省农村幼儿园基本办园条件标准》,http://www.jinxi.gov.cn/zgjx/infodetail/? infoid=bab8c126-b2d0-4d57-8f68-ca57d85ca447&categoryNum=005001003;《辽宁省农村乡镇中心幼儿园(所)办园基本标准(试行)》,http://www.fsjyw.com.cn/newsInfo.aspx? pkId=7067。

3. 建立生均经费标准和生均财政拨款基本标准

为确保学前教育基本公共服务的公益性与普惠性,保障进入不同类型普惠性幼儿园(包括公办园、公办性质园与普惠性民办园)的幼儿公平地获得公共财政资源,实现“按人头拨款”,保障各种类型普惠性幼儿园必要的办学成本经费,各地应在深入调研基础上,研究制定学前教育生均经费标准、生均财政拨款基本标准,根据国家和地方经济发展水平和财力水平,建立稳定的增长机制。

以上海市为例,为落实《教育规划纲要》精神和“国十条”中关于“各级政府要将学前教育经费列入财政预算……各地根据实际研究制定公办幼儿园生均经费标准和生均财政拨款标准”的要求,2011 年市财政局、市教委进行了调研测算,发现现行的上海市学前教育公办幼儿园生均公用经费基本定额标准调整方案每生每年 60 元的标准(1995 年拟定)已远不能满足幼儿园的实际需求。据 2010 年统计,上海市学前教育公办幼儿园生均公用经费实际支出平均为每生每年 1673 元。从满足基本需求和规范经费管理要求出发,结合各区县财力状况和公办幼儿园生均公用经费支出现状,2011 年 1 月 1 日起,上海市学前教育公办幼儿园生均公用经费基本定额标准调整为每生每年 1200 元,主要用于保障幼儿园日常运转所需的教学专用材料(如幼儿玩教具等)、水电能耗、幼儿生活保障、办公等方面的基本开支①。

4. 建立保教队伍基本标准

幼儿园保教队伍由园长、专任教师、保育员、卫生保健人员,以及行政

① 《制定学前教育生均公用经费基本标准情况》,见 http://www.shmec.gov.cn/web/wsbs/webwork_article.php? article_id=65516。

人员、教辅人员，炊事员、门卫等工勤人员共同组成。首先，幼儿园应严格按照保教工作的特殊性和教职工与幼儿比例配齐一定数量标准的工作人员。2013 年教育部印发了《幼儿园教职工配备标准（暂行）》，其中明确“全日制幼儿园每班配备 2 名专任教师和 1 名保育员，或配备 3 名专任教师；半日制幼儿园每班配备 2 名专任教师，有条件的可配备 1 名保育员”①；2012 年卫生部印发了《托儿所幼儿园卫生保健工作规范》，其中要求“按照收托 150 名儿童至少设 1 名专职卫生保健人员的比例配备卫生保健人员，收托 150 名以下儿童的可配备兼职卫生保健人员”。②

其次，除数量标准外，质量标准是影响学前教育基本公共服务均等化水平的最关键因素。2012 年教育部印发了《幼儿园教师专业标准（试行）》，是国家对幼儿园合格教师专业素质的基本要求，是提高城乡学前教育基本公共服务质量均等化水平的重要保障。

但就现实来看，无论在数量标准还是质量标准上，农村幼儿园以及主要服务于农村进城务工人员的城郊、城乡结合部幼儿园的保教队伍建设都非常薄弱。近期教育部公布的《学前教育专题评估报告》表明，幼儿园教师总数仍然不足，不能满足学前教育事业快速发展的需要，如学前教育师生比仍然较低（平均 1 ∶ 22），农村地区更低；相对而言，农村幼儿园教师质量也处于较低水平，如农村专科以上学历幼儿园教师占比、有幼儿教师资格证的教师比都还较低，农村无证幼儿园教师比例较高③。

从当前幼儿园频发的安全事故、虐童事件可以看出，幼儿园保教队伍

① 教育部：《关于印发〈幼儿园教职工配备标准（暂行）〉的通知》（教师[2013]1 号），http://www.moe.edu.cn/publicfiles/business/htmlfiles/moe/s7027/201301/147148.html。

② 卫生部：《关于印发〈托儿所幼儿园卫生保健工作规范〉的通知》（卫妇社发[2012]35 号），http://www.gov.cn/fwxx/jk/2012-05/23/content_2143213.htm。

③ 教育部网站：《〈国家中长期教育改革和发展规划纲要〉中期评估学前教育专题评估报告》，见 http://moe.edu.cn/jyb_xwfb/xw_fbh/moe_2069/xwfbh_2015n/xwfb_151124/151124_sfcl/201511/t20151124_220650.html。

的数量与质量标准,不应仅停留于制定和建立标准、制度的层面,更重要的是应严格依法执行国家的相关标准与制度。对于不能依法执行幼儿园班级规模标准以及相关的师幼比配备标准,不能依法执行幼儿园教师国家专业标准以及相关资格标准的办园行为,要追究其相应的法律责任,并将相关标准执行情况纳入地方政府公共服务绩效考核。

5. 建立保教质量基本标准

据国家近期评估结果来看,提升幼儿园保教质量任务依然艰巨。相当多的幼儿园教育"小学化"仍较严重;一些幼儿园办园行为不规范,安全、卫生事故时有发生;缺乏相应的保教质量基本标准①。

建立保教质量标准的重要意义是发挥其导向、监测、评价、规范的作用。通过建立保教质量标准,引导幼儿园按照科学的保教规范组织实施一日保教活动;通过严格执行标准,加强过程监测与评价,帮助幼儿园及时诊断、发现问题,规范、改进、提升保教质量。保教质量标准应包括幼儿园课程与教学质量标准,幼儿园卫生保健与保育标准,幼儿园保教设施设备(桌椅、床、柜、玩教具、图书、多媒体音像设备等)配备数量与质量、安全等最低标准,保障幼儿教师教学行为符合专业标准与规范,保障幼儿园保教活动符合幼儿年龄特点和科学规律,防止学前教育"小学化"问题。

研究制定学前教育基本公共服务保教质量标准是促进我国城乡学前教育基本公共服务质量均等化的重要前提,但政策实践过程中如果仅仅建立标准,而不严格执行,这将直接影响到我国城乡学前教育基本公共服务质量均等化的进程。因此,依法执行保教质量基本标准应成为今后我

① 教育部网站:《〈国家中长期教育改革和发展规划纲要〉中期评估学前教育专题评估报告》,见 http://moe.edu.cn/jyb_xwfb/xw_fbh/moe_2069/xwfbh_2015n/xwfb_151124/151124_sfcl/201511/t20151124_220650.html。

国学前教育政策实践的着力点。

概言之,我国城乡一体化的学前教育基本公共服务标准体系建设过程,可借鉴义务教育均衡发展的办学条件基本标准建设思路,在过去已有相关政策安排基础上,进一步研究、制定、明确、完善。学前教育基本公共服务标准并非一成不变,应立足于可持续发展的眼光,在回应不断提升的学前教育基本公共服务需求基础上整体动态调整、提升。可以说,如果国家学前教育基本公共服务标准缺位,城乡学前教育基本公共服务均等化的目标将会停留于口号层次,从而降低学前教育基本公共服务提供的公平与效率。总之,只有国家明确建立并依法执行上述各项学前教育基本公共服务底线标准,各地有据可依,才有利于对各级政府公共服务绩效进行监督、评价、考核与问责,最终有利于根本上实现城乡学前教育基本公共服务均等化的目标。

二、新疆学前教育基本公共服务均等化的体制保障政策建议

从新疆学前教育基本公共服务均等化面临的问题来看,尽管近年来中央和自治区政府加大了新疆学前教育基本公共服务的财政投入总量,对南疆四地州经济贫困地区的倾斜性投入加大,取得了显著的体制效应,尤其中央财政投入比例加大对缩小新疆区域内学前教育基本公共服务差异程度效果十分显著,但进一步从各地州生均学前教育经费、生师比等指标来看,排位靠后的地州仍然是少数民族聚居的集中连片贫困地区。因此,可以说由于这些贫困地区长期以来经济发展滞后,由政府保障的学前教育基本公共服务供给历史短暂、基础薄弱,在供给总量、影响质量均等

化的生均经费、生师比等方面还需要持续加大倾斜性投入力度，同时还需要深入推进新疆学前教育基本公共服务的体制完善，逐步实现新疆学前教育基本公共服务从入园机会均等化向更高水平的质量均等化目标不断迈进。

改革与完善基本公共服务体制对服务的公平有效供给具有“四两拨千斤”的作用。缺乏制度就缺乏稳定性，建立和完善民族地区学前教育基本公共服务体制，其意义在于明确、巩固、强化和保障政府责任的稳定性。本研究基于前期理论分析、实证研究，结合对利益相关者幼儿家长、学前双语教师、园长、各级政府教育行政管理者进行深入访谈，针对新疆学前教育基本公共服务体制建设中仍然存在的问题与障碍，提出以下政策建议。

（一）高度重视新疆学前教育基本公共服务对国家长治久安的政治战略价值

正确科学地认识民族地区学前教育基本公共服务对少数民族个体、群体，对民族地区乃至国家长治久安的政治战略价值是改革与完善民族地区学前教育基本公共服务体制的根本前提。本研究认为民族地区学前教育基本公共服务具有十分明显的外部“溢出效应”，是一项涉及民族地区各族人民根本利益的民生工程，是一种促进民族地区人力资源扶贫开发的创新战略，是一种帮助民族地区形成自我生存、自我发展、自我造血功能的内生潜力，是一项为国家未来奠基、维护国家长治久安的社会公共性、公益性事业。它既符合各族人民的根本利益，也符合中华民族的整体利益，更加符合中华人民共和国的长远利益。国家要从反贫困、反排斥、反分裂的高度认识我国民族地区学前教育基本公共服务的重要价值和战略意义。

新疆是我国民族地区的典型区域，国家和自治区应从新疆学前教育基本公共服务，尤其新疆学前双语教育对新疆地区扶贫开发、政治稳定与跨越式发展、国家长治久安的基础性、全局性、先导性、战略性高度出发，充分肯定其不同于非民族地区学前教育的特殊政治意义、战略意义，确立新疆学前教育基本公共服务“缩小差距、促进公平”的长远目标，建立持续、稳定、长效、公平的新疆学前教育基本公共服务供给保障体制。

（二）始终坚持将学前双语教育作为新疆学前教育基本公共服务的重中之重

2014 年 12 月 22 日中央印发《关于加强和改进新形势下民族工作的意见》，再次明确和重申民族地区“要坚定不移推行国家通用语言文字教育，全面开设国家通用语言文字课程，全面推广国家通用语言文字，确保少数民族学生基本掌握和使用国家通用语言文字，同时尊重和保障少数民族使用本民族语言文字接受教育的权利，不断提高少数民族语言文字教育水平”。① 综观国外多民族国家和地区的经验，无论从少数民族学前儿童个体终身可持续发展的以人为本立场出发，还是从促进各民族融合、社会稳定、维护国家公共利益的长远战略出发，少数民族学前儿童接受母语与国家通用语言的学前双语教育是大势所趋、人心所向。

在当今全球化的时代背景下，世界各国的交流日益频繁，一个国家内部的人口流动也已随之日益加快。民族地区特别是长期自我封闭的民族地区在这样快速全球化发展的时代背景下，不可避免地面临着与国内其

---

① 中共中央、国务院：《关于加强和改进新形势下民族工作的意见》，《人民日报》2014 年 12 月 23 日。

他非民族地区的相互交流、社会交往和信息沟通。随着世界全球化进程的加快,世界各国都日益重视本国各民族儿童的教育现代化问题。少数民族并非生存于一个完全封闭孤立的地域空间和文化场域。在全球相互依赖日益加强的今天,对于今天处于现代社会的少数民族,他们必然要树立开放的心态,走出民族地区,走向全国,走向世界,成功地参与族群的建设、国家的发展和世界的繁荣。

美国学者 Katz(2007)指出,在这个开放的时代,"开放社会"的意义并不在于人人都立志于并真正成为社会上层或顶层人物(只要他足够努力),也不在于人人都有潜力成为火箭科学家,而是在于人人都有同样的学习价值,即能让他们过上好生活、满意的生活。无论他们最终获得什么职位,这个职位都不是由他们的性别、种族、社会经济背景、阶级或者其他与生俱来的特点所决定的。① 因此,我国为民族地区提供学前教育基本公共服务的重要意义也在于使各民族学前儿童都能获得人生良好的开端,为其今后进入小学做好入学准备,为其获得良好的学业成就创造条件,为每一位学前儿童的终身可持续发展奠定基础,帮助每位孩子最终都能获得"过有尊严的生活、满意生活"的能力。

新疆开展学前双语教育为少数民族学前儿童创造良好的人生开端、提高新疆各民族学前教育质量;从根本上提升新疆基础教育质量与各民族人口整体素质、培养新疆民汉兼通的人才,缩小新疆区域内学前教育、基础教育发展差距;对消除各民族间语言文化交流障碍,保护、传承、繁荣与发展各民族的优秀文化及其多样性,扩大各民族间社会交往,增进族际间相互理解与信任、相互借鉴与交流,促进各民族文化的共同繁荣发展;对增强少数民族学前儿童中国公民意识及国家认同感,对全面深入推进

① 参见[美]丽莲·凯茨:《学前教育的国际视野:假设与预想》,转引自朱家雄主编:《国际视野下的学前教育》,华东师范大学出版社 2007 年版,第 8 页。

新疆团结稳定大局、强教兴区战略、经济社会跨越式发展;对促进我国长治久安与和谐社会构建具有十分重要的战略价值。大力发展新疆学前双语教育将为提高各民族基础教育质量奠定坚实基础,将有利于增强本地区的经济社会内生性发展动力和可持续发展能力,缩小各族群间的发展差距,提高各族人民生活质量,促进社会公平正义与政治稳定。由此可见,在新疆这样一个相对边远、贫困、少数民族相对聚居、封闭的民族地区,国家应始终坚持将学前双语教育作为新疆学前教育基本公共服务的重要组成部分,并通过国家制度安排予以保障,从制度上优先保障每一个少数民族学前儿童接受有质量的学前双语教育的公平机会。

为科学开展新疆学前双语教育,建议加强学前双语教育理论与实践研究,有效提升新疆学前教育基本公共服务质量。本研究认为,开展学前双语教育需要具备一定的条件,如家庭和社区良好规范的语言环境、幼儿已有的语言基础、专业的学前双语教师队伍、适合幼儿年龄特点的科学方法和教育模式等。目前,新疆农牧区的很多地方还不具备这些条件。因此,各级政府和教育部门应当充分认识新疆开展学前双语教育是一项长期性、复杂性的艰巨工作,要坚持科学性和循序渐进性原则,不搞一刀切,科学处理和兼顾协调好学前双语教育与学前教育、国家通用语言与母语、教育语言与语言教育、教育公平、文化公平与社会公平的关系,在开展学前双语教育的实践中不断进行理论探讨、实证研究、政策研究。

建议:第一,新疆区域内学前双语教育要继续推动民汉合园、混合编班,编班考虑民汉幼儿比例适当,每班应至少配备 1 民 1 汉学前双语教师,为幼儿创设良好、规范的语言环境;在学前双语教育过程中保持民汉两种语言有适当比例,同步学习,不能只强化国家通用语言,而忽视了母语学习。第二,新疆所有幼儿园中对幼儿教师和幼儿都应适当增加双语培训内容和教育内容,某种程度上这有利于短时间内缓解学前双语教师数量不足的问题;从长远发展来看,随着民汉合园、混合编班的大势所趋,新疆幼儿园各民族教师都应成为学前双语教师,这不仅有利于加强当前和未来不同民族幼儿之间、教师之间的平等交流,更有利于加强新疆未来各民族公民之间的相互沟通、了解、尊重、欣赏与信任,根本上有利于民族团结和整个国家的社会融合、和谐稳定。

(三)建立新疆城乡一体化的学前教育基本公共服务供给体系

尽管新疆实施学前双语教育国家专项行动计划以来取得了十分显著的成效,大幅度提升了学前教育普及率,学前教育机会均等化水平和资源配置均等化水平均不断提高,但深入实践的调研仍然反映出城乡学前教育基本公共服务的不足和差距,如还有很多乡村学前教育资源不足,覆盖面不够,硬件条件差,配套设施不完善,如厕所由于渗漏工程不完善,普遍处于不能使用的状态,城市地区低保人群、困难人群入园难问题依然存在,城乡倒挂现象突出。

本研究认为,2013 年以前新疆学前教育基本公共服务的保障范围、对象、年龄体现了以下特征:第一,从保障范围来看,新疆学前教育基本公共服务范围重点保障经济发展薄弱地区的少数民族聚居的农牧区即南北疆七地州、九县市,2013 年扩大至全疆农村地区;第二,从保障对象来看,重点保障少数民族学前儿童,2013 年扩大至全疆各民族学前儿童;第三,从保障年龄来看,从重点保障学前两年免费双语教育发展至 2016 年率先在南疆四地州实现农村学前三年免费双语教育。从 2013 年以前新疆学前教育基本公共服务的发展路径来看,对城市低收入家庭学前儿童还未给予充分重视。研究认为,新疆学前教育基本公共服务应坚持“扩大资源—突出重点—统筹城乡—循序渐进—内涵发展”的基本思路，不断完善城乡一体化的学前教育基本公共服务供给体系（见图 8-1）。

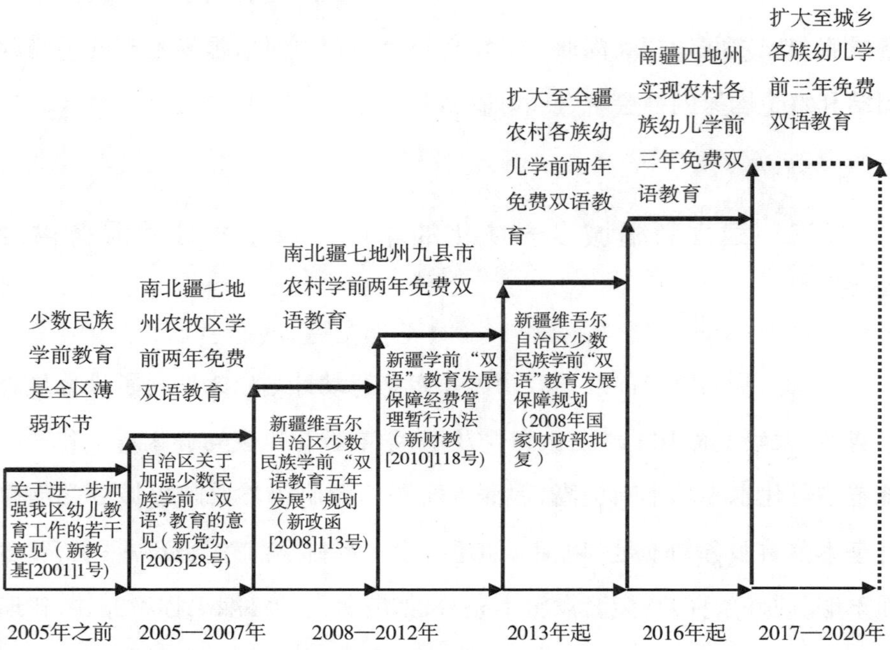

图 8-1　新疆城乡一体化的学前教育基本公共服务体系建设路径

第一，继续明确并强化“农村学前双语教育”作为新疆学前教育基本公共服务的重要组成部分，扩大重点覆盖区域、范围和重点保障人群，逐步扩大保障年龄，并给予重点政策倾斜。建议自治区摸底调查，了解县及其以下农村学前双语教育实际需求，继续扩大农村双语幼儿园教育资源覆盖面，让农村、农牧民的子女都能就近接受学前双语教育；建议国家、自治区和对口支援省市继续对农村学前双语教育给予强力支持。

第二，随着户籍制度改革与新型城镇化建设进程加快，农村人口向城镇快速流动，新疆学前教育基本公共服务体制建设和创新面临新的挑战，针对新疆部分地区入园机会、办园条件城乡倒挂等问题，有必要建立城乡统筹、一体化发展的学前教育基本公共服务供给体制。对城市流动人口、进城务工人员、城市低保人群和家庭经济困难人群进行摸底调查,了解入园难的真实原因和资源需求量,在此基础上,为方便就近入园进行合理规划布局,有针对性地扩大普惠性学前教育资源,为城市经济困难家庭幼儿入园提供方便,为其接受学前教育基本公共服务提供保障性供给。

第三,建议分阶段、有重点、整体上循序渐进地推进新疆学前教育基本公共服务。在前期政策安排基础上,突破入园机会、经费投入、办园条件(基础设施)、师资队伍的城乡二元配置结构。2017 年以后在国家大力推进学前教育三期行动计划的政策背景下,逐步对新疆学前教育基本公共服务城乡一体化的发展路径进行统筹规划,分阶段、有重点地整体推进,继续有质量地扩大农村学前教育基本公共服务资源,同时扩大城市低收入、家庭经济困难人群的普惠性学前教育资源,包括城市公办园、公办性质园与普惠性民办园。

第四,建立城乡一体化的学前教育基本公共服务供给标准体系,包括城乡统一的学前教育生均经费拨款基本标准、幼儿园园舍建设基本标准、保教队伍建设基本标准、学前教育质量基本标准,保障人、财、物等资源在城乡学前教育基本公共服务中的配置均衡,保障学前教育基本公共服务的可及性与机会公平、过程公平、质量公平和结果公平。严格执行经费投入、办园条件、师资配备的基本标准,杜绝城乡大班额现象,按照合理的师幼比、少数民族师幼比重新规划城乡学前教育基本公共服务资源;建立稳定的、动态调整的学前教育生均经费基本标准,鉴于许多家长、教师、园长的建议,根据幼儿生长发育的正常需要适当提高幼儿伙食费标准(目前农村一餐两点的标准是 4.5 元/天),在科学核算基础上,逐步实行城乡统一的“三餐两点”伙食标准。

第五,随着城乡少数民族家长对学前双语教育重视程度不断提升,送幼儿入双语园的积极性越来越高，鉴于家长们的迫切期望，建议新疆学前双语教育保障性供给政策在年龄上再适当放宽，从学前两年扩大至学前三年，为更多农村和城市适龄儿童家长参与就业和社会生产提供方便。

（四）建立均等化导向的学前教育基本公共服务财政保障体制：中央保障、省级配套、县级适度分担

公平正义是我国教育政策与制度设计的首要价值理念。本研究第六章实证研究已表明，提升民族地区学前教育基本公共服务的公共财政保障层次有利于实现均等化水平，因此本研究认为新疆应坚持以促进学前教育基本公共服务均等化为目标，制定相应的发展战略与规划，建立稳定的新疆学前教育基本公共服务财政保障体制。理论与实践都表明，民族地区学前教育基本公共服务的正外部性将越来越突出，在国家安全稳定与和谐社会构建的政治战略格局中具有基础性、全局性、先导性的特殊地位。因此综合考虑民族地区学前教育基本公共服务的特殊背景及其特殊的供给条件，在其体制设计和制度安排中应更加突出国家、中央政府的保障作用。国家应继续明确政府在民族地区学前教育基本公共服务体制建设中的主导责任，建立持续、稳定、公平、长效的民族地区学前教育基本公共服务公共财政体制，合理划分各级政府间的事权与支出责任，继续强化和提升中央政府的倾斜保障责任，明确自治区政府的配套统筹责任，落实县级政府的分担执行责任。

第一，政府公共财政投入应继续关注并促进新疆学前教育基本公共服务均等化水平。中央与自治区各级政府和全社会应从观念上深刻认识新疆学前教育基本公共服务的特殊战略地位和政治意义，建立以“缩小差距、促进公平”为导向的新疆学前教育基本公共服务公共财政体制，进一步明确需要政策重点倾斜、覆盖的薄弱地区和保障人群，充分发挥公共

教育财政在新疆学前教育基本公共服务均等化供给中的效应与作用,继续稳定和扩大政府公共财政投入的总量,保障投入的充足性、公平性。

第二,完善各级政府间学前教育基本公共服务事权与支出责任划分、省以下公共财政经费转移支付制度执行责任。

建议国家及自治区有关部门深入对新疆双语幼儿园基础设施建设、幼儿生均公用经费、幼儿伙食费、保教队伍及工勤人员工资待遇等有关硬件与软件经费投入进行实际调研,通过完善制度合理划分中央与自治区各级政府公共财政在新疆学前教育基本公共服务中应承担的事权与支出责任,继续强化和提升中央政府的倾斜保障责任,明确自治区政府的配套统筹责任,落实县级政府的分担执行责任。完善学前双语教育公共财政支出监管制度,提高学前教育基本公共服务财政支出的使用效率。建议将学前教育基本公共服务均等化以及质量提升的推进效果及各级政府责任落实情况纳入当年各级服务型政府建设的绩效评估体系,建立公众问责制,实行一票否决制。

建议中央和自治区政府财政转移支付要及时、足额、到位,切实减轻和免除县级地方政府承担的学前教育基本公共服务投资项目配套资金的压力。今后在下达教育工程建设投资计划中,充分考虑地方财政困难,减轻县级政府硬件设施配套和人员(包括教师、保育员、门卫保安、保健医等工勤人员)经费支出的财政压力;建议将双语幼儿园基础设施附属工程,如幼儿园地面硬化绿化、围墙、门卫室、厨房配套设备、幼儿寝室物品、教室教学用具等配套的事权与支出责任上移(据部分项目园测算,每所新建园缺口预算约40万元),从而提高县市政府实施学前双语教育政策的积极性和主动性。

第三,优化新疆学前教育公共教育财政支出结构,加大对人员经费的投入力度。强化新疆学前教育基本公共服务均等化供给的目标,优化南北疆不同区域间、城乡间、族群间学前教育基本公共服务在经费投入、办园条件及师资队伍建设等方面的软硬件投入结构，逐步从“以物为导向”的投入转向兼顾“以人为导向”的投入，向“从入园机会均等化转向资源配置均等化，从规模扩大转向内涵建设、从公平优先转向兼顾效率”的目标逐步迈进。建议继续改善乡、村两级幼儿园的办园条件和师资队伍建设水平，再增加一些室内教学教具，户外增设基本的大型玩具设施；加强乡、村两级学前双语保教队伍建设投入力度，加大中央和自治区关于人员经费的支出责任，吸引、稳定、留住、激励更多的合格师资，保障农村双语幼儿园组织正常的保育与教育活动。

第四，建议明晰乡、村中小学附设幼儿园经费管理、人事管理权与责任隶属关系。鉴于目前乡、村中小学附设幼儿园经费、人事、管理权不独立，学前双语教师在编不在岗，中小学挪用学前双语教师以及中小学老弱病残转岗幼儿园的现象，建议乡、村中小学附设幼儿园的经费、人事与管理权从中小学独立出来，保障幼儿园日常经费与人员管理正常运行。

（五）建立政府主导、社会参与的一主多元公共服务体制

建立“政府主导、社会参与”的基本公共服务办园体制是提高学前教育基本公共服务效率、提升学前教育基本公共服务品质的必要创新举措。民族地区自然生态环境的恶劣性、经济发展的滞后性、政治环境的动荡性、语言文化的多样性决定了民族地区学前教育基本公共服务供给成本高于非民族地区，其办园体制必然存在特殊性。

第一，从纵向体制来看，应保障政府公共财政提供学前教育基本公共服务的充足性与公平性，继续加强和提升中央政府的倾斜保障责任、省级政府的配套统筹责任、县级政府的适度分担责任。尤其应加强中央政府

对少数民族贫困人口集中、生均学前教育公用经费和师幼比仍然相对较低的南疆地区的倾斜保障责任，以均等化为目标，持续提升南疆地区生均学前教育公用经费和师资队伍投入保障水平，进而不断提升南疆地区有质量的学前教育基本公共服务均等化水平。

第二，从横向体制来看，一方面，继续坚持以政府直接投资大力举办公办园的办园体制为主，重点覆盖和保障边远、贫困、少数民族聚居区、农村和牧区的学前儿童，充分发挥公办园在师资队伍建设、教育质量提升方面的引领、示范作用；另一方面，运用政府间接投资方式，选择有效的政策工具，综合运用财政补贴、奖励、管制等工具手段有效激励与规范社会力量共同参与递送学前教育基本公共服务，发挥社会力量的补充作用。公共财政重点奖补、激励面向大众、价格合理、办园规范、质量达标的普惠性民办园，并以质量评价为导向引导、激励民办园提供面向大众、服务规范、质量达标、收费合理的普惠性方向发展，通过政府与社会的有效合作，实现公共利益最大化和效率最优化。

第三，借鉴国外经验，社会参与不仅体现在参与投资办园，还体现为社会志愿者参与具体服务的递送。如双语人作为社区志愿者或义工服务于家庭和幼儿园，成为教师与家庭的助手，帮助双方形成多元文化意识和观念，这对解决我国当前学前双语合格师资不足的问题具有很好的启发。政府可以通过财政补贴、奖励等政策工具鼓励家庭、社区中的双语人作为志愿者参与学前教育基本公共服务。当然，政府对家庭、社区、社会力量参与少数民族学前教育公共服务、志愿承担公共责任的行为应给予激励，但同时为保障服务质量也应加强政府规制与监管。

通过促进儿童早期发展来解决贫困问题在中国日渐成为一种全新的尝试，并得到了社会各界公益组织越来越多的关注和支持。近两年来，社会公益组织在促进我国少数民族地区学前教育基本公共服务均等化发展方面已开始有了突破性的创新举措。为保证每一个儿童获得平等的学前教育,从根源消除贫困,促进社会公平发展,2012年起中国发展研究基金会在实地调研、专家论证和前期试点的基础上,开始正式推行“山村幼儿园”计划(该计划起源于本基金会的“贫困地区儿童早期发展项目”)。①中国发展研究基金会按照“方式简便、成本合理、服务可及、保证质量、促进公平”的原则,在中西部贫困地区幼儿相对集中的村屯开设“山村幼儿园”计划,为暂时无法享受学前教育的山区孩子提供入园机会,抓住了学前教育的“最佳窗口期”。中国发展研究基金会以公益募捐方式筹集资金,逐步推广山村幼儿园计划。截至2014年,基金会已在云南寻甸县,青海乐都县、平安县,贵州松桃县、织金县、思南县,四川眉山市洪雅县,新疆吉木乃县,湖南古丈县,甘肃华池县等全国多个民族地区实施了“山村幼儿园”计划,通过公益基金资助,招募志愿者,为幼儿提供免费学前教育。无论从国际经验还是国内探索来看,政府公共部门应该认识到这一点,随着我国公民社会发育日趋成熟,社会志愿供给机制在民族地区学前教育基本公共服务中将发挥重要的补充作用,社会公益组织积极参与少数民族学前教育基本公共服务将成为未来重要的发展趋势。当然,政府也必须认识到,社会力量参与民族地区学前教育基本公共服务是为政府分担公共责任,政府应该对其给予激励、补贴、监管、规制。

(六)完善学前双语教师队伍建设体制,深入推进学前教育基本公共服务质量均等化

本研究第五、六章的实证研究表明,国家近年对新疆学前教育基本公

① 中国发展研究基金会:《“山村幼儿园”计划》,见 http://www.cdrf.org.cn/plus/list.php? tid=143。

共服务的投入已经在入园机会均等化、经费与硬件(办园条件)资源配置均等化方面产生了十分明显的体制效应。尽管新疆学前教育师资队伍均等化差异系数近年来呈现缩小趋势,但从新疆学前教育师资队伍的总体发展趋势来看,保教队伍建设成效还十分滞后,如师幼比仍然较低(1∶23①)、按照教育部《幼儿园教职工配备标准(暂行)的通知》(教师[2013]1号)每班两教一保、1∶9的师幼比配备标准,幼儿园教师缺口较大,幼儿园教师数量仍然严重不足。实地调研发现,不仅缺专业教师,更缺保育员,由于缺保育员导致教师工作任务重,专任教师队伍不稳定,离职率非常高,这直接影响了新疆学前教育基本公共服务的质量均等化水平。

从体制性原因来看,上述问题与国家、自治区目前建立的学前双语教育经费保障制度中关于保教人员的经费保障不足直接相关,因此还需要各级政府改革创新新疆学前双语教师队伍建设体制。

教育的本质是培养人,新疆学前双语教育政策的最终效果要体现在新疆各民族学前儿童,尤其是少数民族学前儿童身心全面、健康、和谐、可持续发展等结果公平的指标上。学前双语教师质量是影响学前双语教育质量最为关键的要素,因此新疆学前双语教育政策下一步战略任务重点应落脚在学前双语教师队伍建设上,逐步将财政支持重点从硬件建设转向软件建设,确立学前双语保教队伍建设和学前双语教育质量内涵提升的公共财政投入方向,多种形式补充数量、完善结构、提升质量,建立健全新疆学前双语保教人员工资待遇、培训、社会保障等相关的经费保障制度,以吸引、留住和激励更多优秀、合格的学前双语教师。

第一,建立并严格执行学前双语教育质量标准、学前双语教师专业发展标准、学前双语教师培养培训标准。严把招聘考核入口关,严格执行定

① 根据2014年《新疆教育统计年鉴》相关数据计算得出。

期考核与退出机制，解决好学前双语教师的入口与出口问题，确保学前双语教师招聘、考核质量。建议增设学前双语教师专业资格证，学前双语教师招聘考核严格执行专业资质标准，逐步加大有学前教育专业背景的教师招聘比例，至少占八成以上，在专业达标基础上兼顾考核双语能力；谨慎筛选小学转岗教师，严禁将学前双语教师岗位作为接收小学年龄大、身体弱、专业素养差的转岗教师的入口。

第二，根据实际发展需要，对学前双语教师动态核编，补充增量，兼顾存量。遵循学前教育规律、办园规范以及学前教育资源扩大、质量提升的实际需要，依据国家和自治区最新的编制政策重新动态核编，按照每班"两教一保"标准补足配齐双语幼儿园教师、保育员，将保育员统筹纳入自治区学前双语教师编制及相关经费保障序列；解决 2008 年以前的双语幼儿园教师以及未列入国家项目支持的地方自建公办双语幼儿园学前双语教师编制问题，重新依据最新编制政策动态核编，统筹纳入自治区学前双语教师编制及相关经费保障序列；由于人员经费是幼儿园运行成本中支出最多的一项，因此建议保教人员工资待遇、培训、社会保障等相关经费由中央与自治区合理划分分担比例，以减轻自治区财政和县级财政的压力。

第三，加大对学前双语教师队伍建设的财政投入，尤其应加强中央财政在学前双语教师与保育员工资津贴、社会保障等方面的待遇保障作用；加大对农牧区、乡镇学前双语教师的生活交通补贴额度，包括伙食补贴、住房补贴、交通补贴等，切实解决好农村学前双语教师的住房困难，提高农村和牧区学前双语教师岗位吸引力和工作积极性。

第四，完善新疆学前双语教师队伍的民族结构、语言结构、专业结构，多种渠道补充学前双语教师，多种途径解决学前双语合格师资短缺问题。由于学前双语教师的培养培训周期长、成本高，在当前学前双语教育资源迅速扩大的背景下，合格师资难以短期内完全配备到位。因此，建议高等与中等师范院校增设学前双语教育专业，扩大学前双语教育专业招生计划，增加中专、大专、本科层次的学前双语教育专业免费师范生培养计划指标；适度加大母语为少数民族语言的学前双语教师培养比例，加大定向培养力度，增强队伍的稳定、降低交通等生活成本；吸引有意愿从事学前双语教育工作的母语为汉语的学生报考学前双语教育专业，加强对母语为汉语的学前双语教育专业学生的少数民族语言教育；增加学前双语特岗教师计划，吸引全国有志愿服务新疆农村学前双语教育事业的优秀学前教育专业毕业生；扩大学前双语教师顶岗实习支教比例。

第五，健全学前双语教师培训保障机制，创新多种培训方式。设立学前双语园长、教师培训专项计划，分层次对园长、学前双语教师每三年进行一次全员轮训；创新培训方式，增加学前双语教师国培“影子”教师研修计划比例（调研中县、乡、村教师普遍反映效果较好）；增加市、自治区、内地优秀、示范园的观摩和参与式培训机会；充分利用对口援建项目资源，将学前双语教师培训纳入对口援建项目；建立学前双语教师 1 学期或 1 学年的顶岗实训制度，将顶岗实训纳入自治区学前双语教师培训专项计划（伊犁州红旗幼儿园“顶岗实训模式与经验”值得借鉴），并以专项经费支持，双语能力培训以园本培训为主，民汉学前双语教师分别有重点地加强薄弱语言的培训；考虑培训梯度，优先选拔“种子”教师，培训后对本县、本村、本乡学前双语教育、班级管理、园所管理发挥带动、辐射作用。

第六，建立以均衡发展为政策目标导向的学前双语教师流动制度，促进区域间、族群间、城乡间学前双语教师的均衡发展。建立双语幼儿园园长、学前双语教师定期的城乡交流制度；扩大城乡交流机会，逐步实现城乡学前双语师资培训优质资源共享；将城乡园长、城乡学前双语教师流动机制与教师绩效考核、职称晋升、薪酬待遇相挂钩。

第七，重视双语幼儿园的保教结合工作，增加不同岗位培训机会，设立学前双语园长、教师、保育员及保健医专业培训项目及专项经费，将培训支出责任上移。中央、自治区主要发挥“项目经费分担补贴、培训专家资源统筹”职能，将具体管理权下放给县级政府，县级政府发挥“了解需求、做好规划、管理协调、组织执行、评价反馈”的职能，经费按时、足额、分步拨付到位，最大限度用好培训经费。

学前双语教师是学前双语教育政策的直接执行者，国家的政策目标能否实现与学前双语教师队伍建设紧密相关。因此，全社会应营造舆论氛围，关心、关注学前双语教师的工作状态和社会地位，让全社会都了解、理解、尊重她(他)们的工作，使学前双语教育事业科学、健康、可持续发展，以实现国家政策的终极目标。

（七）加强新疆学前教育基本公共服务政策评估研究，以动态评估结果为依据不断调整和完善政策

“新疆学前双语教育发展保障经费”专项扶持政策是我国建国以来中央专项投入最多、规模最大的民族地区学前教育政策，且此项政策具有持续性、长效性，因此应加强促进新疆区域内学前双语教育政策效果的动态评估研究，特别是中央实施学前双语教育专项转移支付制度以来的政策效果动态评估研究。政府间财政转移支付制度根本上以促进公平为目标，应对新疆学前双语教育政策在2008年重点扶持南北疆七地州九县市农村学前双语教育、资源配置情况进行动态评估，了解2013年中央与自治区实施新疆农村学前双语教育保障性经费政策后，这些薄弱地区的学前双语教育资源均衡配置情况如何？是否缩小了地区间、城乡间、族群间的学前教育发展差距？在动态评估基础上，明确下一阶段政策重点倾斜

的薄弱地区和保障人群，不断调整和完善政策。

针对目前新疆学前双语教育政策评估研究十分欠缺的现实，建议国家哲学社会科学规划项目、教育科学规划项目、教育部人文社科规划项目、新疆维吾尔自治区哲学社会科学规划项目设立“新疆学前双语教育政策研究”专项课题，加强多学科领域视角下的新疆学前双语教育基本理论研究、实证研究与政策研究，从国家层面加大对新疆学前双语教育政策研究的支持力度。尤其建议要加强对新疆学前双语教育政策执行过程及其效果的动态评估研究，借鉴美国高瞻-佩里计划的长期追踪研究经验，汇聚社会学、政治学、经济学、民族学、心理学、教育学等多学科、多领域的专家学者，从经济学、政治学、社会学等多学科视角综合评估少数民族学前儿童接受学前双语教育对其个体学业成就、就业机会、工作收入、家庭福利、当地经济社会发展以及整个国家发展、社会稳定的长期持续的影响效应和回报率。此外，建立新疆学前双语教育理论、实践、政策研究数据资源库，设专门机构、专人负责，过程性动态更新数据，为相关政策研究与决策咨询提供服务。

笔者希望此项研究仅仅是一个开始，而不是结束。通过研究也希望各级政府部门重视对民族地区学前教育专项投入计划效果的评估研究，特别是长期动态、持续的追踪研究，从中发现有意义的体制机制改革成效与创新经验，以期加快推进新时期新疆学前教育基本公共服务的均等化建设水平，为全国的民族地区学前教育基本公共服务均等化发展提供体制保障经验借鉴及政策启示。

参考文献

（一）中文部分

[美]E.S.萨瓦斯:《民营化与公私部门的伙伴关系》,周志忍等译,中国人民大学出版社2002年版。

[美]James A. Banks:《文化多样性与教育》,荀渊等译,华东师范大学出版社2010年版。

[美]安妮特·拉鲁:《不平等的童年》,张旭译,北京大学出版社2010年版。

[美]巴比著:《社会研究方法(第11版)》,邱泽奇译,华夏出版社2009年版。

[美]保罗·D.沃尔福威茨:《世界发展报告2006年——公平与发展》,国际复兴开发银行、世界银行2005年版。

[美]保罗·A.萨缪尔森、[美]威廉·诺德豪斯:《经济学(第18版)》,萧琛主译,商务印书馆2013年版。

[美]布里姆莱:《教育财政学:因应变革时代》,中国人民大学出版社2007年版。

[美]范埃弗拉:《政治学研究方法指南》,陈琪译,北京大学出版社2006年版。

[美]费希尔:《公共政策评估》,吴爱明等译,中国人民大学出版社2003年版。

[美]弗朗西斯·C.福勒:《教育政策学导论(第二版)》,许庆豫译,江苏教育出版社2007年版。

[美]高尔等:《教育研究方法导论》,许庆豫等译,江苏教育出版社2002年版。

[美]拉塞尔·M.林登:《无缝隙政府:公共部门再造指南》,中国人民大学出版社2013年版。

[美]莱斯特·M.萨拉蒙:《全球公民社会》,社会科学文献出版社2002年版。

[美]丽莲·凯茨:《学前教育的国际视野:假设与预想》,转引自周兢:《国际视野下的学前教育——国际学前教育政策比较研究》,华东师范大学出版社2012年版。

[美]罗伯特·K.殷:《案例研究:设计与方法》,周海涛译,重庆大学出版社2004年版。

[美]罗伯特·阿格拉诺夫、迈克尔·麦圭尔:《协作性公共管理:地方政府新战略》,

李玲玲、鄞益奋译,北京大学出版社 2007 年版。

[美]罗纳德·J.奥克森:《治理地方公共经济》,北京大学出版社 2005 年版。

[美]迈克尔·W.阿普尔:《教育的"正确"之路——市场、标准、上帝和不平等(第二版)》,华东师范大学出版社 2008 年版。

[美]迈克尔·麦金尼斯:《多中心体制与地方公共经济(多中心治道与发展)》,毛寿龙、李梅译,上海三联书店 2000 年版。

[美]乔治·弗雷德里克森:《公共行政的精神》,张成福等译,中国人民大学出版社 2003 年版。

[美]斯基亚沃·坎波、丹尼尔·托西马:《公共支出管理》,张通译,中国财政经济出版社 2001 年版。

[美]苏珊·纽曼(Susan B.Neuman):《学前教育改革与国家反贫困战略——美国的经验》,李敏谊、霍力岩主译,教育科学出版社 2011 年版。

[美]托马斯·R.戴伊著:《理解公共政策(第十二版)》,谢明译,中国人民大学出版社 2011 年版。

[美]威廉·N.邓恩:《公共政策分析导论(第二版)》,谢明、杜子芳等译,中国人民大学出版社 2010 年版。

[美]约翰·罗尔斯:《作为公平的正义——正义新论》,姚大志译,上海三联书店 2002 年版。

[美]珍妮特·V.登哈特、[美]罗伯特·B.登哈特:《新公共服务——服务而不是掌舵》,丁煌译,中国人民大学出版社 2004 年版。

[印]阿马蒂亚·森:《以自由看待发展》,任赜、于真译,中国人民大学出版社 2002 年版。

[英]格里·斯托克:《作为理论的治理:五个论点》,华夏风译,转引自俞可平:《治理与善治》,社会科学文献出版社 2000 年版。

[英]科林·贝克:《双语与双语教育概论》,翁燕珩等译,中央民族大学出版社 2008 年版。

[美]《教育周刊》编:《奥巴马的教育蓝图》,范国睿译,教育科学出版社 2010 年版。

IUD 中国政务景气监测中心:《财政转移支付民族地区受益最大》,《领导决策信息》2012 年第 12 期。

安体富、任强:《公共服务均等化:理论问题与对策》,《财贸经济》2007 年第 8 期。

安体富:《完善公共财政制度逐步实现公共服务均等化》,《财经问题研究》2007 年第 7 期。

安晓敏:《义务教育公平指标体系研究——基于县域内义务教育校际差距的实证分析》,教育科学出版社 2012 年版。

安应民:《建均衡发展机制:我国城乡基本公共服务均等化研究》,中国经济出版社 2011 年版。

柏良泽:《公共服务研究的逻辑和视角》,《中国人才》2007 年第 5 期。

柏良泽:《中国基本公共服务均等化的路径和策略》,《中国浦东干部学院学报》2009年第1期。

柏檀、熊筱燕、王水娟:《我国学前教育财政投入问题探析》,《教育与经济》2012年第1期。

柏檀:《论学前教育公共服务中政府间财政责任的合理配置》,《教育学术月刊》2013年第1期。

柏檀:《政府提供与私人生产——荷兰基础教育对我国学前教育供给方式的启示》,《教育与经济》2012年第11期。

柏檀等:《我国学前教育财政投入问题探析》,《教育与经济》2012年第1期。

蔡迎旗、冯晓霞:《论我国幼儿教育政策的公平取向及其实现》,《教育与经济》2004年第2期。

蔡迎旗、冯晓霞:《政府财政投资幼儿教育的合理性———来自国外的教育经济学分析》,《比较教育研究》2007年第4期。

蔡迎旗:《幼儿教育财政投入与政策》,教育科学出版社2007年版。

曹艺、贾亚男:《民族地区基本公共服务均等化内部差异的分析——以新疆维吾尔自治区为例》,《改革与战略》2011年第9期。

曾保根:《基本公共服务体制创新的研究反思与理论廓清》,《经济体制改革》2013年第1期。

曾保根:《公平正义取向下推进基本公共服务均等化的制度创新研究》,博士学位论文,华中师范大学,2012年。

曾娅琴:《英美公立幼儿教育的"瞄准"机制设计》,《上海教育科研》2011年第4期。

常修泽:《中国现阶段基本公共服务均等化研究》,《中共天津市委党校学报》2007年第2期。

常亚南:《主体功能区划分下的民族地区基本公共服务均等化对策研究》,《理论导刊》2011年第5期。

陈昌盛、蔡跃洲编著:《中国政府公共服务:体制变迁与地区综合评估》,中国社会科学出版社2007年版。

陈昌盛:《基本公共服务均等化:中国行动路线图》,《财会研究》2008年第2期。

陈琴、庞丽娟:《幼儿双语教育问题探析》,《学前教育研究》2006年第5期。

陈全功、程蹊:《民族地区的基本公共服务均等化:涵义、现状水平的衡量》,《中南民族大学学报(人文社会科学版)》2008年第5期。

陈向明:《质的研究方法与社会科学研究》,教育科学出版社2000年版。

陈晓龙:《欠发达地区实现基本公共服务均等化的路径选择》,《西北师大学报》2010年第4期。

陈振明、刘祺、邓剑伟:《公共服务体制与机制及其创新的研究进展》,《电子科技大学学报(社科版)》2011年第1期。

陈振明:《公共服务导论》,北京大学出版社2011年版。

陈振明:《政府工具导论》,北京大学出版社 2009 年版。

成艾华:《财政转移支付提升民族地区基本公共服务的均衡效应评价》,《中南民族大学学报(人文社会科学版)》2010 年第 4 期。

程鹏:《主体功能区划分下民族地区基本公共服务均等化的路径研究》,硕士学位论文,广西民族大学,2010 年。

迟福林:《以基本公共服务均等化为重点的中央地方关系》,《中国经济时报》2006 年第 5 期。

迟福林:《"基本公共服务均等化总体实现":夯实体制基础》,《光明日报》2012 年 11 月 30 日。

迟福林:《中国农村改革新起点:基本公共服务均等化与城乡一体化》,中国经济出版社 2009 年版。

迟福林等、中国(海南)改革发展研究院:《聚焦中国公共服务体制》,中国经济出版社 2006 年版。

迟福林等:《中国农村改革新起点——基本公共服务均等化与城乡一体化》,中国经济出版社 2009 年版。

崔方方、洪秀敏:《我国学前教育发展区域不均衡:现状、原因与建议》,《教育发展研究》2010 年第 12 期。

崔惠玉、刘国辉:《基本教育公共服务均等化研究》,《财经问题研究》2010 年第 5 期。

崔惠玉、孙靖:《公共服务均等化:国际经验与借鉴》,《地方财政研究》2010 年第 2 期。

崔世泉、袁连生、田志磊:《政府在学前教育发展中的作用——来自经济学理论和实践经验的分析》,《学前教育研究》2011 年第 5 期。

戴树青:《民族地区基层公共服务体制改革研究》,硕士学位论文,中南民族大学,2010 年。

戴文亮:《民族地区基础教育服务均等化及其路径探讨》,《新疆社科论坛》2013 年第 4 期。

单菲菲:《民族地区基本公共服务均等化研究述评:基于公共政策的视角》,《西北民族研究》2012 年第 5 期。

党秀云、辛斐:《新时期民族地区公共服务管理面临的问题与战略选择》,《中央民族大学学报(哲学社会科学版)》2010 年第 6 期。

党秀云:《公共治理的新策略:政府与第三部门的合作伙伴关系》,《中国行政管理》2007 年第 10 期。

党秀云:《民族地区公共服务管理导论》,中央民族大学出版社 2012 年版。

党秀云:《民族地区公共服务体系创新研究》,人民出版社 2009 年版。

丁元竹:《当前我国的基本公共服务现状及原因》,《中国经济时报》2008 年 1 月 10 日。

丁元竹:《基本公共服务如何均等化》,《瞭望》2007 年第 22 期。

董奇:《心理与教育研究方法》,北京师范大学出版社 2004 年版。

杜人淮:《论政府与市场关系及其作用的边界》,《现代经济探讨》2006年第4期。

杜育红:《教育发展不平衡研究》,北京师范大学出版社2000年版。

樊继达:《统筹城乡发展中的基本公共服务均等化》,中国财政经济出版社2008年版。

樊丽明:《城乡基本公共服务均等化研究》,经济科学出版社2010年版。

范国睿、李树峰:《内涵发展:教育均衡发展的新趋向》,《上海教育科研》2007年第7期。

范先佐:《教育经济学》,人民教育出版社1999年版。

范先佐:《论教育资源的合理配置与教育体制改革的关系》,《教育与经济》1997年第3期。

冯建军:《教育公正——政治哲学的视角》,福建教育出版社2008年版。

冯婉燕、王玲艳:《中央与地方公共政策供给对学前教育事业发展的影响——以中山市的实践探索为例》,《学前教育研究》2010年第10期。

冯晓霞、蔡迎旗、严冷:《世界幼教事业发展趋势:国家财政支持幼儿教育》,《学前教育研究》2007年第5期。

冯晓霞:《大力发展普惠性幼儿园是解决入园难入园贵的根本》,《学前教育研究》2010年第5期。

冯江英、石路:《我国民族地区双语教育政策的价值取向分析——基于多元文化主义的反思》,《新疆社会科学》2014年第6期。

冯江英:《论保障我国弱势群体儿童学前教育公平的政府责任》,《幼儿教育》2014年第6期。

伏润民、常斌、缪小林:《我国地区间公共事业发展成本差异评价研究》,《经济研究》2010年第4期。

傅禄建等:《义务教育均衡发展程度测评:综合教育基尼系数方法》,华东师范大学出版社2013年版。

傅勇:《财政分权、政府治理与非经济性公共物品供给》,《经济研究》2010年第8期。

高尚全:《完善公共服务体系　建设服务型政府》,《人民日报》2008年5月7日。

高永久:《民族政治学概论》,南开大学出版社2008年版。

高玉:《边疆民族地区基本公共服务均等化研究》,硕士学位论文,中央民族大学,2011年。

关海峰:《对民族地区公共服务型政府建设的思考》,硕士学位论文,吉林大学,2007年。

桂磊:《关于财政性学前教育经费在幼儿园之间的分配问题》,《学前教育研究》2004年第3期。

郭建如:《西部民族贫困地区农村义务教育财政、资源配置与效益研究——基于云南、新疆、内蒙古等地贫困县的案例研究》,民族出版社2010年版。

郭喜、黄恒:《基本公共服务均等化的民族地区公共产品供给》,《山西大学学报》2011

年第 1 期。

国家发展改革委社会发展司:《加快制度体系建设实现人人享有基本公共服务》,《中国经济导报》2011 年 8 月 4 日。

哈经雄、滕星:《民族教育学通论》,教育科学出版社 2001 年版。

哈维·S.罗森、特德·盖亚:《财政学》(第八版),中国人民大学出版社 2009 年版。

韩寒:《美英学前教育计划的比较研究》,硕士学位论文,曲阜师范大学,2012 年。

韩小雨、庞丽娟、李琳:《从国家发展战略视角论幼儿教育的价值》,《学前教育研究》2010 年第 7 期。

韩小雨:《制约我国学前教育城乡均衡发展的政策分析及对策研究》,博士学位论文,北京师范大学,2007 年。

郝凤霞:《公共财政学》,清华大学出版社 2012 年版。

何婷婷、王建梁:《切实提高弱势家庭幼儿入学准备水平:美国公立幼儿园项目及其启示》,《外国教育研究》2009 年第 5 期。

胡阳全:《我国农村民族社区基本公共服务问题研究》,《云南民族大学学报(哲学社会科学版)》2010 年第 6 期。

胡祖才:《努力推进基本公共教育服务均等化》,《教育研究》2010 年第 9 期。

黄侃:《民族地区基本公共服务均等化问题研究》,硕士学位论文,中央民族大学,2010 年。

黄书亭、周宗顺:《中央政府与地方政府在社会保障中的职责划分》,《经济体制改革》2004 年第 3 期。

黄铮:《构建学前教育公共服务体系》,《上海教育(半月刊)》2010 年第 9 期。

辉进宇、褚远辉:《学前教育公共服务体系基本特征分析》,《教育探索》2013 年第 1 期。

霍力岩等:《美、英、日、印四国学前教育体制的比较研究》,北京师范大学出版社 2012 年版。

基本公共服务均等化研究课题组:《让人人平等享受基本公共服务:我国基本公共服务均等化研究》,中国社会科学出版社 2011 年版。

贾康:《公共服务均等化要经历不同的阶段》,《中国人口报》2009 年 11 月 27 日。

贾康:《区分“公平”与“均平”把握好政府责任与政策理性》,《财政研究》2006 年第 12 期。

简楚瑛:《幼儿教育与保育的行政与政策——欧美澳篇》,华东师范大学出版社 2005 年版。

江夏:《儿童福利视角下我国学前教育公共支出研究》,硕士学位论文,南京师范大学,2011 年。

蒋夫尔:《新疆建农村学前双语教育经费保障机制》,《中国教育报》2014 年 1 月 26 日。

蒋夫尔:《50 亿财政投入发展新疆“双语”教育》,《中国教育报》2009 年 12 月 4 日。

姜峰、万明钢:《发达国家促进民族教育均衡发展政策研究》,民族出版社 2011 年版。

金人庆:《完善公共财政制度逐步实现基本公服务均等化》,《求是》2006 年第 11 期。

勒希斌:《教育经济学》,人民教育出版社 1997 年版。

靳希斌:《论教育服务及其价值》,《教育研究》2003 年第 1 期。

井敏:《政府在公共服务中的角色定位:生产者还是提供者?》,《学习时报》2006 年 11 月 20 日。

井敏:《试论推进我国基本公共服务均等化的路径选择》,《学习论坛》2008 年第 10 期。

景宏军、王蕴波:《以公共服务均等化理念改革我国均衡性转移支付制度的探析》,《经济研究参考》2011 年第 59 期。

景天魁:《底线公平:和谐社会的基础》,北京师范大学出版社 2009 年版。

俊勇、陶青:《从教师的文化适应性看教师流动制》,《教育理论与实践》2011 年第 8 期。

旷乾:《教育资源配置中的政府与市场——基于中国现状的分析》,广西教育出版社 2007 年版。

劳凯声:《教育市场的可能性及其限度》,《北京师范大学学报(社会科学版)》2005 年第 1 期。

乐小萍:《我国学前教育服务供给多元化特征研究》,硕士学位论文,南京师范大学,2012 年。

雷振扬:《我国民族地区基本公共服务存在的问题与对策思考》,《中南民族大学学报(人文社会科学版)》2008 年第 6 期。

李鸿:《民族地区基本公共服务均等化的实现途径》,《大连民族学院学报》2008 年第 6 期。

李辉:《我国民办学前教育中公私合作模式研究》,博士学位论文,北京师范大学,2012 年。

李军鹏:《公共服务型政府建设指南》,中共党史出版社 2005 年版。

李军鹏:《公共服务学》,国家行政学院出版社 2007 年版。

李俊清:《民族地区公共产品的缺失与政策选择》,《中国行政管理》2006 年第 4 期。

李琳:《我国农村学前教育普及中的政府责任:性质、内容及其制度保障研究》,博士学位论文,北京师范大学,2011 年。

李敏谊、霍力岩:《国际学前教育指标体系建设的新趋势》,《比较教育研究》2009 年第 12 期。

李敏谊:《从"开端计划"到"稳健起步计划":国际社会建设和谐教育的不懈努力》,《比较教育研究》2008 年第 4 期。

李萍:《公共服务均等化的制度基础与路径选择》,《财会研究》2009 年第 11 期。

李萍:《支持少数民族地区发展 促进基本公共服务均等化》,《中国财政》2009 年第 11 期。

李伟:《我国基本公共服务均等化研究》,经济科学出版社 2010 年版。

李旭章:《中国财政变革与基本公共服务均等化》,中共中央党校出版社 2012 年版。

李学军、刘尚希:《地方政府财政能力研究》,中国财政经济出版社 2007 年版。

李燕:《政府公共服务提供机制构建研究:基于公共财政的研究视角》,中国财政经济出版社 2008 年版。

李召存、姜勇、史亚军:《国际学前教育公共经费投入方式的比较研究》,《全球教育展望》2009 年第 11 期。

李忠峰:《中央财政支持学前教育重点明确》,《中国财经报》2011 年 9 月 29 日。

栗玉香:《教育财政学》,经济科学出版社 2009 年版。

练玉春:《庞丽娟代表:将学前教育纳入基本公共服务体系》,《光明日报》2011 年 3 月 15 日。

廖楚晖:《教育财政学》,北京大学出版社 2006 年版。

刘德吉:《国内外公共服务均等化问题研究综述》,《上海行政学院学报》2009 年第 6 期。

刘复兴:《教育政策的价值分析》,教育科学出版社 2003 年版。

刘复兴:《我国教育政策的公平性与公平机制》,《教育研究》2002 年第 10 期。

刘鸿昌、徐建平:《从政府责任的视角看当前我国学前教育的公益性》,《学前教育研究》2011 年第 2 期。

刘俊贵:《义务教育阶段基本公共教育服务均等化经费投入保障研究》,转引自袁振国主编:《中国教育政策评论(2011)》,教育科学出版社 2011 年版。

刘立:《公共财政理论前沿专题》,中国经济出版社 2012 年版。

刘梅:《民族地区财政转移支付制度研究:文献综述》,《西南民族大学学报(人文社科版)》2009 年第 11 期。

刘明中:《推进公共服务均等化的手段(上)——财政部副部长楼继伟答本报记者问》,《中国财经报》2006 年 2 月 6 日。

刘琼莲:《论基本公共服务均等化的制度构建》,《学海》2009 年第 2 期。

刘尚希、杨元杰、张洵:《基本公共服务均等化与公共财政制度》,《经济研究参考》2008 年第 40 期。

刘尚希:《基本公共服务均等化:现实要求和政策路径》,《浙江经济》2007 年第 13 期。

刘小蕊、庞丽娟、沙莉:《美国联邦学前教育投入的特点及其对我国的启示》,《学前教育研究》2007 年第 3 期。

刘占兰、陈琴:《将学前教育纳入基本公共教育服务体系》,转引自袁振国主编:《中国教育政策评论(2011)》,教育科学出版社 2011 年版。

刘占兰、高丙成:《中国学前教育综合发展水平研究》,《教育研究》2013 年第 4 期。

刘占兰:《覆盖城乡的学前教育公共服务体系初见端倪》,《经济日报》2011 年 12 月 22 日。

刘占兰:《发展学前教育是各级政府义不容辞的责任》,《学前教育研究》2010 年第

11 期。

刘占兰:《中国学前教育发展报告 2012》,教育科学出版社 2013 年版。

柳劲松:《民族地区农村义务教育供给中的转移支付问题研究》,《财会通讯》2009 年第 4 期。

柳倩、钱雨:《国际学前教育公共投入的国家行动计划比较研究》,《全球教育展望》2009 年第 11 期。

柳倩:《国际处境不利学前儿童政策研究》,华东师范大学出版社 2012 年版。

柳倩:《美国学前教育新动向:联邦政府加强中央干预》,《幼儿教育》2009 年第 9 期。

柳倩:《中央干预—地方自治? 整合—分离? ——学前教育服务体系的比较研究和政策分析》,《幼儿教育(教育科学版)》2006 年第 11 期。

楼继伟:《完善转移支付制度推进基本公共服务均等化》,《中国财政》2006 年第 3 期。

卢洪友、祁毓:《中国教育基本公共服务均等化进程研究报告》,《学习与实践》2013 年第 2 期。

卢洪友:《中国基本公共服务均等化进程报告》,人民出版社 2012 年版。

卢映川、万鹏飞:《创新公共服务的组织与管理》,人民出版社 2007 年版。

罗英智、李卓:《当前农村学前教育发展问题及其应对策略》,《学前教育研究》2010 年第 10 期。

吕炜、王伟同:《中国基本公共服务提供均等化问题研究》,《财政研究》2008 年第 5 期。

马海涛、马应超:《从我国转移支付制度变迁看民族财政治理的路径》,《中南民族大学学报》2009 年第 1 期。

马海涛:《中国基本公共服务均等化问题研究》,经济科学出版社 2011 年版。

牟杰、杨诚虎:《公共政策评估:理论与方法》,中国社会科学出版社 2006 年版。

聂亮:《民族地区义务教育财政管理体制研究——以黔南布依族苗族自治州为例》,硕士学位论文,中南民族大学,2011 年。

宁国良:《公共利益的权威性分配:公共政策过程研究》,湖南人民出版社 2005 年版。

潘启富:《完善民族地区教育财政转移支付制度的迫切性及对策思考》,《广西师范学院学报(哲学社会科学版)》2007 年第 7 期。

庞丽娟、冯江英:《学前教育公共服务分类与"一主多元"供给机制设计》,《中国教育学刊》2014 年第 7 期。

庞丽娟、韩小雨:《中国学前教育立法:思考与进程》,《北京师范大学学报(社会科学版)》2010 年第 5 期。

庞丽娟、洪秀敏、孙美红:《高位入手　顶层设计我国学前教育政策》,《教育研究》2012 年第 10 期。

庞丽娟、洪秀敏:《中国学前教育发展报告》,北京师范大学出版社 2012 年版。

庞丽娟、孙美红、张芬、夏靖:《世界主要国家学前教育普及行动计划及其特点》,《教育发展研究》2012 年第 20 期。

庞丽娟、夏婧、张霞:《世界主要国家和地区学前教育免费政策:特点及启示》,《比较教育研究》2010 年第 10 期。

庞丽娟、夏婧:《国际学前教育发展战略:普及、公平与高质量》,《教育学报》2013 年第 6 期。

庞丽娟、孙美红、夏靖:《世界主要国家和地区政府主导推进学前教育公平的政策及启示》,《学前教育研究》2014 年第 1 期。

庞丽娟、夏靖、孙美红:《世界主要国家和地区弱势儿童学前教育扶助政策研究》,《教育学报》2010 年第 5 期。

庞丽娟:《政府主导　创新体制——我国地方学前教育改革探索与政策启示》,北京师范大学出版社 2012 年版。

庞丽娟:《国际学前教育法律研究》,北京师范大学出版社 2011 年版。

庞丽娟:《"省级统筹　以县为主"完善学前教育管理体制的提案》,《团结报》2013 年 3 月 7 日。

彭娜:《民族地区教育均衡化程度的度量分析》,硕士学位论文,中央民族大学,2012 年。

骈茂林:《地方政府学前教育的治理路向及其制度供给》,《教育学术月刊》2012 年第 6 期。

裘指挥、刘焱:《国外学前教育的社会经济效益研究》,《比较教育研究》2011 年第 6 期。

屈智勇、何欢、张秀兰、王晓华、刘芳南:《从企业/社区服务到国家公共服务体系:学前教育的政府责任》,《北京师范大学学报(社会科学版)》2011 年第 11 期。

瞿瑛:《义务教育均衡发展政策问题研究:教育公平的视角》,浙江大学出版社 2010 年版。

阙芳菲:《西部民族地区基本公共服务均等化问题研究》,硕士学位论文,湖南大学,2011 年。

任广新:《现状、问题与建议:民族地区财政管理体制的再思考》,硕士学位论文,内蒙古大学,2012 年。

上海市教育政策咨询委员会秘书处、上海市教育科学研究院编著:《2012 年上海教育发展报告追求基于平等的优质教育服务》,华东师范大学出版社 2012 年版。

尚可文:《西部民族地区财政基本公共服务支出比较研究》,《财会研究》2011 年第 15 期。

沈一岚:《日本基本公共教育服务均等化研究》,硕士学位论文,上海师范大学,2012 年。

石绍宾:《城乡基础教育均等化供给研究》,经济科学出版社 2008 年版。

石中英:《教育公平的主要内涵与社会意义》,《中国教育学刊》2008 年第 3 期。

世界银行:《2004 年世界发展报告:让服务惠及穷人》,中国财政经济出版社 2004 年版。

宋立、刘树杰主编:《各级政府公共服务事权财权配置》,中国计划出版社 2005 年版。

苏君阳:《公正与教育》,北京师范大学出版社 2008 年版。

苏明:《转变发展方式背景下的基本公共服务均等化与减贫》,中国农业出版社 2011 年版。

孙百才、祁进玉:《民族教育发展与教育平等——基于最近两次人口普查的数据分析》,《民族教育研究》2006 年第 5 期。

孙建军:《我国基本公共服务均等化供给政策研究》,知识产权出版社 2012 年版。

孙美红、庞丽娟:《扩大我国学前教育资源的思考——基于"无证办园"现状及治理的分析》,《教育发展研究》2013 年第 6 期。

孙美红、王红蕾:《论政府有效制度供给与学前教育均衡发展》,《教育导刊(下半月)》2012 年第 11 期。

孙晓轲、张婷婷:《学前教育公共服务体系建设的现状调查》,《理论观察》2013 年第 6 期。

孙晓莉:《中外公共服务体制比较》,国家行政学院出版社 2007 年版。

索长清:《公平、优质、普及:构建学前教育公共服务体系的价值诉求》,《教育导刊(下半月)》2012 年第 8 期。

谈松华:《"短缺教育"条件下的教育资源供给与配置:公平与效率》,《教育研究》2001 年第 8 期。

谭彦红:《民族地区基本公共服务均等化:现状评价与路径选择——兼评广西与其他地区的比较》,《经济研究参考》2010 年第 41 期。

谭友坤、卢清:《论幼儿弱势群体的早期教育政策支持》,《中国特殊教育》2005 年第 12 期。

汤学兵、张启春:《中国政府间转移支付制度的完善——基于区域基本公共服务均等化目标》,《江海学刊》2011 年第 3 期。

唐朱昌:《新编公共财政学:理论与实践》,复旦大学出版社 2004 年版。

陶田田:《民族地区基本公共服务均等化实证研究》,硕士学位论文,中央民族大学,2012 年。

滕星:《多元文化教育:全球多元文化社会的政策与实践》,民族出版社 2010 年版。

田发:《促进公共服务均等化的财政休体制国际比较》,《经济问题探索》2010 年第 10 期。

田发:《基本公共服务均等化与地方财政体制变迁》,中国财政经济出版社 2013 年版。

田志嘉、张雪:《中国学前教育财政投入的问题与改革》,《北京师范大学学报(社会科学版)》2011 年第 5 期。

弯海川:《加快推进西部地区基本公共服务均等化的思考》,《经济研究参考》2010 年第 31 期。

王翠萍:《学前教育公共服务体系建设需要制度保障》,《教育导刊(下半月)》2012 年第8期。

王海龙:《公共服务的分类框架:反思与重构》,《东南学术》2008年第6期。

王海英:《"三权分立"与"多中心制衡"——试论学前教育公共服务多元供给主体间的关系》,《教育学术月刊》2013年第1期。

王海英:《常识的颠覆:学前教育市场化改革的社会学研究》,广西师范大学出版社2010年版。

王海英:《学前教育不公平的社会表现、产生机制及其解决的可能途径》,《学前教育研究》2011年第8期。

王家永:《实现基本公共服务均等化:财政责任与对策》,《财政研究》2008年第8期。

王剑:《教育基本公共服务均等化的财政保障机制研究》,《财政监督》2012年第8期。

王静:《完善政府间转移支付制度实现公共服务均等化》,《华东经济管理》2006年第5期。

王军:《中国转型期公共财政》,人民出版社2006年版。

王培峰:《我国学前教育的五大结构性矛盾及其政策应对——兼论残疾儿童等弱势群体学前教育安排的政策思路》,《教育发展研究》2011年第3期。

王培峰:《我国学前教育要素投入的矛盾及其政策建议》,《教育导刊(下半月)》2011年第3期。

王善迈:《教育经济学简明教程》,高等教育出版社2000年版。

王善迈:《市场经济中的政府与市场》,北京师范大学出版社2002年版。

王善迈等:《公共财政框架下公共教育财政制度研究》,经济科学出版社2012年版。

王水娟、柏檀:《学前教育公共服务中的政府责任:依据、问题与合理界定》,《教育学术月刊》2013年第1期。

王玮:《多重约束条件下我国均等化财政制度框架的构建》,中国社会科学出版社2011年版。

王晔:《儿童双语学习的国际经验和对新疆双语教学的启示》,《中国发展研究基金会研究参考》第2号(总151号)。

王莹、范琦:《城乡基本公共服务均等化与财政制度安排研究》,中国财政经济出版社2013年版。

王莹:《基础教育服务均等化——基于财政公平视角的分析》,《财政研究》2006年第12期。

王雍君:《公共财政学》,北京师范大学出版社2008年版。

王雍君:《中国财政均等化与转移支付体制改革》,《中央财经大学学报》2006年第9期。

[美]威尔逊编著:《公共服务财政管理》,高鹏怀、孙健译,清华大学出版社2008年版。

卫志民:《政府干预的理论与政策选择》,北京大学出版社2006年版。

文东茅:《走向公共教育:教育民营化的超越》,北京大学出版社2008年版。

文森特·奥斯特罗姆:《公益物品与公共选择》,《中南财经政法大学学报》2007年第3期。

吴琼:《美国开端计划的教育公平取向及其启示》,《幼儿教育》2008年第6期。

吴胜泽:《我国政府间转移支付制度效率研究》,《经济研究参考》2008年第71期。

吴旭东、王建聪:《财政转移支付对民族地区公共服务均等化效应分析》,《经济与管理》2011年第6期。

伍文中、姜爱玲:《跨越式发展战略驱动下新疆财政工作的定位与改革》,《当代经济》2011年第1期。

伍文中:《民族地区财政体制改革走向的现实分析——兼议民族自治与省直管县的相容性》,《地方财政研究》2011年第7期。

伍文中:《民族地区基本公共服务均等化研究:以新疆为例》,经济科学出版社2011年版。

伍文中:《新疆城乡基本公共服务均等化的收入差距效应分析》,《华中师范大学学报(人文社会科学版)》2011年第7期。

武端利、韩潇筠、邱霞萍:《国外学前教育公共财政投入模式及其启示——我国学前教育改革的国际比较》,《现代教育科学》2012年第6期。

席恒:《利益、权利与责任——公共物品供给机制研究》,中国社会科学出版社2006年版。

夏婧:《我国农村学前教育普及机制:问题、制约因素与改革创新》,博士学位论文,北京师范大学,2011年。

夏靖:《国际弱势儿童学前教育扶助的政府责任及制度研究:特点、经验及启示》,博士学位论文,北京师范大学,2011年。

项继权:《基本公共服务均等化:政策目标与制度保障》,《华中师范大学学报(人文社会科学版)》2008年第1期。

熊英、吴凯:《西藏自治区教育均等化研究》,《西藏研究》2012年第1期。

胥兴春、杨聃旎:《澳大利亚学前双语教育的特色及启示——基于对南澳大利亚州学前双语项目的分析》,《教育导刊(下半月)》2014年第3期。

许峰:《新编公共财政学》,北京大学出版社2012年版。

许云霄:《公共选择理论》,北京大学出版社2006年版。

闫豫:《民族地区义务教育财政转移支付制度的几点思考》,《财政监督》2012年第7期。

严冷、冯晓霞:《学前教育作为人力资本投入的启示》,《中国教育学刊》2009年第7期。

阎坤:《转移支付制度与县乡财政体制构建》,《财贸经济》2004年第8期。

杨波:《新时期学前教育公共服务均等化与政府管理创新研究》,《教育与教学研究》2011年第11期。

杨波:《新形势下基于公共服务均等化视角的学前教育研究》,《中国行政管理学会

2011年年会暨“加强行政管理研究，推动政府体制改革”研讨会论文集》，2011年11月14日。

杨军：《少数民族地区基本公共服务供给机制研究》，《行政论坛》2013年第4期。

杨军：《西北少数民族地区基础教育均衡发展研究》，民族出版社2006年版。

杨立宾：《推进基本公共服务均等化的对策研究——以银川市为例》，《宁夏社会科学》2010年第3期。

杨莉君、胡洁琼：《农村儿童家庭对学前教育公共服务的基本需求及对策研究——以湖南省为例》，《湖南师范大学教育科学学报》2013年第3期。

杨晓萍、冯宝安：《论我国学前教育供需及其调节》，《教育导刊》2011年第9期。

杨一鸣主编、刁琳琳审校：《从儿童早期发展到人类发展：为儿童的未来投资》，中国发展出版社2011年版。

杨之刚等：《财政分权理论与基层公共财政改革》，经济科学出版社2006年版。

姚贱苟：《民族地区基本公共服务均等化实现机制初探》，《北方经济》2012年第4期。

叶麒麟：《论基本公共服务均等化诉求下的公共财政体制改革》，《岭南学刊》2009年第1期。

于海洋：《基本公共服务均等化应重视民族因素》，《中国民族报》2013年3月1日。

于海洋：《民族地区基本公共服务均等化的多元解读》，《中央民族大学学报（哲学社会科学版）》2013年第3期。

于志涛：《澳大利亚国家幼儿发展计划及其启示》，《教育导刊（下半月）》2010年第7期。

虞永平：《试论政府在幼儿教育发展中的作用》，《学前教育研究》2007年第1期。

虞永平：《有关学前教育投入的三个问题》，《幼儿教育（教育科学）》2011年第3期。

袁振国：《教育政策学》，江苏教育出版社2000年版。

袁振国主编：《中国教育政策评论2011》，教育科学出版社2011年版。

原晋霞：《构建有质量的学前教育基本公共服务体系》，《教育学术月刊》2013年第1期。

岳军：《基本公共服务均等化与公共财政制度创新》，中国财政经济出版社2011年版。

岳振：《基本公共服务标准应由中央统筹》，《中国经济时报》2011年3月9日。

翟博：《教育均衡论：中国基础教育均衡发展实证分析》，人民教育出版社2008年版。

张彬：《西部地区基本公共服务体系建设：差距、成因及对策》，《内蒙古大学学报》2007年第5期。

张超：《中央转移支付对提高民族省区基本公共服务水平的效果研究——以新疆为例》，《新疆社科论坛》2012年第1期。

张红涛、常斌：《云南省基本公共服务均等化现状浅析》，《法制与社会》2010年第6期。

张红涛：《云南基本公共服务均等化研究》，硕士学位论文，云南财经大学，2010年。

张金马:《公共政策分析:概念·过程·方法》,人民出版社 2004 年版。

张茂聪:《教育公共性的理论分析》,《教育研究》2010 年第 6 期。

张琼、向葵花:《论民族贫困地区农村学前教育普及的重要意义》,《新课程研究(下旬刊)》2013 年第 1 期。

张霞:《普及背景下我国学前教育投入体制研究——治理视野下政府、社会、家庭的投入关系》,博士学位论文,北京师范大学,2011 年。

张霞:《民族地区财政转移支付的公共服务均等化效应评价——以少数民族八省区为例》,《管理学刊》2011 年第 2 期。

张序、方茜:《民族地区基本公共服务均等化分析》,《经济体制改革》2009 年第 4 期。

张序、方茜、张霞:《中国民族地区公共服务能力建设》,民族出版社 2011 年版。

张序:《公共服务能力建设在民族地区和谐社会构建中的作用》,《中国民族报》2010 年 2 月 26 日。

张雁:《〈中国人类发展报告 2007〉指出基本公共服务均等化并非平均化》,《光明日报》2007 年 11 月 15 日。

张燚:《2005—2009 新疆少数民族"学前双语教育"政策措施综览》,《新疆大学学报(哲学·人文社会科学版)》2010 年第 1 期。

张以瑾、柴葳:《优化学前教育财政投入结构》,《中国教育报》2013 年 3 月 17 日。

赵国春:《民族地区基本公共服务均等化状况比较与分析》,《新疆财经大学学报》2012 年第 3 期。

赵楠、成艾华:《财政转移支付在民族地区公共服务均等化中的效应及改进措施研究》,《西南民族大学学报(人文社会科学版)》2010 年第 10 期。

赵欣、徐世英:《基于 TOPSIS 的少数民族地区基本公共服务水平的综合评价分析》,《中央民族大学学报(自然科学版)》2012 年第 2 期。

赵新吉:《西藏城乡基本公共服务均等化的制度设计与路径选择研究》,硕士学位论文,西藏大学,2012 年。

赵怡虹、李峰:《中国基本公共服务地区差距影响因素分析——基于财政能力差异的视角》,《山西财经大学学报》2009 年第 8 期。

郑晓燕:《中国公共服务供给主体多元发展研究》,上海人民出版社 2012 年版。

郑子莹、王德清:《学前教育公共服务体制下政府作用的合理边界》,《中国教育学刊》2012 年第 12 期。

中国(海南)改革发展研究院编:《建设公共服务型政府》,中国经济出版社 2004 年版。

中国(海南)改革发展研究院编:《基本公共服务与中国人类发展》,中国经济出版社 2008 年版。

中国(海南)改革发展研究院课题组:《基本公共服务体制变迁与制度创新》,《财贸经济》2009 年第 2 期。

中国(海南)改革发展研究院:《民生之路:惠及 13 亿人的基本公共服务》,中国经济出版社 2008 年版。

中国发展研究基金会:《反贫困与中国儿童发展》,中国发展出版社 2013 年版。

中国发展研究基金会:《“山村幼儿园”计划》,http://www.cdrf.org.cn/plus/list.php?tid=143。

中央教育科学研究所教育督导评估研究中心:《义务教育均衡发展报告》,教育科学出版社 2010 年版。

周翠萍:《政府在教育服务供给中的定位》,《上海教育科研》2010 年第 6 期。

周兢、陈思、郭良菁:《国际学前教育公共经费投入趋势的比较研究》,《全球教育展望》2009 年第 11 期。

周平:《民族政治学》,高等教育出版社 2007 年版。

周欣:《建立全国性学前教育质量监测体系的意义与思路》,《学前教育研究》2012 年第 1 期。

朱春奎:《政策网络与政策工具:理论基础与中国实践》,复旦大学出版社 2011 年版。

朱瑾:《西部民族地区财政转移支付制度研究》,硕士学位论文,新疆大学,2005 年。

左宏愿:《以公共服务限制差距,促进民族地区快速发展》,《中国民族报》2010 年 12 月 3 日。

(二) 外文部分

Alain Mingat, *Tools for Education Policy Analysis*, Washington, DC : World Bank, 2003.

Centre for Educational Research and Innovation, *Education Policy Analysis*, Paris: Organization for Economic Co-operation and Development, 1997.

Early Head Start Programs, *Building Their Futures: How Early Head Start Programs Are Enhancing the Lives of Infants and Toddlers in Low-Income Families*, Summary Report, Synopsis of the major findings, 2001.

Edward Zigler & Sally J., *Styfco*, *The Head Start Debates*, Brooks press, 2004.

Ellsworth, J.& Ames, L. J., *Hope and challenge: Head Start past, present, future.Ellsworth & L. J. Ames (Eds.)*, *Critical perspectives on Project Head Start: Revisioning the hope and challenge*, Albany: State University of New York Press, 1998.

Harry Anthony Patrinos, Felipe Barrera-Osorio, Juliana Guapueta, *The Role and Impact of Public-private Sector Partnership in Education*, Washington, DC: World Band, 2009.

Helen F. Ladd, *Handbook of Research in Education Finance and Policy*, New York: Routledge, 2008.

India-Integrated Child Development Services (ICDS), http://www.unicef.org/earlychildhood/files/india_icds.Pdf.

Jason T. Hustedt, W. Steven Barnett, "Financing Early Childhood Education Programs:

State, Federal, and Local Issue", *Education Policy*, 2011, 25(1).

Leseman, P.P.M., *Early childhood education and care for children from low-income or minority backgrounds*, OECD, 2002, http://78.41.128.130/dataoecd/48/15/1960663.pdf.

Marianne Fenech, Manjula Waniganayake & Alma Fleet, "More than a shortage of early childhood teachers: looking beyond the recruitment of university qualified teachers to promote quality early childhood education and care", *Asia-Pacific Journal of Teacher Education*, 2009, 37(2).

Michael B. Allen, *Eight Questions on Teacher Recruitment and Retention: What Does Research Say?* Denver: Education Commission of the States, 2005.

Ministry of Education Dederative Republic of Brazil, *Policy Review Report: Early Childhood Care and Education in Brazil*, UNESCO, Paris, 2006.

OECD, *How do early childhood education and care (ECEC) policies, systems and quality vary across OECD countries? Education Indicators in Focus*, 2013/02, http://www.oecd.org/edu/EDIF11.pdf.

OECD, *Starting Strong II: Early Childhood Education and Care*, 2006, http://www.oecd.org/edu/school/startingstrongiiearlychildhoodeducationandcare.htm.

Robert C.Granger, Elisabeth Marx, "The Policy Implication of Job Satisfaction Ratings for Recruiting and Retaining Early Childhood Teachers", Child & Youth Care Forum, 1992, 21(4).

Rolnick, J.A. & Grunwald, "Early Childhood Divelopment: Economic Development with a High Public Return", The Federal Reserve Bank of Minneapolis, 2003.

Schweinhart L.J., "The High/Scope Perry Preschool study through age 40: Summary, conclusions, and frequently asked questions", *High/Scope Educational Research Foundation*, 2004.

Melhuish E., Belsky J., Leyland A.H., Barnes J., "National Evaluation of Sure Start Research Team. Effects of fully-established Sure Start Local Programmes on 3-year-old children and their families living in England: a quasi-experimental observational study", 2008, http://www.sciencedirect.com/science/article/pii/S0140673608616876#.

U.S.Department of Education, "National Center for Education Statistics, (2012)". Digest of Education Statistics, 2011 (NCES2012—001), Chapter 2, http://nces.ed.gov/fastfacts/display.asp? id=4, 2014-01-07.

UNESCO, *Education for Sustainable Development*, Paris: The United Nations Educational, Scientific and Cultural Organization, 2012.

Walsh, K., "Quality and Public Services", *Public Administration Review*, 1991.

附录1:“我国民族地区学前教育基本公共服务均等化的评价指标体系”专家评定表

尊敬的专家:

您好!为有助于科学、有效地完成“我国民族地区学前教育基本公共服务均等化的体制创新研究”,特邀请您在我们初步建构的指标体系框架基础上提出补充、修改和完善的建议,并请根据您的认识、理解对各项指标按照重要性程度进行赋值。您的意见对本研究十分重要!非常感谢您的大力支持、帮助与指导!

填写说明:

1. 请您判断以下指标的重要性程度,并根据非常不重要、不太重要、一般、比较重要、非常重要五个等级分别给予1、2、3、4、5赋分,请直接在相应数字上划“√”。

2. 如您认为在衡量民族地区学前教育基本公共服务均等化程度上还有其他更敏感、更重要的指标,请写出,并简要解释。

再次感谢您的帮助、支持!

2013年10月

一级指标（A）	二级指标（B）	三级指标（C）	非常不重要	不太重要	一般	比较重要	非常重要
学前教育起点均等（A1）	入园机会（B1）	学前三年毛入园率（C1）	1	2	3	4	5
		少数民族幼儿学前三年毛入园率（C2）	1	2	3	4	5
		新增：	1	2	3	4	5
		新增：	1	2	3	4	5
学前教育资源配置均等（A2）	教育经费（B2）	财政性学前教育经费占财政性教育经费的比例（C3）	1	2	3	4	5
		幼儿生均教育经费（C4）	1	2	3	4	5
		幼儿生均预算内教育经费（C5）	1	2	3	4	5
		师均经费（C6）	1	2	3	4	5
		新增：	1	2	3	4	5
		新增：	1	2	3	4	5
	办园条件（B3）	公办园比例（C7）	1	2	3	4	5
		双语幼儿园比例（C8）	1	2	3	4	5
		班级规模（C9）	1	2	3	4	5
		生均建筑面积（C10）	1	2	3	4	5
		生均活动室面积（C11）	1	2	3	4	5
		生均图书量（C12）	1	2	3	4	5
		新增：	1	2	3	4	5
		新增：	1	2	3	4	5
	师资队伍（B4）	幼儿与幼儿教师比（C13）	1	2	3	4	5
		少数民族幼儿与少数民族幼儿教师比（C14）	1	2	3	4	5
		专科及以上幼儿教师比例（C15）	1	2	3	4	5
		专任幼儿教师比例（C16）	1	2	3	4	5
		中级及以上职称幼儿教师比例（C17）	1	2	3	4	5
		未评职称幼儿教师比例（C18）	1	2	3	4	5
		参加国培项目幼儿教师比例（C19）	1	2	3	4	5
		新增：	1	2	3	4	5
		新增：	1	2	3	4	5

其他建议：

____

____

附录2：访谈提纲

访谈对象：公共管理与公共政策、民族政治学、民族教育政策、公共教育财政、基础教育政策、学前教育政策等研究领域的专家学者

尊敬的________教授/研究员：

您好！

首先请允许我对本研究的访谈主题作以简单介绍。

2010年《国务院关于当前发展学前教育的若干意见》(国发[2010]41号)(以下简称"国十条")颁发,我国首次明确将"学前教育"纳入国家基本公共服务体系;2012年7月我国颁布了《国家基本公共服务体系十二五规划》,再次明确将"普惠性学前教育"纳入国家基本公共(教育)服务体系。与非民族地区相比,当前我国民族地区学前教育基本公共服务体制建设仍然存在突出问题,均等化程度普遍偏低,城乡、区域、族群间差距仍然较大、供给总量不足、质量标准偏低。本研究尝试对新疆学前教育基本公共服务均等化差异水平及体制创新问题进行调研,以期通过研究了解新疆学前教育基本公共服务均等化现状及体制创新的基本情况,为推进新疆学前教育基本公共服务均等化、完善和创新学前教育基本公共服务体制找准问题,分析原因,提供建设性思路与政策建议。期盼得到您的大力支持！非常感谢！

以下是访谈的具体问题：

1. 2005 年以来，新疆维吾尔自治区党委、政府逐步将学前双语教育政策纳入学前教育基本公共服务体系，您如何评价该政策实施以来带来的成效与变化？您认为新疆学前双语教育对少数民族幼儿个体终身可持续发展、基础教育质量提升、新疆各民族民生改善、新疆经济社会稳定与跨越式发展、国家长治久安有何重要价值？

中央与自治区各级党委和政府对发展新疆学前双语教育分别应该承担怎样的职责？为什么？

中央与自治区各级党委和政府对发展新疆学前双语教育分别实际承担了怎样的责任？还存在什么不足和缺位？应从哪些方面予以加强？（管理体制、财政投入体制、办园体制、教师队伍建设体制等）

2. 您认为当前新疆学前双语教育政策实施的主要问题、困难、需求是什么？制约当前新疆学前双语教育发展的体制性障碍是什么？在管理体制、财政投入体制、办园体制、教师队伍建设体制上具体有哪些体制性障碍因素？

3. 您认为新疆学前双语教育下一步发展的重点、规划、思路应该是什么？

4. 您对完善与改进新疆学前双语教育公共服务体制有何政策建议？

访谈对象：教育厅领导

尊敬的________厅长（/处长/主任/科长）：

您好！

首先请允许我对本研究的访谈主题作以简单介绍（与前相同，此处略）。

以下是访谈的具体问题：

1. 当前新疆维吾尔自治区(以下简称“自治区”)学前教育基本公共服务供给存在什么困难？体制性障碍是什么？打算从哪些方面予以解决？国家和自治区对学前教育基本公共服务体系建设、供给体制和管理体制,有无顶层设计与规划？

2. 中央与自治区在新疆学前教育基本公共服务体系建设、供给体制、管理体制方面有哪些共识？中央与自治区政府在学前教育基本公共服务体制建设中有无明确的职责分工、权责配置？中央与自治区的事权与财权分别如何配置？责任如何分担？中央与自治区学前教育财政性经费分担比例？依据？效果如何？存在什么问题？有无相应的保障机制、法律规约或政策措施？有何建议？

3. 中央财政设立专项经费对自治区学前教育基本公共服务方面给予了哪些支持？有无明确的纵向转移支付制度？从何时开始的？重点支持对象、方式、内容、效果如何？转移支付制度的稳定性、持续性、长效性如何？有无专门的长效保障机制？自治区或中央层面有无组织专项评估？有无专项评估报告？当前中央转移支付制度还存在什么问题？制约因素是什么？有何建议？(了解政策执行的动态效果:一段时期内中央为促进新疆学前教育基本公共服务均等化而采取的专项转移支付政策制度文件、实施效果)

4. 近 5 年新疆学前教育基本公共服务财政性经费支出占基本公共教育服务财政性经费支出比例是多少？是否将学前教育基本公共服务经费单独列入财政预算？自治区是否明确学前教育基本公共服务的重点覆盖范围和重点保障人群？是否制定并严格执行幼儿园生均经费标准、生均财政拨款标准,幼儿园园舍建设基本标准,幼儿园教师专业基本标准和工资基本标准,幼儿园保教质量基本标准？依据是什么？

5. 自治区在学前教育基本公共服务供给方面得到了哪些发达地区的

横向对口支援？支援的动力、对象、目的、方式、内容、效果如何？有无配套的激励制度和保障制度？

6. 如何保障中央与自治区纵向与横向转移支付的效果？有何建议？

7. 自治区政府是否建立了对（省内）各级政府的转移支付制度？执行效果如何？存在什么困难？制约因素是什么？有何建议？

8. 自治区是否建立了保障学前教育基本公共服务供给的教育、财政、发改、人社等政府相关职能部门间的分工协调工作机制？

9. 自治区是否建立了学前教育基本公共服务群众满意度的监督、反馈、测评制度或机制？是否建立了学前教育基本公共服务利益需求表达机制？如何回应公众的诉求、反馈？有无建立畅通的民主表达渠道与参与机制？是否将学前教育基本公共服务群众满意度调查结果纳入政府工作绩效考核评价？在绩效评价机制中是否引入问责制？是否引入激励机制？对绩效出色的政府部门或组织及个人是否给予相应的奖励？

10. 自治区是否建立了对社会力量（非营利组织或非政府组织）参与提供学前教育基本公共服务的引导激励政策和规范监管机制？有无政府与社会非营利组织合作供给的典型案例？

再次感谢您的大力支持！

访谈对象：教育行政管理者（地州、市、县、乡、村）

尊敬的领导：

您好！

首先请允许我对本研究的访谈主题作以简单介绍（与前相同，此处略）。

以下是访谈的具体问题：

1. 贵地区学前教育基本公共服务（当前新疆学前教育基本公共服务

的重点是农村少数民族学前双语教育,近期政策走向已逐步呈现向各民族农村学前教育、城市家庭经济困难儿童、进城务工人员随迁子女和留守儿童接受普惠性学前教育的趋势转向)均等化的差异程度、现状水平如何？存在什么困难和问题？体制性制约和障碍是什么？贵地区有什么改革探索？取得了什么成效？有何成功经验？

2. 当前贵地区学前教育基本公共服务还存在什么困难和问题？深层次的体制性障碍和制约是什么？对下一步发展有何思考和规划？对国家和自治区层面的政策完善有何建议？

3. 贵地区在学前教育基本公共服务的政府责任分担、管理体制、财政投入体制、办园体制和教师队伍建设体制方面存在什么问题和制约？应如何完善？您对国家和自治区完善新疆学前教育基本公共服务体制有何政策建议？

管理体制:有无专门机构、专人领导与管理;有无专门规划、统筹管理、督导评估;教育、财政、人保、编办等部门间协调、分工合作情况如何？

财政投入体制:中央、自治区、贵地区各级政府间对贵园学前双语教育财政投入的状况如何？上级财政专项转移支付经费到位情况如何？是否对经费使用、开支情况进行过程性监督？财政投入是否扩大了少数民族幼儿的入园机会、缩小了不同民族间学前教育的发展差距,促进了学前教育公平？

教师队伍建设体制:当前贵地区学前双语教师队伍建设面临的主要困难是什么？贵地区的学前双语教师专业背景情况如何？学前教育专业毕业的教师比例如何？小学转岗教师的比例如何？贵地区的学前双语教师双语水平如何？其中少数民族教师、汉族教师的比例分别是多少？您认为自治区对学前双语教师招聘考核标准是否严格？存在什么问题？您认为学前双语教师是否应该经过考核获得专门的学前双语教师资格证书？贵地区的学前双语教师编制是否够用？是否存在缺编现象？贵地区的学前双语教师平均工资收入是多少？您认为国家和自治区对学前双语教师工资待遇与社会保障政策如何？是否具有吸引力？贵地区的学前双语教师队伍是否稳定？为什么？您认为自治区对学前双语教师的培养与培训、数量补充与质量提升、管理与激励等方面还存在什么问题？贵地区园长、学前双语教师是否与其他园进行定期交流？效果如何？

办园体制：贵地区学前双语公办园与民办园数、在园幼儿数、专任教师数及其比例分别如何？您认为公办园与民办园在承担学前双语教育基本公共服务中的作用应该是怎样的？公办园重点覆盖地区和保障人群是哪些？政府应如何扶持和激励民办园参与学前教育基本公共服务的积极作用？

4. 贵地区各级政府在学前教育基本公共服务体制建设中有无明确的职责分工、权责划分？各级政府间的事权与财权分别如何划分？责任如何分担？各级政府关于学前教育基本公共服务的财政性经费分担比例？标准？依据？效果如何？存在什么问题？有无相应的保障机制、法律规约或政策措施？有何建议？

5. 中央、自治区、贵地区政府财政设立专项经费对学前教育基本公共服务分别给予了哪些支持？有无明确的纵向转移支付制度？从何时开始的？重点支持对象、方式、内容、效果如何？转移支付制度的稳定性、持续性、长效性如何？有无专门的长效保障机制？贵地区有无组织专项评估？有无专项评估报告？当前各级政府间的财政转移支付制度还存在什么问题？制约因素是什么？有何建议？

6. 近5年贵地区学前教育基本公共服务财政性经费支出占基本公共教育服务财政性经费支出比例是多少？是否将学前教育基本公共服务经费单独列入财政预算？

7. 贵地区在学前教育基本公共服务供给方面得到了哪些发达地区的横向对口支援？支援的动力、对象、目的、方式、内容、效果如何？有无配套的激励制度和保障制度？

8. 如何保障中央与自治区纵向与横向转移支付的效果？有何政策建议？

9. 自治区政府是否建立了各级政府对学前教育基本公共服务的转移支付制度？在贵地区的执行落实的效果如何？存在什么困难？制约因素是什么？有何政策建议？

10. 贵地区是否建立了保障学前教育基本公共服务供给的教育、财政、发改、人社、编办等政府相关职能部门间的分工协调工作机制？

11. 贵地区是否建立了学前教育基本公共服务群众满意度的反馈、测评制度或机制？是否建立了学前教育基本公共服务利益需求表达机制？如何回应公众的诉求、反馈？有无建立畅通的民主表达渠道与参与机制？是否将学前教育基本公共服务群众满意度调查结果纳入政府工作绩效考核评价？在绩效评价机制中是否引入问责制？是否引入激励机制？对绩效出色的政府部门或组织及个人是否给予相应的奖励？

12. 贵地区是否建立了对社会力量(公益组织或非营利组织)参与提供学前教育基本公共服务的引导激励政策和规范监管机制？有无政府与社会非营利组织合作供给的典型案例？

再次感谢您的大力支持!

访谈对象:幼儿园园长

尊敬的园长:

您好!

首先请允许我对本研究的访谈主题作以简单介绍(与前相同,此处略)。

以下是访谈的具体问题:

1. 您如何评价"新疆学前双语教育政策"实施以来所带来的成效与变化?请谈谈总体上贵园在提升学前双语教育普及率、增加幼儿园经费投入、改善办园条件、加强幼儿园教师队伍建设等方面的创新举措、成效与变化。

2. 您认为新疆实施学前双语教育政策有什么重要价值和意义?(对少数民族幼儿个体终身可持续发展、少数民族基础教育质量整体提升、新疆各民族民生改善、新疆经济社会稳定与跨越式发展、国家长治久安的重要价值和意义是如何体现的?)

3. 您认为当前新疆学前双语教育事业发展中的主要问题、困难、需求是什么?制约新疆学前双语教育事业发展的体制性障碍是什么?

您所在地区在学前双语教育事业发展的管理体制、财政投入体制、办园体制、教师队伍建设体制上存在哪些障碍?

管理体制:有无专门机构、专人领导与管理;有无专门规划、统筹管理、督导评估;部门间协调、分工合作情况如何?

财政投入体制:中央、自治区、贵地州各级政府间对贵园学前双语教育财政投入的状况如何?上级财政专项转移支付经费到位情况如何?是否对经费使用、开支情况进行过程性监督?财政投入是否扩大了少数民族幼儿的入园机会、缩小了不同民族间学前教育的发展差距,促进了学前教育公平?

教师队伍建设体制:当前贵园学前双语教师队伍建设面临的主要困难是什么?贵园的学前双语教师专业背景情况如何?学前教育专业毕业的教师比例如何?小学转岗教师的比例如何?贵园的学前双语教师双语水平如何?其中少数民族教师、汉族教师的比例分别是多少?您认为自治区对学前双语教师招聘考核标准是否严格？存在什么问题？您认为学前双语教师是否应该经过考核获得专门的学前双语教师资格证书？贵园的学前双语教师编制是否存在够用？是否存在缺编现象？贵园的学前双语教师平均工资收入是多少？您认为国家和自治区对学前双语教师工资待遇与社会保障政策如何？是否具有吸引力？贵园的学前双语教师队伍是否稳定？为什么？您认为自治区对学前双语教师的培养与培训、数量补充与质量提升、管理与激励等方面还存在什么问题？贵园园长、学前双语教师是否与其他园进行定期交流？效果如何？

4. 您认为近年来中央和自治区各级党委、政府对推动新疆学前双语教育事业发展发挥了怎样的职能作用？承担了怎样的责任？还存在什么不足和缺位？应从哪些方面予以加强？（请分别从管理体制、财政投入体制、办园体制、教师队伍建设体制等方面谈一谈）

5. 您认为新疆学前双语教育与新疆学前教育事业应如何统筹协调发展？

6. 您认为新疆学前双语教育下一步发展的重点、规划、思路应该是什么？

7. 您对完善与改进新疆学前教育基本公共服务体制有何政策建议？（请分别从管理体制、财政投入体制、办园体制、教师队伍建设体制等方面谈一谈您对国家和自治区分别有什么政策建议？）

访谈对象：学前双语教师

尊敬的老师：

您好！

首先请允许我对本研究的访谈主题作以简单介绍（与前相同，此处略）。

以下是访谈的具体问题：

1. 您如何评价“新疆学前双语教育政策”实施以来所带来的成效与变化？（请谈谈此项政策对您所在地区少数民族幼儿发展、幼儿园教师队伍建设等方面带来的变化和影响）

2. 您认为新疆实施学前双语教育政策有什么重要价值和意义？（对少数民族幼儿个体终身可持续发展、少数民族基础教育质量整体提升、新疆各民族民生改善、新疆经济社会稳定与跨越式发展、国家长治久安的重要价值和意义是如何体现的？）

3. 您认为学前双语教师在学前双语教育事业发展中的角色、作用是怎样的？

4. 您对自己目前的工作、收入、生活状态是否满意？您所在幼儿园的学前双语教师队伍是否稳定？为什么？

5. 您认为保障学前双语教师待遇、稳定学前双语教师队伍、提升学前双语教师队伍质量的主要责任者在谁？请说明理由。

6. 您认为当前新疆学前双语教师队伍建设还存在哪些迫切需要解决的困难和需求？（请从身份、地位、编制、招聘、考核、工资待遇、社会保障、培养、培训、职称评审、数量补充、城乡流动、促进公平等方面谈一谈）当前的政策还存在哪些不完善之处？

7. 您对当前新疆学前双语教师队伍建设及其相关体制的完善有什么政策建议？对国家和自治区分别有何不同的政策建议？

访谈对象：幼儿家长

尊敬的家长：

您好！

首先非常感谢您百忙之中抽出宝贵的时间参加我们的调研访谈。本研究调查的主要目的主要是了解"新疆学前双语教育"政策的实施对您的孩子及家庭带来了哪些变化和影响,并希望您对完善当前政策提供宝贵的意见和建议。访谈采取匿名方式,关于您个人和孩子的任何信息都不会被泄漏,请您根据实际情况,真实回答以下问题。期盼得到您的大力支持!非常感谢!

以下是访谈的具体问题:

1. 目前您的孩子进入"双语幼儿园"接受学前双语教育几年?您的孩子在双语幼儿园得到了国家和自治区的哪些政策资助与扶持?您孩子进入"双语幼儿园"接受学前双语教育以来有什么变化?

2. 您认为您的孩子接受"学前双语教育"对他(她)今后的长远发展有什么重要意义?

3. 您对当前孩子所在的双语幼儿园办园条件、学前双语教师素质、幼儿园管理是否满意?您希望从哪些方面进行完善?

4. 您对当前新疆学前双语教育政策的完善有什么建议?

后　记

本书是在我的博士论文基础上修改而成。能有机会从新疆来北京师范大学求学，首先要感谢我的恩师庞丽娟教授，感谢恩师的宽厚接纳，使我有机会学习深造；其次要感谢教育部对民族地区高校对口支援政策的鼎力支持，还要感谢新疆师范大学以及教育科学学院为我来京学习创造的良好条件，感谢校领导、院领导多次来京对我的亲切关怀和温暖慰问。

作为一个土生土长的新疆人，希望能让自己的所学对生我养我的这片土地尽一点微薄之力。带着这样一种朴素的情感，加之恩师的鼓励支持和悉心指导，我选择了“民族地区学前教育基本公共服务”这个研究领域。还记得刚来时向恩师汇报选题时局限的理论视野和单薄的学养积累，还记得恩师一次次启发质询，让我一步步打开视野，逐渐关注到当前国家宏观政策“学前教育基本公共服务”的关键议题“体制创新”。每一次您给予的启发点拨、高位引领，都使我体会到醍醐灌顶、豁然开朗的畅快。从论文选题方向、研究思路确定，到整体框架布局、核心观点提炼升华，全过程每一个环节都凝聚了恩师所付出的心血。四年来，深深感谢恩师用心良苦的栽培，感谢您一路的关心扶持、引领鼓励，让我有勇气大胆尝试、挑战自我！四年来收获的绝不仅仅是理论学养、思维能力，更重要的收获了学会如何在做人与为学之间保持平衡、统一。学品即人品，恩师严谨治学的风范、追求品质的态度、宽广豁达的心胸、爱生如子的情怀、心系国家的境界无时无刻不感染着我，令我敬佩！衷心感谢恩师，您的言传身教生动诠释了北京师范大学"学为人师，行为世范"的百年经典校训！此生有幸遇见恩师，得其教诲，实乃学生福分！师恩重如泰山，大恩难言谢，唯有永记心间，以行动珍惜、感恩、回报之！

深深感谢北京师范大学的培养，衷心感谢杜育红老师、刘复兴老师、郑新蓉老师、朱旭东老师、袁连生老师、刘占兰老师、储朝晖老师、王懿颖老师、曾晓东老师、薛二勇老师、刘水云老师等在开题、预答辩、答辩过程中给予我的中肯建议和指导鼓励，使我进一步明确了研究问题、理论视角和研究思路，聚焦了研究重点。衷心感谢北师大学前教育研究所的冯晓霞老师、霍力岩老师、刘焱老师、洪秀敏老师等，在读期间有幸聆听、拜读你们的高见，十分解渴，受益匪浅！衷心感谢首都师范大学劳凯声老师、孟繁华老师，北京师范大学石中英老师、毛亚庆老师、郭玉贵老师、褚宏启老师、余雅风老师、尹力老师、苏君阳老师、王洛忠老师、鲍传友老师、朱志勇老师、康永久老师、王晨老师、巴占龙老师，北京大学马戎老师，中央民族大学滕星老师，中央教育科学研究院高丙成老师……感谢你们在课堂讨论、论坛讲座中给予我的学术启发，以及个别请教中给予我的中肯建议！

由衷感谢北京师范大学周作宇教授，感谢您在新疆师范大学挂职以来始终关心着我的成长，并给予了我莫大鼓励和无私帮助！特别感谢郭法奇教授，感谢您一直以来给予我学习研究的诸多帮助和悉心指导！

衷心感谢新疆师范大学教科院孙钰华教授——我的硕导、院长、良师、益友，感谢您一直以来全力地支持着我的成长！是您引领我走上真正的研究之路，是您让我真正体验到做一名研究者、学者、高校教师的幸福感！衷心感谢新师大方晓华教授在春节休息期间接受我的访谈，感谢您毫无保留地提供给我自治区最新的政策研究资料！特别感谢自治区发改委经济研究院聂春霞博士，多次电话访谈、邮件打扰，感谢您从开题到论文完稿给我的诸多鼓励启发、提供的最新研究资料。

非常感谢研究过程中以各种方式为我提供宝贵资料和调研安排并接受访谈的各级政府教育部门有关领导、行政管理者，特别要感谢新疆维吾尔自治区教育厅为我提供的大力帮助。由于新疆教育统计年鉴、新疆教育经费统计年鉴属于教育厅内部资料，未公开出版，为更加科学、顺利地开展实证研究，调研中有幸得到了新疆教育厅相关领导，以及教育厅规划处、基教处、双语办、财务处等职能部门相关领导和负责同志的鼎力帮助。

特别感谢自治区人民政府办公厅彭子尧、新疆师范大学王守峰老师以及孙洪凯博士在政策文本和相关数据方面给予的帮助支持！

衷心感谢时任喀什地区行署王勇智副专员、喀什地区教育局王少明副局长、喀什地区行署办公室李世涛主任、喀什地区伽师县教育局蔡秀梅副局长、伽师县教育局双语办西尔艾力主任、伽师县友好中心双语幼儿园李义海董事长、疏勒县教育局双语办王润主任、喀什地区教育局教研室宋娜老师等。由衷感谢北疆伊犁哈萨自治州党委副秘书长、办公厅主任刘旭斌，州党委办公厅秘书二处陈焕青副处长，州直教育局双语办李蓉主任、教研室王晓春主任，州红旗幼儿园刘晖园长（现已调新疆伊犁哈萨克自治州教育局学生资助管理中心），巩留县教育局李芸书记等、巩留县第二幼儿园王昌维园长。衷心感谢喀什地区、伊犁州各位领导、同仁接受访谈、协调安排、陪同参观本地区、市、县、乡村各级双语幼儿园，你们为本研究深入扎实地调研和掌握南北疆基层学前教育基本公共服务水平，特别是学前双语教育现状与问题提供了十分关键的帮助和非常中肯的建议！给予本研究无私帮助的人实在太多太多，无法在致谢名单中一一提及，对诸多接受访谈、座谈的幼儿园园长、教师、家长们，在此一并表示衷心感谢！

衷心感谢人民出版社的大力支持，以及责任编辑李媛媛女士耐心细致的工作和敬业精神。本书的出版还得到了新疆维吾尔自治区普通高校人文社会科学重点研究基地“新疆教师教育研究中心”等项目资助。在此对本书出版提供帮助支持的所有同仁一并表示衷心感谢！

感谢同门的各位兄弟姐妹，深深感谢叶子师姐（已故）、姜勇师兄、小洪师姐、凌云师姐、晓晖师姐、旭芳师姐、彩霞师姐、勇刚师兄、潇怡师姐、玉华师姐、沙莉师姐、夏靖师姐、李琳师姐等师兄师姐们的关心引领，你们分享的宝贵经验不断影响激励着我；感谢智茹、金霞、彦波、夏婧、张霞、李辉、冬梅、美红、大明丽、小康、红蕾、丽敏、小明丽、英娥、雅君、张平、方倩、王默、安然、邱月、金菁、张乐、马超、瑞琪、丁群、祖莲等兄弟姐妹，与你们相伴的日子充满了欢声笑语，感谢真诚善良的你们带给我的每一份温暖和感动！愿庞门这棵参天大树茁壮成长、硕果飘香！

感谢中国教育政策研究院的周海涛老师、薛二勇老师、周秀平老师、高莉老师，感谢李中国老师、刘丽群老师、张安良老师，刘涛、哲先、忠魏、小敏等博士后以及李廷洲博士等兄弟姐妹给予我生活、研究上的关心帮助！

感谢亲密的舍友彦捷，感谢同窗共读的好友兼同事毛菊、董莉、吐尔逊娜依、秦碧霞、王媛、李茵萍、李英军、藏留红、多强、王兆国、杨志刚、刘蓉、朱小静、宋瑞、张锐、蔡江帆等，在四年特殊而又难得的学习时光里与你们结下的这段真挚友谊将使我终生难忘，尤其感谢你们在最后这一年里温暖地陪伴和不断地鼓励！

深深感谢我的亲人。首先是先生和女儿。此生和你们结缘是上天赐予我最珍贵的礼物。感谢先生石路在我求学路上无怨无悔的支持！在我求学的日子里，是你每晚又当爸又当妈用心照顾着宝贝；感谢我懂事乖巧、聪慧可爱的女儿对妈妈的理解和支持……

感谢我善解人意、坚忍顽强的父母和弟弟。你们不仅尽其所能地在生活上鼓励支持我，而且帮我获取最新、最全面的相关政策文本和数据资料，联系地州调研……感谢我的公公、婆婆，这些年你们照顾宝贝辛苦了！如果没有你们的帮助支持，我不可能安心完成学业！回首来路，心里充满了无以名状的复杂心情，既有为追求梦想而不懈努力、自我实现的满足感，也有因不能很好地尽女儿、儿媳、妻子、母亲、姐姐义务的心酸和愧疚。

四年的求学经历丰富了我的人生体验，收获的绝不仅仅是学识、学位，更多的是师生间、同门间、亲人间、朋友间、同事间的真情大爱，这些将是我人生最珍贵的财富！没人分享再多的成就都不圆满，没人支持再小的心愿也难实现！衷心祝福帮助、成全我的所有人，你们给予我的每一份感动我都将感念在心，没齿不忘，并激励着我不断前行！

劳凯声教授在勉励博士生时常引其自勉的一句话："学成或始今日，立志却在平生。修炼智者清平的心态和大道至简的境界，这或许才刚刚开始。就此而言，我们的博士论文并没有写完，完成这篇论文可能需要付出毕生的精力。"从剥茧抽丝的"痛苦"到羽化成蝶的"快乐"仅仅是我人生中一段重要的经历或者一个全新的开端，以一颗平常心、感恩心面对未来的生活、工作、学习、研究，不断丰富、积累、创造、回报，这需要一辈子的坚持和努力……

冯江英

2017 年 5 月

责任编辑:李媛媛
版式设计:周方亚
责任校对:白　玥

图书在版编目(CIP)数据

民族地区学前教育基本公共服务均等化研究/冯江英 著. —北京:人民出版社,2017.7
ISBN 978-7-01-017813-4

Ⅰ.①民…　Ⅱ.①冯…　Ⅲ.①民族地区-学前教育-研究-中国　Ⅳ.①G619.22

中国版本图书馆 CIP 数据核字(2017)第 141370 号

民族地区学前教育基本公共服务均等化研究
MINZU DIQU XUEQIAN JIAOYU JIBEN GONGGONG FUWU JUNDENGHUA YANJIU

冯江英　著

人民出版社 出版发行
(100706　北京市东城区隆福寺街 99 号)

北京盛通印刷股份有限公司印刷　新华书店经销

2017 年 7 月第 1 版　2017 年 7 月北京第 1 次印刷
开本:710 毫米×1000 毫米 1/16　印张:19.75
字数:242 千字

ISBN 978-7-01-017813-4　定价:49.00 元

邮购地址 100706　北京市东城区隆福寺街 99 号
人民东方图书销售中心　电话 (010)65250042　65289539